히트상품을 만드는
브랜딩 트렌드
인브랜딩
핵심 스펙을 브랜딩하라

히트상품을 만드는
브랜딩 트렌드
인브랜딩
핵심 스펙을 브랜딩하라

초판 1쇄 발행 2012년 9월 11일
　　 2쇄 발행 2013년 8월 21일
지은이 브랜드메이저
펴낸이 김건수
펴낸곳 김앤김북스
100-210 서울시 중구 수하동 40-2 우석빌딩 903호
전화 773-5133
팩스 773-5134
이메일 apprro@naver.com
출판등록 2001년 2월 9일 (제12-302호)
값 14,500 원
ISBN 978-89-89566-56-4　03320

저작권자ⓒ브랜드메이저
이 책을 무단 복사, 복제, 전재하는 것은 저작권법에 저촉됩니다.
잘못 만들어진 책은 구입하신 서점에서 교환해 드립니다.

히트상품을 만드는
브랜딩 트렌드
인브랜딩
핵심 스펙을 브랜딩하라

브랜드메이저 지음

김앤김 북스

Contents

prologue 핵심 스펙을 브랜딩하라 …… 7

PART 1　Trend
인브랜딩: 브랜딩의 새로운 흐름

TREND 1 　인브랜드의 진화
　　　　　인텔에서 안드로이드까지 …… 17

TREND 2 　특허보다 강한 인브랜드
　　　　　인브랜드로 진입장벽을 구축하다 …… 31

TREND 3 　트렌드를 주도하는 인브랜드
　　　　　인브랜드로 트렌디해지다 …… 42

TREND 4 　중소기업의 인브랜딩
　　　　　인브랜드로 날아오르다 …… 54

TREND 5 　인브랜드의 확장
　　　　　적용제품이 늘수록 파워가 커지다 …… 66

TREND 6 　인브랜드 업그레이드
　　　　　핵심을 유지하다 …… 74

TREND 7 　인브랜드 커뮤니케이션
　　　　　시장의 화두를 만들어내다 …… 85

TREND 8 확장의 지렛대로서 인브랜드
카테고리의 벽을 뛰어넘다 ······ 95

TREND 9 완제품 브랜드의 인브랜드화
확고한 브랜드가 다른 브랜드 속으로 ······ 102

PART 2 Strategy
인브랜딩, 어떻게 할 것인가

STRATEGY 1 인브랜딩의 방향
관계 속에서 생각하라, 발견하라, 화두를 던져라 ······ 117

STRATEGY 2 인브랜드 아이덴티티 전략
차별화로 승부하라 ······ 130

STRATEGY 3 인브랜드 네이밍 전략
핵심을 전달하라 ······ 148

STRATEGY 4 인브랜드 디자인 전략
한눈에 보여줘라 ······ 163

STRATEGY 5 인브랜드 커뮤니케이션 전략
쉽게 다가가 런칭부터 이슈화하라 ······ 185

STRATEGY 6 인브랜드 미디어 전략
입체적으로 소통하라 ······ 201

STRATEGY 7 인브랜드 제휴 전략
이기적으로 조합하라 ······ 211

PART 3 Story
핫 인브랜드의 탄생

STORY 1 안드로이드(Google)
오픈 브랜드로 승부하다 …… 231

STORY 2 아몰레드(Samsung)
경쟁의 화두를 바꾸다 …… 246

STORY 3 마이크로밴(Microban)
글로벌 인브랜드 전도사 …… 259

STORY 4 스와로브스키 엘리먼츠(Swarovski)
눈부신 콜래보레이션 …… 271

STORY 5 히트텍(Uniqlo)
패션에 기술을 수혈하다 …… 288

STORY 6 고릴라글래스(Corning)
인브랜드가 강렬하게 기억되는 방법 …… 299

Epilogue 발견하라, 이슈화하라, 가장 실감나는 존재가 되라… 309

PROLOGUE

핵심 스펙을 브랜딩하라

다들 익숙한 단어이겠지만, '스펙'은 Specification의 줄임말로서 경쟁환경, 특히 취업시장에서 남들과 다른 경쟁력을 드러내고 증명하기 위한 외적 조건들을 의미한다. 주로 출신 학교, 학점, 어학 점수, 자격증, 해외 연수, 인턴 경험 등을 말한다. 스펙 쌓기의 열풍은 경쟁을 넘어 전쟁이라고까지 이야기된다. 현상적으로만 보자면 다분히 어쩔 수 없는 일이기도 하다. 취업 준비생은 다양한 학습과 경험을 통해 일정한 경쟁력을 갖췄겠지만, 그것을 경험해보지 않은 채용자가 간접적으로 판단할 수 있는 근거가 바로 스펙이기 때문이다. 결국 스펙이란 '나를 경험해보기 전에 미리 나를 알 수 있게 해주는 가시화된 증명'이라고 할 수 있다.

● ● ● ● ● ● ●

인브랜드: 스펙을 브랜딩하다

근래에는 다양한 경쟁시장의 수많은 브랜드들도 고객이 자신을 구매해야 하는 이유를 창출하거나 환기시키기 위해 다양한 스펙으로 스스로를 무장하고 있다. 특히 그 스펙의 효과적인 커뮤니케이션을 위해 그것을 브랜드화하는 사례가 늘고 있다. 가장 대표적이라 할 수 있는 인텔 인사이드 Intel inside, 라이크라 Lycra 외에도, 다양한 스펙들이 속도를 더해가며 브랜드의 형태로 발전하고 있다. 이 책에서는 이러한 스펙 브랜드들

더 강력해진 인브랜드들로 무장한 갤럭시S3

을 인브랜드로 부르고 있다. 인브랜드In-brand는 차별화된 기술, 성분, 소재, 부품 등과 같은 완제품의 핵심 스펙을 브랜드화한 것으로, Ingredient brand요소 브랜드 또는 Inside brand브랜드 속 브랜드라는 의미를 담고 있다.

   1990년대는 국내 인브랜드의 태동기라 할 수 있다. 1997년 삼성 TFT-LCD의 와이즈뷰WiseView가 런칭되었고, 1999년엔 효성의 스판덱스 브랜드 크레오라Creora가 런칭되었다. 그 후로 간간이 기술, 부품, 성분, 소재를 브랜드화하는 움직임이 있더니 지금은 그 양적 성장을 온몸으로 체감할 수 있는 정도에 이르렀다. 결국은 시장에서의 치열한 경쟁이 이끌어낸 결과이겠지만, 인브랜딩은 B2C 브랜드와 B2B 브랜드 모두에게 분명 새로운 기회가 되고 있다.

왜 인브랜드인가: 통합과 세분화의 두 흐름

우리는 초경쟁 시대에 살고 있다. 세계화의 급속한 진전과 기술 발전이라는 두 가지 메가 트렌드, 그리고 일상화된 경제위기의 결과이다. 말 그대로 평균적인 수준의 경쟁을 뛰어넘은 초경쟁 환경이다. 위기 때마다 늘 등장하는 '뭉치면 살고 흩어지면 죽는다'는 말처럼 초경쟁 환경은 기업을 신중하게 만들고, 때로는 위축시킨다. 효율적인 것보다 확실한 것에 집중하게 만드는 것이다.

이런 상황은 브랜드 관리 측면에서는 통합 브랜드 전략이라는 거시적 흐름으로 나타난다. 인수합병이 가장 활발했던 금융 분야에서는 신한금융그룹, 씨티그룹을 포함한 대다수 은행들이 통합 브랜드 전략을 채택하고 있다. 디오빌, 월드마크, 푸르지오로 시장마다 각기 다른 브랜드를 운용하던 대우건설은 푸르지오 하나로 모든 브랜드를 통합하였다. 삼성전자는 파브Pavv 와 하우젠Hauzen 을 버리고 기업 브랜드 '삼성samsung'을 중심에 놓았다.

그러나 브랜드를 통합하는 것만으로 충분할까? 경쟁이 치열한 만큼 기업들은 시장을 선도하기 위해 새로운 구매기준과 경쟁의 화두를 끊임없이 쏟아낸다. 고객의 니즈는 세분화되었고 그들의 태도는 어느 때보다 적극적이고 공격적이다. 또 트렌드는 어느 때보다 빠르게 변화하고 있다. 고객은 제품구매에 고려하지 않던 요소들을 고려하기 시작하고, 기업을 상대로 큰 목소리로 요구하거나 냉정히 외면한다. 이런 환경에 통합 브랜드 하나만으로 버텨낼 수 있겠는가? 통합 브랜드는 기업에게는 안정과 효율을, 고객에게는 신뢰를 전달하지만 구체적인 시장으로 들어가 고객과 만나거나 경쟁사와 맞닥뜨리면 신뢰감이란 무딘 칼날에 지나지 않는다. 전략은 있으되 구체적 상황에 대응할 수 있는 전술은 없

		통합의 흐름		세분화의 흐름	
브랜드 전략	브랜드 확장	갤럭시S, 갤럭시S2, 갤럭시S3/갤럭시 노트		인브랜드 도입	갤럭시S3(HD슈퍼아몰레드, 고릴라글래스2) 유니클로 (히트텍) 네파(고어윈드스토퍼)
	패밀리 브랜드로의 통합	디오빌, 월드마크, 푸르지오가 푸르지오로 통합		벳네임(서브 브랜드) 전략	연아의 커피(맥심화이트골드) 트롬 6모션 삼성스마트에어컨Q
	기업 브랜드 강화	지펠, 하우젠이 삼성지펠, 삼성하우젠 으로 변경		브랜드 제휴의 활성화	Marni at H&M 토니노 람보르기니 신라면 UT

통합과 세분화라는 상반된 두 가지 브랜딩 흐름이 공존하고 있다.

는 것이다. 힘을 모은 통합 브랜드의 시대에 전략을 지탱하는 전술의 역할은 어디에서 찾을 수 있을까?

인브랜드In-brand가 바로 통합 브랜드 전략의 날을 세우는 구체적인 전술의 역할을 하고 있다. 통합 브랜드 '삼성 Samsung'이 신뢰를 전달한다면 세탁기의 새로운 구매기준은 효익을 구체화한 브랜드 '버블Bubble'이 담당할 수 있다. 그런가 하면 제품이 평준화되어 고객의 눈길을 끌 수 없을 때 타 브랜드와의 협력이 전술로 등장할 수 있다. LG 프라다폰, 삼성의 '지펠 마시모주끼'는 디자인이라는 감성적 화두로 고객을 다시 잡아 끈다. 끊임없는 신제품으로 고객을 움직이던 휴대폰 단말기 시장이 OS를 중심으로 한 새로운 전선을 형성할 때 삼성은 '갤럭시'라는 통합 브랜드로 대응하면서 '아몰레드'라는 인브랜드를 히든 카드로 내세워 경쟁의 새로운 화두를 끌어내는 데 성공한다.

시장은 이렇게 움직이고 있다. 통합 브랜드만으로 모두 대응할 수 없는 구체적 시장상황에 매력적인 기술과 소재와 화두로 무장한 인브랜드가 강력하게, 자극적으로, 조목조목 대응하고 있는 것이다. 이러한 전략과 전술의 전개가 가능한 것은 초경쟁 시대를 사는 소비자들의 제품과 브랜드에 대한 태도가 근본적으로 변화하고 있기 때문이다. 더불어 기술 평준화로 인해 경쟁의 심급이 외면에서 내면으로, 일차적인 것에서 부차적인 것으로 변화하고 있기 때문이다.

왜 인브랜드인가: 경쟁의 심급이 달라졌다

브랜드라는 상징으로 나를 표현하고, 나를 둘러싼 환경을 이해하는 시대란 구체성의 시대다. 그냥 스마트폰, 그냥 노트북이 아니라 어떤 부품들로 만들어진 스마트폰인지, 어떤 브랜드들로 조합된 노트북인지가 전달되어야 한다. 신제품을 소개하는 이 기사를 한번 보자.

> 삼성 엡 아몰레드 M1은 3.3형 대형 16:9의 아몰레드AMOLED와 엔비디아nVIDIA의 테그라칩을 탑재하고 디빅스DivX 플레이어 기능을 갖추어 고화질 영상을 변환 없이 바로 재생할 수 있는 그야말로 '보고 즐기는 모바일 엔터테이너' MP3플레이어다. …… 뿐만 아니라 삼성 풀터치폰의 혁신적인 UI인 '터치위즈'와 햅틱UI 2.0의 장점을 한데 모아 MP3플레이어에 맞게 최적화해 다양하고 감성적인 3D효과 등 더욱 빠르고 편리한 사용환경을 구현한다.*

'삼성 엡yepp'이라서 구매하는 것이 아니다. '아몰레드AMOLED 라는 브랜드로 최고 화질을, 엔비디아nVIDIA로 최적 영상을 보증하는' 삼성 엡

---

* 세계일보, (스포츠월드 선정 2010 상반기 소비자 인기대상) 삼성 '엡 아몰레드 M1'(2010. 7. 15)

이기 때문에 구매하는 것이다. 고객의 변화가 인브랜드의 필요성을 이끌기도 하지만 기업 입장에서도 인브랜드가 절실하다. 고객이 눈으로 성능의 차이를 느낄 만한 제품이 얼마나 되겠는가? 제품의 평준화는 거꾸로 그 제품을 이루고 있는 기술, 부품, 디자인 등 요소 수준에서 차별화를 요구하는 시대다. 경쟁의 심급이 보다 세분화, 전문화된 것이다.

또한 기업 입장에서 빠르게 변화하는 시장의 트렌드, 고객의 니즈에 어떻게 대응할 것인가의 문제도 우리가 인브랜드에 주목하게 만든다. 트렌드에 매번 새로운 브랜드로 대응할 것인가? 우리 기업이 갖지 못한 자산이 고객의 핵심 니즈라면 어떻게 충족시킬 것인가? 시기별 광고 캠페인으로 또는 펫네임을 도입하거나 콜래보레이션을 통해 트렌드에 대응할 수도 있다. 하지만 이들에 비해 인브랜드는 더 끈질긴 생명력과 더 높은 자산화의 가능성을 갖고 있다. '조용한 냉장고'라는 광고 캠페인은 더 이상 시대의 화두가 아니지만 그것을 가능케 했던 '리니어 기술'은 LG만의 자산으로 남는다.

스펙을 넘어 근성으로 승부하라

큰 틀에서 인브랜드In-brand의 전략과 일반 브랜드의 전략은 다르지 않다. 그러나 브랜드 네임을 개발하거나 디자인을 입힐 때, 더 나아가 커뮤니케이션이나 미디어 전략으로 들어가면 분명 차이가 있다. 완제품 브랜드라면 선택할 수 있는 네이밍 전략의 폭이 넓고, 타깃은 비교적 분명하고, 커뮤니케이션의 기회와 방법은 널려있다. 그러나 인브랜드In-brand는 인사이드Inside다. 완제품을 통해서 구현된다는 조건을 고려해야 하고 완제품 기업을 1차 타깃으로, 최종 고객을 2차 타깃으로 해 달리 접근해야 한다. 독립적으로 체감할 수 없는 인브랜드이기에 커뮤니케이션도 녹녹하지가 않다. 완제품과 분리할 수는 없는데 완제품 브랜드와는 다른 고유의 아이덴티티는 있다. 이것을 어떻게 커뮤니케이션해야 하나? 어떤 방법으로 인브랜드를 느끼고 체감할 수 있도록 해야 하나?

인브랜드 전략에는 인브랜드만의 인사이트가 필요하다. 아직도 낯설고 여전히 숙제가 한 보따리인 인브랜드지만 이 책에선 여러 사례를 통해서 앞선 질문들에 대한 해답 혹은 단초를 찾으려 하였고 그 고민의 내용을 세 개의 Part로 묶어 냈다. Part 1에서는 인브랜드의 가능성과 전략적 의미를 풀어냈다. Part 2에서는 브랜드 관리의 관점에서 브랜드 아이덴티티 전략 수립에서 네이밍, 디자인 개발 그리고 커뮤니케이션 전략에 이르는 일련의 과정들을 따라 인사이트를 정리하였다. Part 3은 사례 연구이다. 시장에서도 좋은 성과를 남겼을 뿐만 아니라 향후 인브랜드 전략에 많은 시사점을 던지는 여섯 개의 케이스를 꼽아보았다.

앞서 인브랜드를 '브랜드의 스펙'에 비유했지만 인브랜드가 강력한 전략으로 작용하려면 그저 나열만 되는 스펙에 그쳐선 안 된다. 내공있는 스펙을 만들고 쌓기 위해서는 브랜드 자체의 근성을 키우는 일이 먼저일 것이다. 10줄의 스펙보다 중요한 것이 실제 과제에 직면했을 때 드러나는 근성이다.

이 책이 그저 인브랜드를 소개하는 것에서 그치는 것이 아니라 궁극적으로는 내실있는 인브랜드 전략을 펼칠 수 있는 튼튼한 기본서가 되기를 바란다. 인브랜드의 탄탄한 근성을 구축하는 방법에 대해 브랜드 컨설팅 & 개발 전문가 그룹이 고민한 내용들이 인브랜드를 기획하고 관리하는 브랜드 담당자들에게 실질적인 도움이 되길 바라는 마음이다.

Trend

PART 1

인브랜딩:
브랜딩의
새로운 흐름

TREND 1 인브랜드의 진화
인텔에서 안드로이드까지

TREND 2 특허보다 강한 인브랜드
인브랜드로 진입장벽을 구축하다

TREND 3 트렌드를 주도하는 인브랜드
인브랜드로 트렌디해지다

TREND 4 중소기업의 인브랜딩
인브랜드로 날아오르다

TREND 5 인브랜드의 확장
적용제품이 늘수록 파워가 커지다

TREND 6 인브랜드 업그레이드
핵심을 유지하다

TREND 7 인브랜드 커뮤니케이션
시장의 화두를 만들어내다

TREND 8 확장의 지렛대로서 인브랜드
카테고리의 벽을 뛰어넘다

TREND 9 완제품 브랜드의 인브랜드화
확고한 브랜드가 다른 브랜드 속으로

Trend

우리는 스펙의 시대에 살고 있다. 또한 각종 트렌드 연구소에서 말하듯, 진정성이 이 시대의 화두가 되고 있다. 스펙과 진정성, 전혀 다른 이야기처럼 보이지만 브랜드로 말하자면 결국 하나의 개념이다. 가격의 타당성이나 브랜드의 가치 모두 스펙을 통해 그 진정성을 증명해야 한다.

소셜 미디어의 발달로 한 기업이나 브랜드의 모든 것이 이제 숨을 곳 없이 만천하에 드러나고 실시간으로 공유된다. 기업은 진정성을 전달하려면 하나에서 열까지 스펙을 통해 이야기해야 한다. 이미 소비자의 요구와 수준이 이렇다. 친환경 두부라면 어느 곳에서 어떻게 재배된 콩인지, 누가 언제 가공했는지, 어떤 가공 기술을 적용했는지, 두부뿐만 아니라 그것을 담은 용기는 어떤 재질인지 모든 것을 스펙으로 말해야 한다. 그래야 진정한 친환경 두부임을 고객이 받아들이고 인정할 것이다.

중요한 것은 그 스펙이 브랜드라는 상징으로 정비되어 있을 때에만 고객이 인식한다는 점이다. 이 때문에 우리는 현재를 '인브랜드로 경쟁하는 시대'라 부른다. 제품이 아니라 브랜드로 경쟁하는 시대는 옛말이다. 이제는 제품 브랜드 자체가 아니라 그 안에 있는 인브랜드로 경쟁하는 시대다.

Part 1에서는 1990년대 인텔에서 2012년 현재 안드로이드에 이르기까지 인브랜딩의 개척자들과 이 새로운 흐름을 읽어내고 이미 이 싸움에 뛰어든 선지자들, 그리고 이들이 만들어온 인브랜드의 주요 트렌드들을 살펴볼 것이다.

TREND 1 인브랜드의 진화

인텔에서 안드로이드까지

과거에는 인브랜드 In-brand 로 거론할 수 있는 사례가 많지 않았다. 인텔이나 고어텍스, 라이크라 정도가 대중화된 사례였고, 그나마 모두 해외 브랜드여서 아득히 먼 이야기로 느껴질 뿐이었다. 그러나 지금은 다르다. 양적으로 달라졌다. 세계적으로 인브랜드가 증가하는 추세이기도 하지만, 국내 기업 역시 요소를 브랜딩하는 사례가 늘고 있다. 라이크라, 안드로이드, 고릴라글래스, 뉴트라스위트를 안다면 효성의 크레오라, 삼성의 바다, 삼성의 아몰레드, LG의 레티나 디스플레이, CJ제일제당의 타가토스 Tagatose 를 떠올릴 수 있을 것이다. 또한 전자 부품이나 섬유 소재에 집중되던 인브랜드가 화장품, 식품, 화학, IT까지 두루 확장되었다.

질적으로도 변화하였다. 지금은 인브랜드와 완제품 브랜드의 경계를 찾기 힘들다. 인브랜드다움이 해체되면서 더 많은 가능성이 열리고 있는 것이다. 인브랜드에 고릴라라는 네임을 붙일 줄은, 더 나아가 안드로이드와 같은 캐릭터를 활용하리라는 것은 생각조차 해볼 수 없었던 일이다. 또 B2B 기업만의 전유물이던 인브랜드는 B2C 기업에게도 새로운 기회를 열어주고 있다. 사이버샷, 아이팟은 카메라, MP3플레이어 브랜드가 아니라 소니에릭슨 휴대폰에 내장된 카메라 기술, 아이폰에 내장된 MP3플레이어 기능을 뜻하는 인브랜드로 활용된다. 인텔이 인브랜드의 효시라면 안드로이드는 인브랜드의 현 진화단계를 보여주는 좌표다.

인텔에서 안드로이드까지 이 안에 펼쳐져 있는 인브랜드의 다양한 스펙트럼을 이제 하나하나 살펴보게 될 것이다. 그 전에 인브랜드가 무엇인지 함께 정의해보자.

인브랜드란 무엇인가

인브랜드In-brand는 완제품을 이루는 요소 즉 기술, 성분, 소재, 부품의 브랜드를 뜻한다. 완제품의 일부이기 때문에 홀로 성능이 구현되거나 체감할 수 없으며 고객이 따로 구매할 수 없다. 포스코의 파이넥스 공법처럼 무형으로 스며든 기술 브랜드, 고어텍스와 효성 크레오라같이 완제품의 감촉이나 기능을 통해 느낄 수 있는 소재 브랜드, 인공감미료 뉴트라스위트처럼 완제품에 완전히 일체화된 성분 브랜드, 그리고 아몰레드나 스와로브스키 엘리먼츠처럼 형체를 가지고 있으나 완제품에 탑재되었을 때에만 기능하는 부품 브랜드로 크게 분류할 수 있다.

이렇듯 인브랜드는 브랜드의 활용형태보다는 제품의 특성을 바탕으로 정의된다. 따라서 우리가 직접 구매해 별도로 체감할 수 있는 청정원의 순창고추장은 완제품 브랜드지만 '신당동 장독대를 뛰쳐나온 떡볶이 총각의 맛있는 프로포즈'라는 과자에 하나의 원료로 첨가된 순창고추장은 인브랜드가 된다. 인텔이나 삼성의 와이즈뷰처럼 인브랜드로 태어나 인브랜드로 적용되는 것이 일반적이지만, 마크레빈슨 오디오처럼 완제품 브랜드로 태어나 자동차라는 완제품의 오디오 시스템을 뜻하는 인브랜드로 전환된 사례도 있는 것이다.

또한 이 책에서는 완제품 브랜드지만 성분을 소구하는 브랜드, 가령 다나한 RGⅡ나 남양 GT 우유도 인브랜드 사례로 분석하였다. 각각 성

인브랜드(In-Brand)의 유형

분과 공법을 브랜딩한 것으로, 완제품 브랜드로 적용되었다는 사실 외에 여타의 인브랜드와는 다른 브랜드 전략의 목적, 커뮤니케이션 특성을 보이지 않기 때문이다. 같은 맥락에서 LG전자의 프라다폰이나 삼성전자의 지펠 마시모주끼도 인브랜드로 분석하였다. 프라다와 마시모주끼의 디자인이 각각 LG의 휴대폰과 삼성의 지펠 냉장고를 완성시키는 하나의 요소로 적용되었기 때문이다.

인브랜드 In-brand는 중간재 브랜드, 산업재 브랜드 또는 B2B 브랜드라는 용어와 혼용되기도 한다. 중간재 · 산업재 브랜드는 소비재, 최종재에 대응하는 중간재 · 산업재라는 경제용어에 브랜드를 덧붙여 만들어진 말이다. 말 그대로 생산과정의 중간에 있는, 최종재를 얻기 위해 사용되는 원료, 재료 등을 일컫는다.

B2B 브랜드는 B2C에 대응하는 말로, 이에 브랜드라는 단어를 덧댄 것이다. 누구를 대상으로 기업활동을 하느냐에 따라 기업 또는 산업을 분류하는 경제용어에서 비롯된다. 말 그대로 B2B Business to Business는 기업 간 거래이고, B2C Business to Consumer는 기업과 소비자 간 거래이다.

기업 간 거래는 부품이나 원료, OEM Original Equipment Manufacturing 주문자 상표 부착생산 공급을 말한다. B2B 브랜드라고 했을 때는 OEM 기업의 상호 브랜드나 B2B 기업이 생산한 중간재 브랜드를 뜻한다.

인브랜드 In-brand 는 완제품 브랜드 host brand 에 대응하는 말이다. 앞서 정의한 바와 같이 완제품 브랜드의 가치를 높이기 위해 적용된 브랜드화된 기술, 성분, 원료 등을 뜻한다.

결국 인브랜드, 중간재 브랜드, B2B 브랜드는 그 용어가 어디에서 비롯되었는가에 따라 약간의 의미 차이가 있다. 실무적 수준에서는 세 가지 용어를 무리 없이 혼용할 수 있지만 중간재 브랜드나 B2B 브랜드는 이들이 지칭하는 것을 분석하는 데 유용한 용어는 아니다. 오히려 제품이나 산업을 명확히 분류할 때 더 적합한 말이라 하겠다. 지금처럼 하나의 완제품이 다른 제품에서는 부품이 되는 상황에서 이를 놓고 중간재 브랜드인지 최종재 브랜드인지를 말하는 것은 의미가 없다. B2B 브랜드, 중간재 브랜드처럼 제품 특성을 바탕으로 정의되었지만 결국은 제품의 실제 적용형태와 호스트 브랜드와의 관계를 표현할 수 있는 인브랜드가 가장 적합한 용어라 하겠다.

● ● ● ● ● ● ●
한국의 1세대 인브랜드

고어텍스가 1958년, 라이크라는 1959년에 런칭되었다. 그럼에도 불구하고 인브랜드의 시초로 1991년 런칭한 인텔을 꼽는 이유는 인브랜드로 프리미엄을 창출할 수 있다는 것을 보여주었기 때문이다. 완제품에 내장된 채 인식조차 되지 않았던 부품과 기술의 존재를 드러내고, 이를 통해 제품 그 이상의 프리미엄을 창출하는 브랜드 본연의 임무를 인브

1990년대 말~ 2000년대 초 등장한 한국의 1세대 인브랜드들

랜드 역시 해낼 수 있다는 것을 보여준 인텔. 그렇게 인텔은 고객과 브랜드매니저들의 마음속에 첫 번째 인브랜드로 자리잡았다. 인브랜드를 런칭하며 그 포부를 밝히는 기업들을 보라. "OO시장의 인텔이 되겠다"라는 상투적인 말은, 인텔이 얼마나 강력한 인브랜드의 아이콘인지를 보여주는 것에 다름 아니다.

우리나라에서 인브랜드를 전략적으로 활용하기 시작한 것은 언제부터일까? 어떤 브랜드를 한국의 인텔로, 한국 인브랜드의 시초로 볼 수 있을까? 1997년 등장한 효성의 크레오라, 2000년대 초반 줄지어 런칭된 LG전자의 리니어 인사이드2002년와 XD엔진2004년, 삼성전자의 와이즈뷰2002년와 DNIe2002년, 빅슬림2002년을 한국의 1세대 인브랜드로 볼 수 있을 것이다.

브라운관 브랜드인 빅슬림처럼 기술의 발전으로 자연스럽게 사라지기도 하지만, 대다수의 1세대 인브랜드들이 모종의 성과를 보여주고 있다. 효성의 크레오라는 세계 스판덱스 시장점유율 2위를 기록하며 절대 불변할 것 같던 라이크라의 아성을 넘보고 있다. LG전자의 리니어 인사이드는 현재 4세대 리니어로까지 진화하였다. 몇 차례에 걸친 브랜드 리뉴얼을 통해 브랜드를 재활성화하였으며, 이를 통해 높은 브랜드 로열티를 보유하게 되었다. 리니어 인사이드는 기술 수준과 고객 니즈가 빠르게 변화하는 전자제품 시장에서 완제품 브랜드도 쉽지 않은 장수 브랜드의 가능성을 보여준다.

● ● ● ● ● ● ●

인브랜드: 브랜드 전쟁의 주역이 되다

인브랜드In-brand 의 핵심은 종속성과 독립성에 있다. 기술이나 성분, 즉 요소로서 완제품에 종속되지만 브랜드화된 요소로서 인브랜드는 독립된 아이덴티티를 갖는다. 완제품과 별개로 고유의 메시지와 이미지를 갖는 것이다. 완제품의 각 요소가 독립된 아이덴티티를 갖는 브랜드로 거듭나는 것이 왜 중요한지, 또 어떻게 드러내야 브랜드로서의 역할을 효과적으로 달성할 수 있는지 생각해보자.

인브랜드는 요소의 존재를 인식시키는 역할을 한다. 최첨단 기술 또는 혁신적인 신소재일지라도 그것이 명명되고 브랜드화되지 않는다면 인식되기 힘들다. 인식되지 않는 기술은 없는 것이나 마찬가지고 인식된 기술, 즉 브랜드는 존재하는 것이 된다. 뛰어난 화질을 아무리 얘기해도 소용없다. 그것이 아몰레드든, 레티나 디스플레이든 고객이 인식할 수 있는 가장 효과적인 형태, 즉 브랜드로 전달되어야 하는 것이다.

두 번째로 인브랜드는 고객의 정보처리를 돕는다. 유통과정에도 그 신선함과 영양을 잃지 않는 우유를 원한다고 해서 고객이 모든 우유 패키지의 뒷면을 꼼꼼히 읽어야 하는가? 아니다. '신선하고 깨끗한 상태의 원유에서 우유에 이르기까지 전 제조과정을 무균화하여 우유 본래의

스크린이 이토록 좋아지면 색은 더 생생해지고
글은 더 또렷해지며 모든 것이 더 빛나기 시작합니다.
스크린이 이토록 좋아지는 건 당신과
당신께 소중한 것들 때문입니다.
눈부신 레티나 디스플레이
새로운 아이패드에서.
- iPad 광고내레이션

레티나 디스플레이의 화질을 강조하는 뉴아이패드 광고

맛과 영양을 건강하게 지키는 시스템'이라고 설명하지 말고 'ESL' 매일우유 무균화 공정 브랜드을 보여주면 그만이다. 컴퓨터를 잘 모르는 고객은 어떤 CPU 브랜드가 적용되었는지 먼저 체크할 것이다. 컴퓨터를 잘 아는 고객 역시 마찬가지다. 인브랜드는 제품이 고관여 제품이든 저관여 제품이든, 고객의 제품에 대한 지식 수준이 높든 낮든 간에 쉽고 빠른 정보처리를 가능하게 한다.

세 번째로 인브랜드는 부가가치를 창출한다. 매일우유가 ESL을 런칭하기 전에는 무균화 공정이 아니었을까? 이제야 무균화 공정을 도입했기 때문에 인브랜드를 만든 것인가? 아니다. 대다수의 인브랜드는 이미 보유하고 있는 기술이나 부품과 같은 자산을 드러낸 것이다. 중요한 점은 이미 존재하는 것을 브랜드화하였다는 것이 아니라 브랜드화를 통해서 경쟁 구도나 고객의 구매기준, 기업 브랜드 파워에 미치는 영향이 무엇인가이다. 인브랜드를 통해 창출하는 부가가치는 인브랜드마다, 기업마다 다를 수 있다. 그 다양한 부가가치들을 살펴보자.

인브랜드: 특허보다 강한 진입장벽

인브랜드는 강하다. 기술은 특허로만 보호받는 게 아니다. 특허는 자사의 기술을 보호하는 법적 장치다. 온실 속 화초처럼 보호받던 기술도 20년이 지나면 야생으로 돌아가야 한다. 인브랜드는 기술을 보호하는 또 다른 수단이다. 인브랜드는 고객의 신뢰와 선호를 창출함으로써 기한 없는 보호를 제공하며, 경쟁사에 대해서는 특허보다 더 강한 진입장벽이 될 수 있다. 능동형 유기발광다이오드 AM OLED는 삼성만 가진 기술이 아니다. LG도 생산할 수 있으며 실제로 하고 있다. 그러나 이 시장에서 LG가 삼성을 앞지를 거라고 예측하긴 어렵다. 삼성은 브랜드 아몰레드 AMOLED를 통해 'AM OLED=삼성'이라는 인식을 형성했기 때문이다. 곧 인브랜드를 통해 특허보다 강한 진입장벽을 세운 것이다.

인브랜드: 경쟁의 지렛대

호스트 브랜드가 유명 브랜드인지 아닌지에 관계 없이 잘 알려진 인브랜드는 호스트 브랜드에 대한 평가를 개선시킨다.[*] 브랜드에 대한 투자 여력이 부족한 중소기업이라면 유명 인브랜드를 지렛대 삼아 자사 브랜드의 힘을 키울 수 있다. MSI는 소니의 바이오, 삼성의 센스에 비해 잘 알려져 있지 않지만 인텔 브랜드를 도입함으로써 경쟁력을 갖는다. 브랜드는 낯설지만 가격이 상대적으로 낮고 인텔이 탑재되어 있기에 MSI 노트북을 선택하는 것은 '위험이 아니라 해볼 만한 모험'이 된다. 인텔이 일정 수준의 품질을 보증하기 때문이다. 컴퓨터는 인텔, 아웃도어는 고어텍스라는 고정관념처럼, 강하게 인식된 인브랜드를 도입할수록 품질보증 효과는 더욱 커질 것이다.

또 인브랜드가 원산지 효과를 어느 정도 상쇄시킨다는 연구결과도 있어[**] 원산지 효과의 피해를 보는 중소기업들은 인브랜딩을 통해 긍정적 효과를 기대할 수 있다.

인브랜딩이 중소기업에게만 의미 있는 것은 아니다. 인브랜딩으로 득

---

[*] 요소 브랜딩을 이용한 확장 전략의 효과에 대한 연구: 속성 중요도 차원에서의 고찰, 2006, 전성률, 주태욱, 오진욱 (마케팅 연구, 2010. 3)

[**] 소재 브랜드와 원산지 정보가 기술제품에 대한 소비자 평가에 미치는 영향과 사전지식의 조절효과 연구, 2004, 조성도 (마케팅관리연구, 2005. 1)

고어텍스를 인브랜드로 도입한 다양한 아웃도어 브랜드들

을 보고 있는 것은 실은 대기업들이다. 브랜드에 대한 지식과 경험이 많고 투자 여력도 크기 때문이다. 타사 브랜드를 인브랜드화한 것보다 자체 브랜드를 인브랜드화한 것이 더 호의적인 평가를 받는다는 조사결과도 있다. 또 삼성이나 LG 같은 대기업일수록 인브랜드를 육성하기에 유리하다. 부품에서 완제품까지 모든 라인을 보유하고 있기 때문이다. 아몰레드 브랜드가 단기간에 인지도를 높일 수 있었던 것도 삼성이기에 가능하였다. 인브랜드를 적용할 휴대폰, MP3플레이어, 노트북, TV 등을 모두 갖추고 있으니 말이다.

완제품 브랜드도 인브랜드가 될 수 있다는 인식은 B2C 기업에게 새로운 가능성을 열어줄 것이다. 신사업으로 수익을 올릴 수도 있고, 브랜드를 확장하는 데에도 유리하다. 페브리즈는 방향, 탈취제이고, 그 핵심은 향이기 때문에 스프레이나 분무기라는 형태를 벗어난다면 페브리즈를 인브랜드로 적용할 수 있는 제품은 무궁무진하다. 실제로 세제 브랜드인 타이드는 일부 제품에 페브리즈를 인브랜드로 적용하였다. 타이드, 페브리즈를 포함해서 300개가 넘는 브랜드를 보유하고 있는 P&G는 'Tide with Febreze fresh scent'처럼 자사 브랜드를 인브랜드로 활용한다. 이미 가지고 있는 자산을 새로운 형태로 재구성함으로써 별도로 큰 투자를 하지 않고도 부가가치를 창출하는 것이다.

● ● ● ● ● ● ●

인브랜드: 싸움의 구도를 바꾸다

인브랜드는 고객의 니즈를 창조한다. 콜라를 살 때 칼로리를 따지는 습관은 언제부터 생겼나? 당신이 컴퓨터를 고르는 기준은 무엇인가? 스타킹을 살 때 확인하는 것은 무엇인가? 우리가 당연하게 생각하는 구매습관 중 많은 부분이 특정 브랜드에 의해 만들어진 것이다. 그러나 한번 생겨난 기준은 쉽게 바뀌지 않는다. 인브랜드는 고객에게 새로운 구매기준을 제시한다. 기업이 새로운 기준을 제시하는 이유는 싸움의 화두, 또는 경쟁구도를 자사에 유리하게 바꾸려는 의도다.

LG는 리니어 드라이브를 통해 '조용한 냉장고'를 이야기하였다. 갑자기 집 안에 있는 냉장고 소리가 크게 들리지 않았겠는가. 삼성은 아몰레드를 런칭하며 '폰으로 영화 보지 마라! 아몰레드가 아니라면'이라고 외친다. 아이폰 대 안드로이드 진영으로 형성된 스마트폰 시장의 전선에

리니어 컴프레서로 냉장고의
소음 문제를 이슈화한
LG디오스

아몰레드를 통해 '화질'을
스마트폰의 새로운 선택
기준으로 제시한 갤럭시S

'화질'이라는 균열을 만들며 새로운 전선을 형성하겠다는 전략이다. 더 매력적인 것은 그 화두와 효과가 광고캠페인처럼 단기간에 그치지 않고 브랜드로서 기업의 영속적 자산으로 남는다는 점이다.

인브랜드: 새로움을 수혈하다

브랜드도 사람처럼 세월 따라 늙어간다. 젊음을 유지하기 위해서는 브랜드에 끊임없이 활력 요소를 주입해야 하는데 인브랜드도 그 중 하나다. 냉장고 브랜드 디오스는 브랜드 연령에 맞는 신뢰도를 갖고 있지만 고루한 이미지는 아니다. 핵심 부품인 컴프레서를 리니어 드라이브로 브랜딩해서 지금의 4세대 리니어까지 지속적으로 업그레이드해 왔다. 또 디자인 요소를 매년 새롭게 브랜딩해 아트 디오스, 디오스 함연주 샤인 등을 선보여 왔다. 자체 보유한 기술뿐만 아니라 외부의 자산도 공동 브랜딩을 통해 자기 자산화함으로써 디오스라는 완제품 브랜드를 젊고 트렌디하게 만드는 것이다.

놓치지 말자. 인브랜드가 젊음을 수혈하는 방법이기도 하지만, 그 젊음의 요소가 꼭 기업의 보유자산일 필요는 없다. 감각적 디자인이 트렌드라고 해서 디자인센터를 설립하고 디자인 인력을 육성해 좋은 디자인의 제품을 만들겠다는 것은 10년 후에 대응하겠다는 말과 같다. 연구개발이 아니라 연계개발의 시대다. 자신에게 부족한 자산은 외부와 빠르게 연계해 자신의 것으로 흡수시켜야 한다. 이 때 좋은 방법은 '프라다가 직접 디자인해 프라다 스타일을 살려낸 휴대폰'이라고 구구절절 말하는 것이 아니라 'LG 프라다폰'이라고 이름 붙이는 것이다. 가장 앞선, 최고의 스마트폰으로 인식시키길 바란다면 아몰레드나 레티나 디스플레이,

고릴라글래스 같은 최고의 인브랜드들로 조합된 스마트폰을 만들라. 그들 각각이 갖고 있는 최고의 이미지가 완제품 브랜드에 고스란히 전이될 것이다.

인브랜드 전쟁은 이제 시작이다

　인브랜드를 연구하면 새로움이 보인다. 인브랜드를 완제품 브랜드로 런칭하거나아몰레드, 다양한 완제품을 생산하는 기업이 자사 완제품 간 조합을 통해서 새로운 부가가치를 만들어내거나P&G, 사양화되어가는 제품의 브랜드를 인브랜드로 살려내거나아이팟 하는 아이디어들 말이다. 이러한 사례들은 제품을 넘어서 브랜드가 어떤 가치를 만들어낼 수 있는가를 보여주고 있다.

　경쟁력의 의미는 변하고 있다. 한 기업이 독자적으로 기술개발에 몰두하거나 트렌드에 대응하기 위해 매번 새로운 브랜드를 개발하는 것은 경쟁력 확보와는 거리가 멀다. 자사가 갖고 있지 않은 자산도 활용할 수 있다는 생각, 상황에 맞게 신속히 자사와 타사의 자산을 조합해내는 능력이 경쟁력의 핵심이 될 것이다. 자사 브랜드의 핵심과 부차 요소, 강점과 단점을 분석해 핵심에 집중하되, 부족한 부분은 그 분야의 최고 브랜드를 도입해 자기화하는 '인브랜딩 능력'이 지금과 같은 초경쟁 환경에서 승패를 좌우하는 열쇠가 될 것이다.

TREND 2 특허보다 강한 인브랜드

인브랜드로 진입장벽을 구축하다

마케팅의 흐름이 제품에서 가격, 품질, 그리고 서비스로 그 중심이 옮겨 오다가 지금은 무형자산으로서 브랜드의 가치를 높이는 브랜드 마케팅에 무게 중심이 모아지고 있다. 그러나 기술의 급격한 발전과 세계화의 진전이 이루어지면서 브랜드 경쟁 역시 심화되고 있는 것이 현실이다. 이러한 상황에서 '어떻게 자사 브랜드를 차별화하고 경쟁우위를 확보할 것인가'는 수많은 마케터들의 핵심 과제일 수밖에 없다.

특히 기술 혁신이 지속적으로 이루어지고 있는 시장에서 경쟁자들이 따라올 수 없도록 자사가 개발한 신기술이나 신소재, 신약, 신제품의 경쟁우위를 확보하고 진입장벽을 만드는 것은 또 다른 과제이다. 왜 그런가? 첫째, 기업의 입장에서 신기술, 신소재 등은 정보화 시대에 경쟁자들이 쉽게 모방이 가능하기 때문에 특허라는 법적인 보호 방법은 일시적 수단에 불과하다는 점이다. 둘째, 오늘날 아이디어가 넘치는 신제품들이 끊임없이 출시되고 새롭게 개발된 기술에 익숙해지기도 전에 또다시 업그레이드된 기술들이 등장하고 있기 때문에 소비자들이 어떤 제품을 선택해야 할지 혼란스러워한다는 점이다.

이러한 고민에 대한 해결책으로서 많은 기업들이 채택하고 있는 것은 인브랜드를 도입하는 것이다. 즉, 신기술이나 신소재 등을 인브랜드화함으로써 특허를 대신하여 경쟁우위를 장기적으로 확보하고, 소비자들에게는 경쟁 제품이 아닌 우수한 자사 제품을 선택하게 함으로써 진입장벽을 높이는 것이다.

특허는 법적으로 보호받는 기간이 20년이라는 제한이 있다. 반면 상표는 10년이라는 유효기간에도 불구하고 연장이 가능하며 마음만 먹으면 무기한 사용할 수도 있다. 그리고 특허는 그 기간 동안 내용을 변화시킬 수가 없어 사실상 몇 년만 지나면 새로운 기술 개발에 의해 무용지물이 되기도 한다. 하지만 특허 기술을 상표로 등록하여 브랜드로 관리하게 되면 새로운 기술혁신에 의해 진부화된 기술을 시대의 변화에 부응하는 브랜드 자산으로 새롭게 포지셔닝할 수 있고, 그것이 곧 장기적인 브랜드 자산이 되는 장점이 있다.

듀폰: 인브랜드로 지적재산권을 보호하다

특허와 인브랜드의 활용을 통해 경쟁사의 기술 모방 및 위협에 대하여 진입장벽을 높이면서 확고한 브랜드 자산을 구축하고 있는 기업이 바로 듀폰Dupont 이다.

1802년 화약회사에서 출발한 듀폰은 1920년 화학물질과 에너지 산업 분야에 진출하였고, 현재 과학 솔루션에 기반을 두고 식품과 영양, 의류, 안전과 보호, 건축, 전자, 운송 등의 산업 분야에서 수많은 제품을 생산하고 있다. 듀폰은 "인류의 보다 나은 삶과 안전하고 건강한 생활을 위하여 지속 가능한 솔루션 개발에 앞장서는 종합 과학회사"라는 비전을 내세우면서 가장 혁신적인 회사로 성장하였다.

듀폰이 인브랜딩의 중요성을 일찍이 깨닫고 성공적인 인브랜드 매니지먼트를 하게 된 계기는 최초로 개발한 유기화학 섬유 '나일론Nylon'의 상표등록을 하지 못해 결국 일반적인 명칭이 되어버린 사건을 경험을 한 것이었다. 그 후 듀폰은 끊임없는 노력과 혁신을 통해 개발한 제품의 지적재산권을 지키기 위해 1만 5천 개 이상의 브랜드들을 등록하고 있다. 너무나 잘 알려져 있는 라이크라, 테프론 이외에도 노멕스, 타이벡, 케블라 등과 같은 획기적인 브랜드들을 보유하고 있으며 우리의 일상생활 모든 곳에 듀폰의 기술과 정신이 담겨있는 브랜드들을 볼 수 있을 정도이다.

듀폰은 적절하고 효과적인 인브랜드 전략으로 경쟁제품 대비 20%의 가격 프리미엄을 형성했을 뿐만 아니라, 브랜드 로열티 제고로 인해 제휴업체들에 대한 협상력 증대와 같은 이점을 얻고 있다. 광고, 교육, 프로모션 등 다양한 형식으로 전개되는 통합 커뮤니케이션은 유통업자들과 호의적인 조건으로 협상할 수 있도록 해주고 있다.

이를 입증하는 가장 성공적인 사례는 1959년 개발한 초고탄력 중합체 라이크라 Lycra 이다. 현재에도 계속 새로운 버전과 용도의 제품들을 개발해 오고 있으며 소비자에게도 '움직임의 자유'라는 컨셉으로 글로벌 캠페인을 전개하고 있다. 섬유 제조업자들을 상대로 한 교육을 통해 라이크라 소재 제품이 우수하다는 점을 각인시켰고, 라이크라가 들어간 제품이라면 다른 제품보다 20% 더 지불하고라도 구입하도록 만드는 성과를 창출하였다. 라이크라의 특허권은 이미 오래 전에 상실되었지만 '라이크라' 브랜드를 일관되고 지속적으로 관리함으로써 스판덱스 시장에서 그 누구도 넘볼 수 없는 글로벌 리더십을 확보하게 되었다.

듀폰에서 등록한 화학, 건축, 식품, 자동차 등 다양한 분야의 소재 브랜드들

The miracles of science™

식품

SUPRO®	분리 대두 단백질
SUPRO PLUS®	분리 대두 단백질
ALPAH®	기능성 농축 대두 단백질 (Funtional Soy Protein Concentrates)
Response™	조직 대두 단백 (Textured Soy Protein Concentrates)
Fibrim™	대두 식이섬유 (Soy Fibers)

산업용 엘라스토머 제품

Hypalon®(하이파론®)	폴리크로로쎌포네이티드 고무
Viton®(바이톤®)	불소고무
Karlez®(칼레즈®)O-ring	

화학

Ti-Pure®(타이퓨어®)	이산화티타늄
Glycolic Acid(글리콜릭산)	
Aniline®(아닐린)	
Oxone®(옥손®)	
Zonyl®(조닐®)	
Hylene®(하이린®)	Polymer Specialty
Dimethyl Acetamide	DMAC
Dimethyl-5-sulfoisophthalat Sodium salt	DMSIP
5-sulfo-1,3-bis (2-hydroxyethyl) ester	SIPEG
DryFilm®(드라이필름)	Dry lubricant/release
TraSys®(트라시스®)	Release Agent
Fluoroguard®(프로가드®)	Release Agent
Methacrol®(메타크롤®)	
Krytox®(크라이톡스®)	
Tyzor®(타이조®)	Organic Titanate
Dimethyl formamide	(DMF)
Vazo®(바조®)	Azo Initiator
Cyanide®	NaCN/KCN
Specialty Intermediates	PPD, MPD, ICL

건축

Corian®(코리안) Corian®AB	인조 대리석
Tedlar®(테들라®)	
Butacite®	PVB Interlayer
SentryGlas® Expressions	PVB Interlayer
SentryGlas®	Inoplast Interlayer
Kevlar®(케블라®)	아라미드계 강화 섬유 쉬트
Typar®(타이파®)	토목용 쉬트

산업/일반 산업용 폴리모

Bynel®(바이넬®)	CXA Adhesive Resin
Mylar®(마일라®)	폴리에스터 필름
Nucrel®(뉴크렐®)	Acid Copolymer Resin - EMAA Resin
Appeel®(애필®)	Lidding Sealant Resin
Surlyn®(썰린®)	아이어노머레진
Elvax®(엘박스®)	EVA
Vamac®(버막®)	비할로겐 합성고무
Fusabond®	Maleic Anhydride grafting 수지
Elvaloy®	극성기를 가진 Terpolymer 수지
Elvaloy AC®	에틸렌 아크릴레이트 copolymer 수지
Selar PA®	비결정질 나일론 수지

자동차, 전자/전기기기, 일반산업, 생활용품 부품

Crastin®PBT (크라스틴®)	열가소성 폴리에스터 수지
Delrin®(델린®)	아세탈 수지
Elvamide®(엘바마이드®)	나일론 다중 폴리머 수지
Hytrel®(하이트렐®)	열가소성 폴리에스터 엘라스토머
Minlon®(민론®)	미네랄/유리강화 나일론 수지
Rynite®PET (라이나이트®)	열가소성 폴리에스터 수지
Thermx®PCT (써맥스®)	고기능 폴리에스터 수지
Tynex®Filaments (타이넥스®)	나일론 모노 필라멘트
Vespel®Parts (베스펠®)	폴리이미드 수지
Zenite®LCP (제나이트®)	액정폴리머 수지
Zytel®HTN (자이텔®HTN)	고기능 폴리아미드 수지
Zytel®PA (자이텔®)	나일론 수지
Kevlar®(케블라®)	아라미드 섬유 펄프
Butacite®(뷰타싸이트®)	PVB Film
SentryGlas®Plus	Ionoplast Interlayer
HyperCoat™Pro	차량용 코팅제
Centari®(센타리®)	자동차 보수용 도료
Spies Hecker	자동차 보수용 도료
IMRON SuperTraffic Chromaone MultiMix	자동차 보수용 도료
Teflon®(테프론®)	테프론® 코팅

인텔의 펜티엄: 경쟁구도를 기술에서 브랜드로 바꾸다

인텔의 펜티엄 프로세서 또한 너무나 잘 알려진 대표적인 사례로 손꼽힌다. 인텔은 AMD 등 자신의 CPU를 모방한 경쟁사의 심한 공세에 고전을 면치 못하고 있었다. 이를 타개하기 위해 인텔은 X86 시리즈와 같이 단지 기호로서 명명되었던 CPU에 대해 인브랜딩을 시도한다. 인텔은 인브랜딩의 조건으로 1. 경쟁사가 도용하기 어려울 것 2. 트레이드마크화가 가능할 것 3. 세대를 초월하여 새로운 패러다임을 제시할 수 있는 신세대 기술을 의미할 것 4. 긍정적이면서도 범세계적으로 통용될 것 5. 인텔의 브랜드 자산을 지원할 것 6. 제휴기업의 브랜드 네임과 조화를 이룰 수 있는 하나의 구성요소로서 느낌이 들어야 할 것을 내세웠고, 최종적으로 'Pentium'으로 결정되었다.

'Pentium'은 새로운 CPU 브랜드로 1992년 10월 공식적으로 발표되었고 1993년부터 제5세대 마이크로프로세서 제품이 출시되었다. 동시에 인텔 인사이드Intel Inside 프로그램을 병행하여 소비자들에게 CPU라

CPU군

무선통신　　　넷북/스마트폰　　인텔의 카테고리별 인브랜드

는 컴퓨터의 구성요소를 인식시키고 펜티엄 브랜드가 CPU의 일상적인 카테고리 용어로 적용될 수 있도록 모든 노력을 기울였다. 이후 CPU 시장에서 인텔의 파워는 어마어마해졌고 진입장벽은 더 높아졌다. 결국 대다수의 경쟁사들 역시 제품에 브랜드를 도입하게 되었고, 업계는 가격, 동작, 주파수, 소비전력과 같은 CPU의 성능으로 경쟁하는 양상에서 기술 인브랜드로 경쟁하는 양상으로 바뀌었다.

그 후 인텔은 지속적으로 새로운 기술이 적용된 인브랜드를 도입, 관리해 왔다. 2010년 인텔 CPU 제품군은 소비자가 좀더 쉽게 이해할 수 있도록 코어 i 브랜드로 통일하고 성능이 높은 순으로 코어 i7→ i5→ i3가 되도록 브랜드 명칭 체계를 수립하였다. 넷북에 탑재되는 아톰 브랜드는 그대로 유지하되 스마트폰, 태블릿, CE, 임베디드 등의 고성장 영역까지 포괄하는 브랜드의 역할을 부여하였다. 기존 노트북 플랫폼 브랜드였던 '센트리노'는 와이맥스 등 무선통신 기능을 포괄하는 브랜드로 활용하는 브랜드 포트폴리오를 구축하였다. 즉, 브랜드를 단순화하면서 각각의 영역과 역할을 명확히 함으로써 소비자가 쉽게 고를 수 있도록 간결하면서도 소비자 지향적인 브랜드 체계를 구축한 것이다. 이러한 하부의 브랜드 아키텍처는 궁극적으로 인텔에 대한 소비자의 가치를 제고하는 효과를 기대한 것이라 할 수 있다.

● ● ● ● ● ● ●
인텔 인사이드: 최고의 인브랜드 전략

인텔은 '인텔 인사이드' 프로그램을 통해 제휴기업과의 관계를 강화함으로써 더욱더 강력한 브랜드 자산을 구축하게 된다. 인텔은 자사의 펜티엄 프로세서를 탑재하는 컴퓨터 제조업체가 행하는 커뮤니케이션

인텔 로고의 변화

활동에 '인텔 인사이드' 로고를 사용하게 하고 그 대신에 광고비의 일부를 부담하는 '인텔 인사이드 프로그램'을 진행하였다. 이 프로그램을 통해 인텔은 자사 브랜드 펜티엄과 기업 브랜드 인텔의 인지도를 높이면서 단독으로 광고할 때보다 마케팅 비용을 줄일 수 있었다. 한편 제휴기업은 브랜드 인지도와 신뢰도가 높은 펜티엄을 자사의 컴퓨터에 사용한다는 사실을 알림으로써 소비자 지각품질의 향상을 기대할 수 있었고 인텔에서도 광고비의 일부를 부담하기에 마케팅 비용을 절감할 수 있었다. 결과적으로 양사의 관계는 더욱 강화되었다.

'인텔 인사이드' 프로그램의 큰 성공은 소비자들의 인식 속에 '인텔의 기술과 프로세서는 뛰어나다'는 이미지를 각인시켰다. 지금도 인텔은 기업 브랜드 이미지 관리를 위해 꾸준히 광고를 전개함은 물론 문화행사, 홍보 등 다양한 커뮤니케이션 활동을 하고 있다.

하지만 'Intel Inside'에 대한 독자적 상표권이 "Inside가 고유명사로 볼 수 없고 일반적으로 널리 쓰이는 명칭이므로 인텔에서 독점 사용할 수 없다"는 판결로 인해 어려워지자 인텔은 2006년 새 슬로건 'Leap Ahead'를 도입하고 로고의 색상과 디자인을 일부 변경하였다. 새 슬로건은 인텔의 기술, 제품, 플랫폼이 선도적인 위치에 있음을 표방하면서 최고 기업의 이미지를 강조한 것이다. 이는 PC와 컴퓨터 사업에 주력해 왔던 인텔이 인프라를 확장하여 디지털 기기 사업에 무게를 싣겠다는 브랜드 전략을 반영한 것이기도 하였다.

남1: 우주 침략

남2: 이건 정말 멋지다

남1: 이건 이메일이라고 하는 거야

무선으로 인터넷 검색이 가능해

자동으로 성능이 향상되지

자막: 스마트 컴퓨팅이 여기 있습니다

내레이션: 2010년 신형 인텔 프로세스

자막: 내일을 후원합니다

인텔의 'Sponsors of Tomorrow' 광고 캠페인

    인텔은 2009년 새로운 광고 캠페인 '내일을 만듭니다Sponsors of Tomorrow'를 선보인다. 인텔 부사장이자 마케팅 그룹 총괄 매니저인 데보라 콘래드Deborah Conrad는 캠페인을 시작하면서 "40여 년 동안 인텔은 미래의 표준을 제시해 왔으며, 전 세계에 이러한 사실을 알리기 위해 새로운 마케팅 캠페인을 전개하게 됐다"며 "인텔이 단순한 마이크로프로세서 기업이 아니라 세상을 비약적으로 발전시키는 회사라는 사실을 전달하

고자 한다"고 밝혔다. 이 캠페인은 인텔이 헤아릴 수 없이 많은 방법으로 미래를 만들어가고 있다는 사실을 일반 소비자들에게 적극적으로 전달함으로써 선도적인 위치에서 기술 발전을 이끌어가는 인텔의 비전을 보여주기 위한 것이었다.

인텔은 제품보다 '브랜드'를 알리는 전략에 집중하고 있다. 미국발 금융위기로 2009년 전 세계가 최악의 불황을 겪었지만 인텔은 '브랜드' 광고비에만 6000만 달러를 투입하였다. 이는 "불황기에도 광고를 해야 한다"는 인텔의 공동 창업자, 고든 무어의 소신을 따른 것이었다. 덕분에 인텔의 브랜드 가치는 미국발 금융위기에도 불구하고 굳건한 자리를 지키고 있다. 그 결과 인텔에 대한 제휴기업의 신뢰도와 호감도는 더욱더 높아졌고, 이는 끈끈하고 강력한 관계 구축으로 이어졌다.

인브랜드를 개발만 하면 진입장벽이 높아지는가?

한 기업에서 주요 기술, 성분, 요소를 개발하고, 그것을 브랜드화하는 인브랜딩은 브랜드 마케팅이 고도화되고 있는 상황에서 그 필요성이 증대하고 있다. 인브랜드는 제품의 특성을 쉽게 이해시키고 정보처리를 용이하게 해줄 뿐만 아니라 더욱더 깐깐해진 소비자들을 설득하는 유효한 수단이 되고 있다. 특히 소재 및 기술 분야에서 경쟁 우위를 유지하는데 매우 중요한 역할을 한다. 특허 중심의 기존 보호 방법이 적용범위나 기한에 제약이 존재하기 때문에 브랜드와 병행하여 활용하는 것이 효과적이라는 사실은 너무나 명백하다.

하지만 인브랜드를 단순히 개발하는 것에 그쳐서는 안 될 것이다. 브랜드를 흔히 생명체에 비유한다. 이는 브랜드가 소비자와 교감하면서 끈끈한 관계를 맺기도 하고 기업 내부의 다른 브랜드들과의 관계 속에서 성장, 발전하기 때문이다. 따라서 인브랜드는 끊임없는 기술 혁신과 제품 업그레이드를 통해 발전해가야 하며, 고객과 시장의 세분화에 맞는 서브 브랜딩으로 모브랜드를 탄탄하게 만들어야 한다.

광고 커뮤니케이션에 있어서는 일관된 브랜드 컨셉을 유지하면서도 시대의 가치에 맞게 리포지셔닝할 필요가 있다. 제휴의 형태로 많이 활용되고 있는 기술이나 소재 인브랜드의 경우, 인브랜드를 제공하는 기업과 제공받는 기업 간에 긴밀한 협력관계를 구축하는 것이 중요하다. 자사 제품에 상대의 기술을 적용하기 위해서는 상품개발 담당자들 간에 유기적인 협력을 통한 공동작업이 필수적이기 때문이다.

이러한 일련의 브랜드 활동들이 지속적으로 이루어질 때 견고한 진입장벽을 만들 수 있을 뿐만 아니라 더 나아가 가격 프리미엄까지 형성함으로써 인브랜드로서의 자산을 구축할 수 있을 것이다.

TREND 3 트렌드를 주도하는 인브랜드

인브랜드로
트렌디해지다

기존 브랜드가 인브랜드로 인해 트렌디해진다는 것은 크게 두 가지로 볼 수 있다. 하나는 기존 브랜드가 인브랜드를 활용해 트렌드를 빠르게 흡수하고 반영하는 것이고, 또 다른 하나는 정체되어 있거나 차별화가 어려운 브랜드가 인브랜드를 활용해 새로운 모습을 가미함으로써 스스로를 활성화하는 것이다. 전자는 빠르게 변화하는 유행에 맞게 옷을 바꾸어 입어 시대의 흐름에 맞게 변화, 적응하는 것이라면, 후자는 기분전환을 위해 헤어스타일이나 악세서리를 바꾸는 것이라 할 수 있다. 다양한 시장 상황과 변화하는 트렌드의 물결 속에서 어떤 인브랜드가 등장하여 기존의 브랜드로 하여금 한층 더 힘있게 떠올라 헤엄칠 수 있게 했는지 살펴보자.

● ● ● ● ● ● ●
인브랜드: 전체를 바꾸는 작은 요소

지비츠 Jibbitz 는 못생긴 크록스 신발의 구멍에 자신의 취향대로 끼워 넣어 재미있고 다양하게 장식할 수 있는 독특한 신발 악세서리 브랜드다. 지비츠는 크록스를 즐겨 신던 세 아이를 둔 주부의 아이디어에서 출발하였으나, 개개인의 개성을 만족시킬 수 있는 이 사소한 아이디어에

크록스를 더 강하게 만드는 것은 더 좋은 크록스가 아니라 지비츠다.

많은 사람들이 열광하면서 점차 주문생산을 하게 되었고, 결국 브랜드화되었다. 흥미로운 것은 상표권의 중요성을 인지하고 있던 이 주부가 지비츠 생산을 시작하면서 자신의 별명인 flibbertigibbet 수다쟁이을 활용하여 브랜드 명칭을 등록해두었다는 사실이다. 덕분에 지비츠는 유사 브랜드의 무차별한 카피를 방지하고 브랜드 자산을 다질 수 있었다.

크록스 신발이 낡아서 혹은 아이들이 성장함에 따라 발 사이즈가 변해서 새로운 신발을 사게 되더라도 지비츠는 계속 활용할 수 있다. 개인의 개성과 기호에 따라 디자인을 선택할 수 있을 뿐만 아니라 크록스의 제품 라인에 관계없이 모든 제품군에 적용할 수 있다. 결과적으로 크록스를 더 강하게 만들 수 있는 것은 더 좋은 크록스, 더 새로운 크록스가 아니라 바로 지비츠인 것이다. 유행을 좇거나 고객의 새로운 니즈에 부응하기 위해서는 늘 새로운 디자인의 제품을 출시해야 하지만 이보다 더 쉬운 방법은 바로 다양한 지비츠를 만드는 것이라고 판단한 크록스는 1000만 달러에 지비츠를 인수하였다.

● ● ● ● ● ● ● ●
인브랜드로 변화하는 트렌드를 담아내다

제품 모방이 쉽고 맛과 품질의 차별화가 어려운 식음료 시장에서는 생산 공법이나 성분 또는 유통 경로를 인브랜드화하여 차별화를 꾀하는 경우가 많다. 이러한 인브랜딩은 장시간에 걸쳐 생산되는 슬로푸드나 신선도가 특히 중요한 제품을 보증하기 위하여 흔히 사용되고 있다.

집에서 직접 갈아먹는다는 의미의 홈메이드 스타일 주스인 남양유업 '앳홈 at home'은 신선도를 최대한 살리기 위해 생산 공정에서 산소를 차단하는 신기술인 '도트 DORT 공법'을 사용하고 있다. 도트 공법은 주스의 신선도를 떨어뜨리고 맛과 색의 변질을 초래하는 산소를 원료 가공에서부터 제조, 포장 공정에 이르기까지 전 공정에서 차단함으로써 가장 천연적인 상태의 과일 맛을 유지하는 남양유업만의 차별화된 기술이다. 남양유업 앳홈은 집에서 막 짜낸 것 같은 신선함을 소비자가 마시는 순간까지 전달한다는 제품의 컨셉을 공법의 인브랜드를 통해 부각시키고 있다.

파스퇴르유업의 로히트 Low-Heat 공법은 유제품의 위생 등급과 철저한 관리, 뛰어난 품질을 보증해주는 인브랜드다. 로히트 공법은 저온에서 장시간 살균하여 인체에 유익한 균은 보존하고 해로운 균만 선택적으로 사멸시키는 열처리 방법으로 최근 유럽과 미국 등지에서 널리 행해지고 있으며, 파스체라이션 Pasteurization 공법 또는 LTLT Low Temperature Long Time 공법이라고도 불린다. 파스퇴르유업에서는 그 공법을 '로히트'로 브랜드화하여 제품 포장에 노출시킴으로써 제품들의 품질을 보증하고 신뢰감을 높이는 데 활용하고 있다.

파스퇴르유업은 특히 신생아를 키우는 주부들의 고관여 제품인 분유에도 로히트 공법을 적용하여 원료들이 높은 온도에 최대한 노출되지

파스퇴르유업의 인브랜드인 로히트 공법의 로고
로고가 전면에 강하게 적용되어 신뢰를 전달한다.

않게 함으로써 열변성도를 낮추고 모유와 가장 유사한 상태로 생산하고 있다. 로히트는 '로히트 위드맘'의 경우처럼 단순히 공법을 나타내는 인브랜드가 아니라 직접적으로 제품 명칭에 함께 활용되기도 한다.

한편 각종 식품첨가물 등에 대한 소비자의 인식이 높아지고 인공색소, 화학조미료, 방부제 등을 함유하지 않은 음식에 대한 수요가 증가하면서 식품업체들이 'simple'을 마케팅 수단으로 활용하거나 브랜드화하는 사례도 점차 증가하고 있다.

식품 전문업체 풀무원은 두부 제품들에 건강한 0%를 형상화한 '그린서클' 마크를 붙여 소비자들이 쉽게 '화학첨가물 0%'임을 확인할 수 있도록 하고 있다. 자연 원료 외에는 일체의 화학첨가물이 들어있지 않은 제품임을 나타내는 '그린서클' 마크는 가족의 건강과 행복을 위한 안전한 먹거리를 상징함으로써 소비자들의 건강한 식생활을 장려하고 품질에 대한 강력한 신뢰를 부여하고 있다.

또한 롯데제과의 유기농 과자 마더스핑거의 인브랜드 '스쿨존'은 NO

풀무원 0%의 약속, 그린서클　　　　　　　롯데제과의 스쿨존

밀가루, NO 첨가물, 저나트륨, 열량 및 영양의 안전설계 등, 자녀 간식의 안전지대를 표방하고 있다. 엄마의 마음을 고스란히 담은 안심 과자라는 컨셉을 '스쿨존'이라는 인브랜드를 통하여 커뮤니케이션하고 있는 것이다.

종종 제품에서 이물질이 나오거나 포장재에서 인체에 유해한 성분이 검출되는 일들이 벌어짐에 따라 식음료 제품 자체의 품질뿐만 아니라 인체에 무해한 포장재와 안전한 포장법에 대한 관심이 증가하고 있다. 효성은 모든 생산 공정을 무균 설비화함으로써 음료의 맛과 향을 그대로 보존하여 소비자에게까지 전달하는 국내 최초의 첨단 음료 충전 시스템 '아셉틱'을 운영하고 있으며, 이 시스템에 '아셉시스 ASEPSYS'라는 브랜드까지 도입하였다. 소비자들이 직접 거래하지 않는 중간재에 인브랜드를 도입하여 맛의 전달과 위생 측면의 니즈에 부응하면서 신뢰도를 높인 것이다.

효성의 아셉시스가 패키지에 적용된 모습

인브랜드로 브랜드에 활력을 불어넣다

　식음료 중에서도 물은 맛, 품질, 기능 차별화가 가장 어려운 제품이다. 그렇다고 해서 이들에게 차별화 지점이 전혀 없는 것은 아니다. 오히려 기존 식음료 시장에서 발견되지 않던 차별화 아이디어가 가장 돋보이는 제품군이기도 하다. 세계 최초로 물을 상품화한 기업이자 고급 생수 시장의 1위 브랜드인 에비앙을 보자.

　에비앙은 2000년 밀레니엄 스페셜 에디션을 기점으로 매년 새로운 컨셉의 특별한 패키지 디자인을 도입한 한정판 생수를 생산하여 특판 마케팅 전략을 펼치고 있다. 2000년대 초반에는 물방울 시리즈로, 2005~2007년에는 눈 쌓인 알프스를 형상화한 패키지로 눈길을 끌었다. 특히 2008년 크리스찬 라크로와를 시작으로 2009년 장 폴 고띠에, 2010년 폴 스미스, 2011년 이세이 미야케에 이르기까지 명품 패션 디자이너 브랜드와의 콜래보레이션은 에비앙에 더 큰 날개를 달아주었다.

　차별화나 변화가 불가능한 물이라는 제품 속성을 파악하고 브랜드가 소구하는 타깃층인 여성들의 시각에 맞추어 시작된 이러한 콜래보레이션 인브랜딩은 100년이 넘는 역사를 지닌 장수 브랜드에 새로운 활력을 불어넣어 주고 있다. 내년에는 어떤 컨셉의 패키지 디자인을 입힌 한정판 에비앙이 출시될지 기다리는 수집가나 매니아 소비자들까지 생겨났다고 하니, 전 세계적으로 얼마나 이슈화가 되고 있는지 짐작할 수 있을 것이다. 에비앙과 같이 콜래보레이션을 통하여 외부의 강력한 브랜드 자산을 끌어들여 자기 요소화함으로써 트렌드에 따라 다른 옷을 갈아입는 브랜드들이 늘어나고 있다.

　같은 제품을 두고도 사람마다 호불호가 달라지는 뷰티 업계에도 콜래보레이션 인브랜딩이 활발히 진행되고 있다. 최근에는 각 시즌별로 디자이너나 패션 브랜드와 손을 맞잡는 사례가 점차 흔해지고 있다. 츠모

명품 패션 디자이너 브랜드와 콜래보레이션을 진행한 에비앙의 패키지 디자인

리 치사토가 슈에무라와 손을 잡고 소녀다운 귀여운 매력과 성숙한 여인의 관능미를 동시에 갖춘 리미티드 제품을 출시하는가 하면, 화장품 브랜드 MAC은 명실공히 유럽을 대표하는 전설적인 산업 디자이너인 마르셀 반더스와 업계 최초의 콜래보레이션을 진행하기도 하였다. 이러한 콜래보레이션은 차별화된 컨셉에 따라 소비자의 큰 호응을 얻고 있으며 브랜드들을 더욱더 돋보이게 하는 효과를 거두고 있다.

인브랜드를 통해 명품과 패스트 패션이 만나다

세상은 빠르게 변하고 패션계는 더욱더 트렌드에 민감해지고 있다. 소비자의 취향도 다양해졌거니와 빠르게 변화하는 트렌드에 따라 소비자들이 더욱 짧은 주기로 새로운 패션을 원하게 되면서 '패스트 패션Fast Fashion'이라는 용어까지 등장하였다. 패스트 패션은 단지 속도에만 그치지 않고 발 빠르게 값싸고 다양한 아이템을 생산하다 보니 그만큼 트렌드에 뒤처지고 버려지는 제품들이 많아졌다. 이러한 사회적 경향과 유통 방식의 변화에 따라 새로운 의류 브랜드들이 등장하게 되었는데, 그것이 바로 SPA 브랜드다. SPA란 Specialty store retailer of Private label Apparel, 즉 생산부터 소매, 유통까지 직접 맡는 패션업체를 일컫는 말이다. 백화점 등의 고비용 유통 채널을 피해 대형 직영매장을 운영함으로써 합리적인 가격으로 제품을 공급함과 동시에 소비자의 요구를 정확하고 빠르게 반영한 상품을 공급하는 새로운 유통 형태이다. 대표적인 브랜드로는 GAP, Uniqlo, ZARA, Mango, H&M, Marks & Spencer, Forever21 등이 있다.

독자적인 유통 채널을 통하여 다품종 대량생산된 중저가 의류들을 전

베르사체와의 콜래보레이션을 홍보하는 쇼핑백 형태의 H&M 옥외 광고물   유니클로와 질 샌더의 콜래보레이션 브랜드인 +J

   세계 소비자에게 쏟아내는 SPA 브랜드들은 기성복 이미지가 크기 때문에 경쟁 브랜드와의 차별화나 브랜드 가치 업그레이드에 한계가 있다고 여겨졌다. 그러나 SPA 브랜드들은 런웨이에서나 만날 수 있는 오뜨 꾸뛰르 브랜드와의 콜래보레이션을 통해 그러한 한계를 뛰어넘고 있다. 오뜨 꾸뛰르 브랜드와의 콜래보레이션이 기존 매스 타깃의 유입을 유지하면서도 저가 이미지에서 탈피할 수 있는 기회가 되고 있는 것이다. 실용성과 시장성을 중시해온 캐주얼 브랜드가 명품 브랜드를 인브랜드로 활용하는 이유는 그들이 형성해온 디자인과 이미지를 차용할 수 있고 홍보 효과 또한 크기 때문이다.

   오뜨 꾸뛰르 브랜드가 인브랜드로 적용된 사례로는 H&M이 대표적이다. 해마다 시즌별로 새로운 명품 브랜드와 콜래보레이션을 진행하고 있는데, 그 파트너는 상상을 초월할 정도로 특별하다. 샤넬의 수석 디자이너인 칼 라거펠트를 비롯하여 스텔라 맥카트니, 로베르토 카발리, 빅토르 앤 롤프, 매튜 윌리엄슨, 꼼데가르송, 지미 추, 소니아 리키엘, 랑방 등이 그들이다. 2011년 f/w 시즌에는 베르사체, 2012년 s/s 시즌에는 마르니와 함께 디자이너 콜렉션을 선보임으로써 SPA 브랜드에 꾸준히 새바람을 일으키고 있다.

H&M이 의도하는 것은 오뜨 꾸뛰르 브랜드의 대중화가 아니라 더 많은 소비자에게 런웨이 패션을 접할 수 있는 기회를 제공하면서 자신의 브랜드를 특별하고 고급스러운 이미지로 인식시키는 것이다. H&M의 이러한 시도들은 다른 SPA 브랜드들에도 영향을 주고 있다.

일본의 캐주얼 SPA 브랜드인 유니클로는 플러스 제이+라는 이름으로 세계적인 패션 디자이너 질 샌더와의 콜래보레이션을 진행하여 대성공을 거두었다. 또한 코스텔로 타글리아피에트라, 스티브 알란, 로덴 다거, 알렉산더 왕 등과도 콜래보레이션을 진행하였고, 한국 아티스트의 작품을 모티브로 한 '코리아 아티스트 콜래보레이션'을 진행하기도 하였다.

●●●●●●●
인브랜딩로 IT에 예술을 입히다

차가운 IT 브랜드에 감성적인 패션 브랜드가 인브랜드로 적용된 가장 대표적인 사례로 LG전자의 '프라다폰'을 들 수 있다. 세계 최초의 터치폰에 프라다의 세련되고 간결한 디자인을 어떻게 구현할 것인지를 놓고 LG전자와 프라다는 기획부터 마케팅까지 모든 과정을 공동으로 진행하였다.

삼성전자는 신뢰성 및 마케팅 효율성을 극대화하기 위하여 주방가전 부문에 패밀리 브랜드 전략을 전개하는 한편 이 거대해진 패밀리 브랜

주얼리 디자이너 마시모 주끼가 디자인한 '지펠 마시모 주끼'

드에 패션 명품 브랜드나 패션 디자이너, 예술가 등의 예술 브랜드를 인브랜드로 적용하여 시장 및 고객의 트렌드에 유연하게 대처하고 있다.

최근에는 국내 양문형 냉장고 1위를 13년 연속 유지하고 있는 지펠 냉장고에 주얼리 디자이너를 인브랜드로 접목함으로써 럭셔리 프리미엄 주방가전으로 브랜드 이미지를 업그레이드하였다. 시계와 보석 디자인으로 유명한 이탈리아 출신의 마시모 주끼Massimo Zucchi가 직접 디자인한 '지펠 마시모 주끼'는 주방의 고급화를 통한 주방의 감성 공간화를 추구하고 있다.

대만의 노트북 업체인 에이서는 이탈리아 스포츠카 페라리와의 콜래보레이션을 통해 탄소 섬유 외장을 비롯해 페라리 고유의 레드 컬러와 디자인을 적용한 노트북을 출시하였고, 아수스는 스포츠카의 명장 람보르기니와 의기투합하여 람보르기니 노트북을 출시하였다. 페라리 노트북이 레드 컬러를 차용한 것과 같이 아수스 노트북은 람보르기니 고유의 컬러인 옐로를 적용하였다. 또한 전원을 켜면 스포츠카의 엔진소리까지 들을 수 있어 소비자의 오감을 충족시켜주는 등 다방면으로 소비자들의 이목을 집중시켰다.

인브랜드: 연계 개발의 매개체

　브랜드가 트렌드에 따라 유영할 수 있게 하거나 브랜드 자체를 트렌디하게 만드는 방법에는 브랜드 라인 확장, 서브 브랜드 도입, 과감한 브랜드 리뉴얼 등과 같이 다양한 방법들이 존재한다. 또한 브랜드 자체의 아이덴티티를 강력하게 유지하면서 외부의 브랜드 자산을 인브랜드화함으로써 트렌드에 빠르게 대응할 수도 있다. 다시 말해, 명성에 명성을 더하여 시너지를 창출하는 것이다.

　인브랜드의 도입은 이미 존재하고 있는 브랜드 자산을 활용한다는 점에서, 그리고 대상이 특정 제품이나 브랜드에 국한되지 않는다는 점에서 매우 효율적인 방안이라 할 수 있다. 선택 가능한 카드들 중에서 브랜드가 처한 상황에 맞는 카드를 취함으로써 브랜드에 활력을 불어넣을 수도 있고, 그것을 트렌디하게 만들 수도 있다. 이제는 브랜드 자체의 연구 개발보다는 연계 개발이 더 중요해지고 있다.

TREND 4 중소기업의 인브랜딩

인브랜드로
날아오르다

B2B 중심의 중간재를 생산하는 중소기업에서 브랜드를 육성하는 일은 생각만큼 쉽지 않다. 특히 기술 본위의 중간재를 생산하는 중소기업들은 브랜드 육성에 투자할 수 있는 마케팅 자원이 매우 한정되어 있다. 시장에서는 브랜드의 중요성이 지속적으로 역설되고 있지만, 현실적으로 이들 기업에게는 기술 개발과 영업력 강화가 생존을 위한 주 관심사일 수밖에 없다.

그렇기 때문에 새로운 브랜드를 육성하기보다는 대표 브랜드 또는 기업 브랜드를 인브랜드화해 기업의 마케팅 역량을 집중시키는 사례에 주목할 필요가 있다.

인브랜딩으로 마케팅 역량을 집중시키다

YKK 지퍼 역시 기업 브랜드를 인브랜드화해 커뮤니케이션 효율성을 도모한 사례다. YKK는 전 세계 지퍼 시장에서 약 50%의 놀라운 시장점유율을 갖고 있는 YKK요시다공업 그룹의 지퍼 브랜드이다. 아마 우리가 알고 있는 유명 의류 브랜드는 대부분 YKK 지퍼를 사용하고 있을 것이다. 그리고 국내 일부 인터넷 의류 쇼핑몰에서 유통되는 디자인 의류에

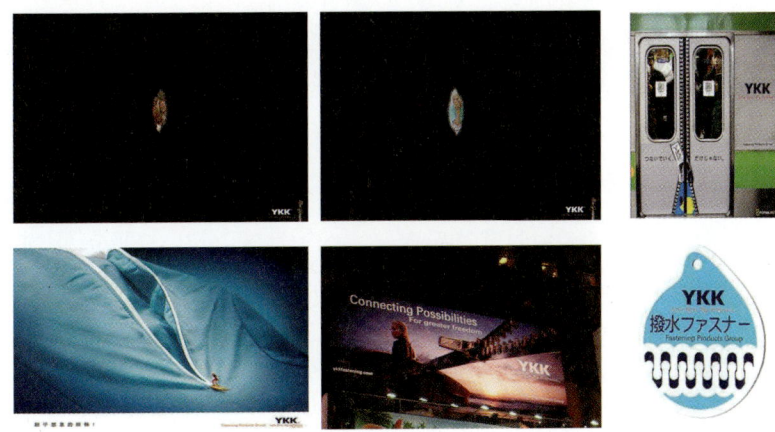

YKK 그룹은 YKK 브랜드에 집중적인 투자를 해오고 있다.

서는 YKK 지퍼 사용을 고급 의류로 커뮤니케이션하며 일반 제품보다 높은 가격으로 판매하는 것을 볼 수 있다. YKK의 놀라운 성공은 브랜드 육성에 대한 지속적이고 집중화된 투자 덕분이었다.

과거 로테크 Low Tech 분야인 지퍼 산업은 단가 경쟁을 당연시하였다. 그러나 YKK는 달랐다. 생산 기술의 혁신을 통한 완벽한 제품 제조와 함께 'Little part, Big different'라는 슬로건 하에 공격적인 마케팅 커뮤니케이션을 지속적으로 펼쳤다. YKK 그룹은 B2B 기업에서 흔치 않은 기발한 커뮤니케이션 아이디어와 폭넓은 매체를 활용하여 YKK 브랜드에 지속적으로 투자해 왔다. 이와 같은 노력 덕분에 중국산 저가 지퍼 제품들의 파상공세에도 불구하고, YKK 브랜드는 지퍼의 원조인 미국 브랜드보다 더 원조 같은 브랜드로 자리매김하였으며 시장에서 절대적 위치를 차지할 수 있게 되었다.

인브랜딩으로 기업 이미지를 바꾸다

그러나 국내 중소기업이 회사명을 인브랜드화하는 경우 현 사명이 부정적 이미지를 가지거나 커뮤니케이션 문제를 초래하지 않는지 살펴볼 필요가 있다. 중소기업들의 회사명을 분석해보면 '선진', '태양', '현대' 등과 같이 보편적인 네임의 국문 사명을 갖고 있거나 효율적인 VI^{Visual} ^{Identity} 시스템을 갖추지 못하고 있는 경우가 많다. 이러한 기업들은 국문 사명으로 인해 글로벌 시장에서 커뮤니케이션의 어려움을 겪거나, 보수적이고 구태의연한 기업 이미지로 인해 새로운 투자 유치에 어려움을 겪을 수 있다. 또한 이들 기업이 향후 B2C 시장으로 진출할 경우 기업 브랜드가 걸림돌로 작용할 수 있다. 이러한 이유로 일부 기업들은 기업 브랜드를 변경하여 이미지 변신을 꾀하기도 한다.

한강상사가 하츠 Haatz 로 사명을 변경한 사례가 바로 그러한 경우다. 레인지 후드 중심의 빌트인가전 업체 한강상사는 고급 레인지 후드 시장을 공략하려 했지만, 기업 브랜드 자체가 시장 진입을 가로막는 상황이었다. 제품 이미지를 고급스럽게 커뮤니케이션하기 어렵고 기업 내부적으로도 도약을 위한 쇄신의 바람을 일으키기 어려웠다. 이에 2001년, 한강상사는 Human, Art And Techno Zone의 축약한 하츠 Haatz 라는 사명을 개발하였다. 독일에서 온 브랜드 같은 느낌을 주는 세련된 사명과 함께 로고 타입의 적용성이 높고 심플함으로 고급감을 높인 VI 시스템을 도입하였다. 그리고 본격적으로 인쇄 매체와 TV 매체에 광고를 실시해 기업 브랜드이자 대표 브랜드인 하츠에 대한 일반 소비자 인지도를 높이는 데 집중하였다.

이와 같은 노력으로 하츠는 명실상부한 고급형 레인지 후드 기업으로 이미지를 바꿀 수 있었다. 그 이후 하츠는 타워팰리스, 트럼프월드, 트라

하츠의 '당신의 후드는 하츠인가요?' 캠페인(2007)

펠리스 같은 고급 주거 시설에 설치되기 시작하였고 해외에서도 많은 러브콜을 받고 있다. 또한 하츠는 레인지 후드뿐만 아니라 빌트인 제품 라인으로 라인 확장을 하였고, 현재에는 B2C 부분에서도 적극적인 영업 활동을 하고 있다. 현재 하츠는 중간재가 아닌 완성재로서 직접 주방 공간을 업그레이드하려는 일반 소비자에게 고급 제품으로 팔리고 있다.

● ● ● ● ● ● ●
인브랜딩으로 시장의 판도를 바꾸다

완성재를 생산하는 중소기업의 경우, 인브랜드의 도입과 육성에는 상대적으로 소홀하기 마련이다. 그러나 시장의 경쟁이 과열되는 상황에서 시장의 판도를 바꾸고자 한다면 인브랜드에 주목할 필요가 있다.

중견기업 위니아만도는 국내 최초로 김치냉장고를 출시하여 국내 김치냉장고 시장을 주도하였다. 제품 브랜드 역시 정통성 Originality 을 내세운 '딤채'로 정하였다. 그러나 2000년 초반 삼성전자와 LG전자에서 김치냉장고를 출시하면서 경쟁이 과열되기 시작하였다. 삼성전자는 초기에 '다맛'이라는 개별 브랜드를 도입하였고, LG전자 역시 개별 브랜드 '김장독'을 런칭하였다가 곧 '1124'로 변경하였다. 그러나 시장에서의 열세를 극복하지 못한 삼성전자와 LG전자는 각각 백색가전 내 대표 브랜드인 '지펠'과 '디오스'로 브랜드를 변경하고 각 브랜드가 가진 고급 백색가전의 이미지를 활용해 마케팅 공격의 수위를 더욱 높이기 시작하였다.

이러한 대기업들의 새로운 공세에 맞서 위니아만도는 딤채의 고급화로 대응하고 있다. 단순한 이미지 고급화가 아니라 인브랜드를 활용해 기술과 정통성을 돋보이게 하는 고급화로 말이다. 딤채는 '발효과학'이라는 인브랜드를 해마다 발전시키며 핵심 자산화하고 있다. 삼성전자와 LG전자 모두 '고급스러운 디자인', '맛의 유지', '냉장고 활용성' 등과 같은 주변적 속성을 소구하는 데 집중했지만, 딤채는 김치의 맛을 결정짓는 중요한 과정인 '발효'에 관심을 기울였다. 해마다 업그레이드되는 기술에 발맞춰 딤채는 '발효과학 2.0', '뉴 발효과학', '인텔리전트 플러스 발효과학'이란 인브랜드를 지속적으로 커뮤니케이션함으로써 일반 소비자에게 김치냉장고하면 '딤채'를 떠올릴 수 있게 하였고, 아직까지 시장의 강자로 자리하고 있다.

* 삼성전자는 글로벌 가전 브랜드인 하우젠을 적용하였으나 2009년 냉장고 브랜드인 지펠로 김치냉장고 브랜드를 변경하였다.

인브랜딩으로 게임의 룰을 바꾸다

　시장의 후발로 뛰어들었음에도 중소기업이 인브랜드를 통해 시장에 새로운 패러다임을 제시해 성공을 거둔 사례도 있다. 중소기업 입장에서 시장에 후발 주자로 참여한다는 것은 부담스러운 일이다. 이미 소비자의 TOP$^{Top\ Of\ Mind}$에 자리잡고 있는 선발 주자를 아래로 끌어내리는 것은 생각보다 쉽지 않고, 이를 가능하게 하기 위해선 상당한 투자와 인내가 필요하기 때문이다. 그러나 중소기업의 입장에서 장기적인 투자와 인내는 실천하기 어려운 과제이고 자연히 시장에서 생존이 어려울 수밖에 없다. 그렇기 때문에 후발 주자인 중소기업이 살아남기 위해서는 게임의 룰을 바꾸거나 시장 자체를 바꿔야 할 필요가 있다.

　1980년대 에이스침대는 '침대는 가구가 아닙니다. 침대는 과학입니다'라는 광고로 시장에 신선한 충격을 주었다. 당시 침대는 일반 가구와 함께 구매되는 저관여 상품으로 인식되었고, 특히 기능보다는 침실 가구들과의 디자인적 조화가 구매에 큰 영향을 미쳤다. 이런 상황에서 에

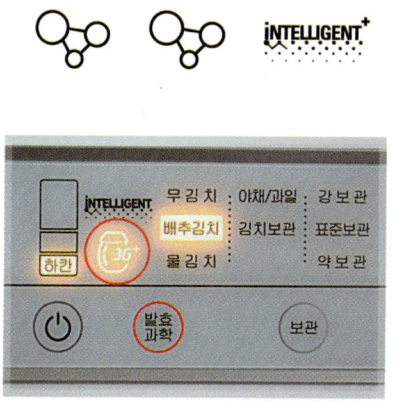

위니아만도 딤채는 '발효과학'이라는 인브랜드를 핵심 자산화하고 있다.

이스침대는 '양모섬유', '천연팜섬유', '럭스스프링, '에이스 메트리스' 등 초기 단계의 인브랜드들을 도입하면서 침대의 기능성을 주요 화두로 내세웠고, 그 결과 침대를 가구와 분리 구매되는 고관여 제품으로 바꾸어 놓는 데 성공하였다. 그리고 꾸준한 기술 개발로 침대 관련 최다 특허를 취득하였고, 이 기술들을 인브랜드로 발전시켜 자산화하였다. 또한 국내 최초로 설립한 침대공학연구소와 이동수명공학연구소 역시 인브랜드로 만들어 에이스침대의 기술력을 부각시키는 데 활용하였다.

에이스침대는 강력한 인브랜드가 효과를 발휘한 사례이기보다는 에이스침대가 강조하는 '침대과학'을 가시적으로 보여주기 위해 인브랜드들을 효과적으로 활용한 사례라 할 수 있다. 소비자들은 브랜드로 입혀진 기술들을 접하면서 에이스침대의 기술에 대한 자신감을 읽게 되고 그 기술들에 대해 더 큰 신뢰감을 갖게 된다. 이러한 노력을 통해 에이스침대는 시장에서 선발 주자를 물리치고 1위 사업자로 올라설 수 있었다.

인브랜딩으로 기업을 재포지셔닝하다

기업이 의도적으로 시장의 패러다임을 바꿈으로써 소비자가 미처 깨닫지 못한 새로운 니즈를 일깨울 수도 있지만, 사회적 트렌드의 변화로 인해 소비자의 핵심 니즈가 변하기도 한다. 이런 경우 시장의 선발 주자라고 해도 그 변화의 흐름을 따라가지 않으면 안 된다. 그러나 큰 폭으로 제품 라인을 혁신하거나 기업 이미지를 변화시키는 것은 위험을 수반한다. 따라서 큰 폭의 혁신보다는 콜럼버스의 달걀과 같은 사고의 전환이 더 나은 전략일 수 있다. 그리고 그러한 사고의 전환은 인브랜드를 통해 보다 현실적으로 커뮤니케이션될 수 있다.

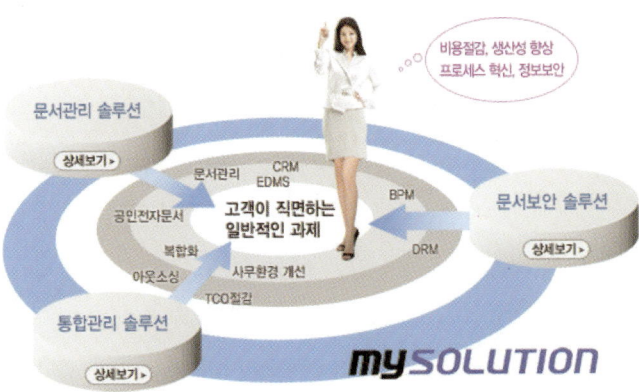

신도리코 마이솔루션의 서비스 개념도와 런칭 광고 '염소 없는 사무실'

신도리코는 사무용 복합기, 즉 하드웨어를 생산하는 기업이었다. 그러나 사무용 복합기가 디지털화됨에 따라 기업 고객들은 프린팅이 잘 되고 유지비가 적게 드는 것 이상을 원하기 시작하였다. 즉, 디지털 사무용 복합기를 통해 업무 효율성을 높여주면서 문서 보안 역시 강화해 줄 것을 원한 것이다. 신도리코는 이에 맞춰 2007년 맞춤형 통합문서관리 및 문서보안 솔루션인 '마이솔루션my solution'이란 서비스 인브랜드를 런칭하였다.

마이솔루션은 2006년 신도리코가 발표한 새로운 사업전략의 일환으로 개발되었다. "마이 솔루션은 기업별 특성과 필요에 따른 맞춤화된 솔루션 설계가 가능한 것이 특징으로 비용 절감뿐만 아니라 생산성 향상, 기업 자산 보호 등 실질적으로 오피스 관리자를 도와주는 솔루션이 될 것"이라고 신도리코 사장은 말하고 있다. 경쟁사인 캐논비즈니스솔루션, 한국후지제록스, HP에 비해 다소 늦은 감은 있으나 신도리코의 마이솔루션은 기업 고객들에게 신도리코가 하드웨어 기업이 아닌 토털 솔루션 전문 기업임을 알리는 데 큰 역할을 하고 있다. 2008년 금융 위기 이후 변화된 고객의 니즈에 부합하는 혁신을 이뤄낸 신도리코는 현재 'better output SOLUTION partner'라는 새로운 비전을 발표하고 변화된 모습을 인식시키기 위한 노력을 계속하고 있다.

인브랜드 경쟁

기술 집약도가 높은 산업에서 기술력만으로 중소기업의 인브랜드가 대기업과 경쟁하기란 쉽지 않다. 투습방수 섬유 분야에서 고어텍스와 경쟁하는 호프힐의 힐텍스hill-tex와 레드페이스의 콘트라텍스Contratex가 그 경우이다. 두 브랜드는 기능면에서 고어텍스 못지 않지만 고어텍스가 선점하고 있는 시장에서 스스로를 차별화하는 데 어려움을 겪고 있다. 아직까지 일반인들에게 기능성 섬유의 대표 주자는 고어텍스이며, 누구나 그 품질과 성능을 믿어 의심치 않기 때문이다.

물론 휴대기기 부품을 생산하는 중소기업 크루셜텍 Crucialtech 처럼 원천 기술을 브랜드화한다면 이런 걱정은 없을 것이다. 크루셜텍의 옵티컬 조이스틱은 휴대폰에서 마우스 역할을 하는 패드로서 최근 스마트폰이 널리 보급되면서 수요가 급격하게 증가하고 있다. 그러나 대부분의 중소기업들은 글로벌 기업의 인브랜드들이 이미 확고하게 자리잡은 시장에서 그들과 힘겹게 경쟁하고 있다.

스위스 기업 쉘러 schoeller 의 고기능성 섬유 씨체인지 c_change 는 그와 같은 어려움을 해결할 수 있는 하나의 실마리를 제공한다. 2006년 쉘러에서 선보인 씨체인지는 브랜드의 의미 climate change 그대로 내부 온도를 적절하게 유지함으로써 착용자의 쾌적함과 착용감을 높인 고기능성 섬유이다. 씨체인지는 섬유 조직이 스스로 내부 온도를 유지한다는 것을 솔방울 이야기를 통해 전달한다. 즉, 솔방울이 온도가 내려가면 오므라들고 온도가 올라가면 벌어지듯이 씨체인지의 섬유 조직 역시 온도 변화에 따라 촘촘해지거나 벌어지면서 습기와 열기를 조절한다고 설명하

투습방수 섬유 브랜드로 고어텍스에 맞서는 힐텍스와 콘트라텍스

  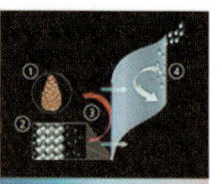

솔방울 이야기를 통해 제품을 소개하는 쉘러의 씨체인지

는 것이다. 일반 소비자 누구라도 이러한 설명으로 제품의 기능을 쉽게 이해할 수 있을 것이다. 씨체인지는 자신의 기능성을 자연 속 솔방울의 이야기로 쉽게 커뮤니케이션하였고 비주얼 아이덴티티에서도 솔방울을 시각화하였다.

　이러한 사례에서 볼 수 있듯이, 인브랜드 스토리가 하나의 답이 될 수 있다. 인브랜드 제품은 대개 이해하기 어려운 첨단 기술을 내세우지만 그 기능적 차이를 효과적으로 전달하는 것은 쉬운 일이 아니다. 그러나 극적인 인브랜드 스토리를 통해 고객에게 감성적으로 어필할 수 있다면 좀더 매력적으로 보일 수 있을 것이다. 힐텍스와 콘트라텍스 역시 막강한 경쟁자인 고어텍스와 싸우려면 자신만의 매력을 부각시킬 수 있는 스토리가 필요할지도 모른다.

　국내외적으로 인브랜드가 브랜딩의 새로운 이슈로 등장하고 있다. 특히 기업간의 경쟁이 심화됨에도 실제 제품의 품질이 평준화되어가는 상황에서 인브랜드는 새로운 경쟁우위를 만들어주는 역할을 수행할 수 있다. 그러나 중소기업에게 인브랜드는 '가까이 하기에는 너무 먼 당신'인

것이 현실이다. 중소기업에게 인브랜드 육성보다 더 시급하게 해결해야 할 과제들이 많기 때문이다. 그러나 사례들을 통해 살펴보았듯이, 인브랜드는 중소기업에게도 충분한 전략적 가치가 있다. 그런 의미에서 향후 국내에서도 작지만 의미있는 메가 인브랜드가 나오기를 기대해본다.

TREND 5　인브랜드의 확장

적용제품이 늘수록
파워가 커지다

　제품을 구성하는 세부 요소들에 대한 소비자의 관여도가 높아지면서 인브랜드의 중요성이 부각되기 시작하였다. 특정 기술이나 성분을 제품의 스펙으로 명시함으로써 '이 제품은 특별한 제품'이라고 손쉽게 소비자들이 인식할 수 있게 하는 인브랜드 전략이 주목 받고 있다. 인브랜드를 통해 강력한 브랜드 파워를 구축하고자 하는 기업들의 노력이 끊임없이 계속되고 있는데, 그 중의 하나가 인브랜드 확장 전략이다. 되도록 많은 제품에 확장 적용하여 인브랜드의 노출 빈도를 높이고, 이를 통해 인지도가 높아진 인브랜드가 자연스럽게 제품 브랜드의 선호도에까지 영향을 미침으로써 제품의 브랜드 파워를 동반 상승시키는 것이다.

● ● ● ● ● ● ●
수직 확장과 수평 확장

　화질 개선 기술의 대표적인 두 브랜드, 삼성전자의 DNIe Digital Natural Image engine 와 LG전자의 XD엔진 eXcellent Digital engine. 이 두 브랜드는 동일한 기술에 적용된다는 점 외에도 공통점을 갖고 있다. 모두 자사 제품에 적용되는 자체 보유 기술 브랜드면서 TV 제품뿐만 아니라 여러 제품에 적용하는 확장 전략으로 브랜드 파워를 높여가고 있다는 점이다. 그러나 둘 사이에는 전략상 매우 큰 차이점이 존재한다.

DNIe는 DNIe+ 또는 DNIe Pro로 브랜드를 확장하여 동일한 제품군 내에서 품질 수준에 따라 하이엔드 제품에는 DNIe+를, 로엔드 제품에는 DNIe를 탑재하고 있다. 이는 제품 그레이드에 따라 브랜드를 다르게 적용하는 것으로 '라인 내 수직 확장' 개념으로 브랜드 전략을 전개하고 있다.

반면 XD엔진의 경우, TV 화질 개선 기술로 출발해서 동일 기술이 적용 가능한 타 카테고리 제품에 모두 적용하여 '카테고리를 넘나드는 수평 확장'의 개념으로 브랜드 전략을 전개하고 있다.

삼성전자의 화질 개선 기술 인브랜드 DNIe. 로엔드 제품에는 DNIe(위), 하이엔드 제품에는 DNIe+(아래)를 적용한다.

XD엔진의 경우처럼 확장 대상인 모브랜드가 같은 회사 브랜드인 경우, 타 카테고리 제품 브랜드와 시너지 효과를 창출하여 자사 제품의 브랜드 파워를 높이는 데 더욱 효과적으로 작용한다. 이는 매출 증대에 기여하고 브랜드 가치도 동반 상승시키는 효과를 낳는다. LG전자는 XD엔진이라는 핵심 기술 브랜드의 프리미엄 이미지를 타 카테고리로 수평 확장하여 적용함으로써 브랜드 가치를 높이고, 이를 통해 신제품의 도입과 성공을 보다 용이하게 하는 전략적 목적을 달성하고 있다.

다양한 카테고리로의 수평 확장

삼성전자의 공기 제균 기술인 슈퍼청정기술 브랜드 SPI Samsung Plasma Ion 역시 XD엔진과 같이 자체 보유 기술 브랜드로서 카테고리 수평 확장 전략을 전개하는 사례이다. 주목할 점은 그 적용 범위가 자사 제품 브랜드인 에어컨, 가습기에서부터 르노삼성의 자동차에 이르기까지 매우 폭넓고 혁신적이라는 점이다. 일반적으로 개발 초기 바이러스 닥터, 하우젠 에어컨 제로 등 자사 가전 제품에만 일괄 탑재하여 활용하던 브랜드를 브랜드 인지도와 파워가 높아감에 따라 프로젝터, 자동차에까지 폭넓게 확대하여 적용하였다. 기술 브랜드로서의 전문성을 확보하고, 노출 범위에 따른 브랜드 인지층을 확대하는 전략으로 브랜드 파워를 높여나가고 있다.

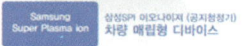
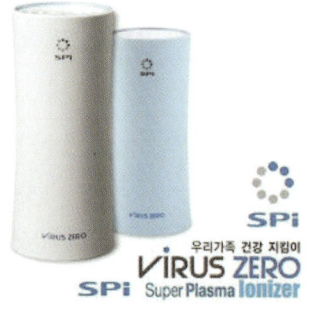

삼성전자 공기 제균 기술 인브랜드 SPI를 전면에 부각시킨 공기청정기

기업과 제품을 보증하는 인브랜드

샤프전자 Sharp 는 플라즈마 클러스터 이온 기술 Plasma Cluster Ion Technology 을 '플라즈마클러스터 PlasmaCluster™'로 브랜드화하여, '공기'라는 공통적 속성을 지닌 자사의 에어컨, 가습기뿐만 아니라 냉장고, 세탁기, 자동차 등에까지 확장 적용하여 운용하고 있다. 인브랜드 수평 확장의 대표적인 사례로, 공기청정 기술이 필요한 다양한 분야에 적용함으로써 샤프전자의 '청정 기술'을 대표하는 브랜드로 자리잡고 있다.

해외에서는 '플라즈마클러스터 제품군 PlasmaCluster Products'이라는 프리미엄 카테고리 라인으로까지 발전할 만큼 그 파워가 막강해졌다. 이처럼 브랜드의 수평 확장 전략으로 브랜드 파워가 강해지면 인브랜드를 새로운 형태의 자산으로 활용할 수 있는 여지가 생긴다. 기존에 부재

샤프의 공기청정 기술 인브랜드, 플라즈마클러스터는 공기청정기, 에어컨, 냉장고 등에 확장 적용되고 있다.

했던 브랜드 이미지를 새롭게 개발하고, 높아진 위상을 나타내는 아이덴티티를 구축함으로써 거꾸로 기업의 또 다른 성장 동력으로서 제품의 보증 역할을 부여할 수 있게 된다.

플라즈마클러스터는 인브랜드가 기존의 B2B 브랜드 수평 확장 전략을 뛰어넘어 어디까지 진화할 수 있는지, 다시 말해 얼마나 강력한 파워를 구축할 수 있는지를 보여주는 좋은 사례이다.

연계 명칭을 통한 확장

스포츠웨어 전문 기업 아디다스의 인브랜드 전략은 독특하다. 자사 기술을 인브랜드화하는 데 있어 그들이 선택한 'adi OOO' 시리즈 전략

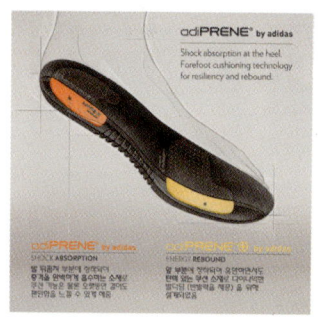

아디다스는 'adi OOO' 시리즈로 인브랜드를 확장하고 있다*

* *adiPRENE®: 충격으로부터 발뒤꿈치를 보호하기 위한 충격 흡수 소재
* *adiPRENE®+: 충격을 흡수하고, 발앞꿈치의 역동성과 반응성을 높이기 위한 탄력 소재
* *adiSave: 선수들의 발목 부상을 방지하기 위해 농구화의 갑피 내측 중간 부분에 삽입된 특수 소재의 지지대
* *adiTuff™: 과도한 마모를 방지하기 위해 신발의 발가락 부분과 앞측면에 사용한 내마모성 소재
* *adiWear®: 다른 adidas 제품의 아웃솔 재료보다 내마모성이 우수하며 바닥에 자국이 남지 않는 특수 고무 재질의 아웃솔

은 수직 확장과 수평 확장의 이분법으로 보자면 수평 확장에 가깝다. 하지만 하나의 인브랜드를 동일하게 적용하는 대부분의 수평 확장과는 달리, 아디다스는 'adi'를 전혀 다른 기술 용어들과 유기적으로 연계하여 인브랜딩함으로써 외형상 새로운 형태의 수평 확장 전략을 전개하고 있다. 이질적인 요소의 연계에서 올 수 있는 충돌을 각 요소의 속성과 장점을 부각시키는 용어의 선택을 통해 탈피하면서 일관된 브랜드라는 인식을 창출하고 소비자로 하여금 자산에 긍정적인 인지를 형성하게 하여 브랜드 파워를 높여 가고 있다.

동일한 브랜드를 활용하는 것만이 수평 확장이 아니다. 소비자 관점에서 같은 회사의 기술이라는 인식의 단서를 제공할 수 있으면 이 또한 수평 확장이라고 해도 무방하다. 아디다스의 'adi OOO'처럼 동일한 연계 명칭을 활용해 기술 브랜드들을 시리즈화하는 이러한 전략은 많은 커뮤니케이션 비용을 투입하지 않고도 효율적으로 브랜드를 관리하고, 강력한 브랜드 파워를 구축할 수 있게 한다는 점에서 주목할 만하다.

인브랜드 수평 확장의 성공 조건

브랜드 확장은 단순히 브랜드의 적용 영역을 넓히는 작업이 아니다. 브랜드 확장의 목적은 커뮤니케이션 비용을 낮추면서 기존 브랜드 자산을 최대한 활용해 신규 시장에 안정적으로 진입 및 안착하는 것이다. 인브랜드의 확장은 B2C 브랜드와는 그 접근부터 다르다. 기술, 성분, 요소와 같은 전문적 특성을 활용한 확장인 만큼, 적용 가능한 범위를 선택하고 그 선택에 집중하는 전략이 필요하다. 무조건 많은 제품에 적용한다고 해서 브랜드 파워나 신뢰성이 배가 되는 것이 아니다.

매일유업은 'GT 공법'이라는 인브랜드를 연관성 높은 제품 카테고리에 확장 적용하고 있다.

또한 특정 브랜드가 가지고 있는 전형성의 한계를 간과해서는 안 된다. 전형성이 강한 브랜드는 확장이 어려운 반면, 전형성이 강하지 않은 브랜드의 확장 가능성은 상대적으로 크다.

물론 이는 일반적인 브랜드 전형성에 대한 이야기이다. 이를 다른 관점에서 살펴보면, 브랜드 전형성이 강한 브랜드는 동일한 카테고리 선상에서의 확장에는 매우 유리할 수 있다. 매일유업의 'GT 공법'은 본래 우유 맛을 개선하는 공법의 인브랜드이면서 '맛있는 우유 GT'처럼 일부 제품에는 마스터 브랜드로 적용된다. 현재는 가공유 및 심지어 프리미엄 라인인 아인슈타인에도 적용하는 엄브렐러 브랜드umbrella brand 로까지 사용되고 있다. '유제품'이라는 동일한 카테고리 안에서 확장 적용하여 활용함으로써 파워 브랜드로서의 프리미엄을 누리고 있는 것이다. 마찬가지로, GT 공법이 유제품이 아닌 다른 종류의 제품, 예를 들면 오렌지 주스 제품에 확장 적용하여 사용될 확률은 매우 적다. 다른 시장으로 확장하기에는 인브랜드의 전형성이 너무 강해서 이미지의 혼선이 나타나기 때문이다.

이처럼 인브랜드의 전형성과 카테고리 유사성을 고려해 확장 전략을 전개해 나가는 것은 매우 중요하다. 카테고리 유사성이 떨어지는 제품들로 무리한 확장을 하면, 브랜드의 사용 상황이 다양해지게 된다. 이는 모브랜드 카테고리에서의 대표성을 떨어뜨리고, 결국 모브랜드가 가졌던 독특한 브랜드 의미를 희석시키는 위험을 초래할 수 있다.

인브랜드 확장의 또 다른 성공 열쇠는 컨셉의 일관성에 있다. 인브랜드라 할지라도 브랜드 이미지의 중요성이 B2C 브랜드의 경우보다 결코 저평가되어서는 안 된다. 브랜드 이미지가 편중되는 것을 방지하기 위해서는 특정 카테고리 브랜드라는 인식이 들지 않게 하고, 그 장점을 연상시키는 컨셉 브랜드로 인식되게끔 유도하는 전략이 필요하다.

특히 프리미엄 이미지를 가진 브랜드에 먼저 적용된 인브랜드나 확장을 통해 고급 이미지를 지닌 인브랜드의 경우, 브랜드 이미지의 훼손을 막기 위해서는 새롭게 확장 적용하려고 제품군과 이미지 충돌이 없는지 먼저 살피는 것이 중요하다. 인브랜드가 일관된 이미지를 갖는 것은 확장 적용에 있어서 매우 유용하게 작용하며, 이미지 충돌 현상을 줄이고 소비자의 수용 가능성을 높여준다. 인브랜드의 수평 확장 전략을 수립할 때 빼놓지 말아야 할 핵심 사항이다.

TREND 6 인브랜드 업그레이드

핵심을 유지하다

　우리는 매일 수많은 브랜드를 경험한다. TV 광고에서만이 아니라 음료수 캔, 입고 있는 옷, 펜 한 자루까지 그냥 스쳐 지나가는 모든 것이 브랜드라고 해도 과언이 아니다. 그 중에는 사람들에게 인식되지 않는 브랜드도 있고, 또 잠시 세상에 나왔다가 소리소문 없이 사라져 버리는 브랜드도 있다. 그리고 오랜 시간 동안 사람들과 함께 살아가며 성장해온 브랜드도 있다. 너무 오랫동안 확고히 자리하고 있어서인지 그 분야의 대명사처럼 사용되고 있는 브랜드를 우리는 장수 브랜드라 부른다.
　많은 기업들이 현재 브랜드에 만족하지 못하거나 성과가 좋지 않을 때 그리고 경쟁자들이 트렌디하고 더 멋져 보이는 브랜드를 내놓았을 때, 새로운 브랜드를 만들고 싶은 유혹을 받는다. 그때마다 사람들의 입맛에 맞게 브랜드를 바꾸거나 새로운 브랜드를 만들다 보면 결국 제대로 된 브랜드를 갖기 어렵다. 그렇다면 단순히 오래된 브랜드가 좋은 브랜드일까? 버리지 않고 계속 가지고 있으면 자연히 장수 브랜드가 되는 걸까?
　한번의 실수에 돌아서버리기도 하고, 또 익숙한 것을 좋아하면서도 금방 싫증내는 것이 소비자들이다. 아무것도 하지 않은 채 사람들이 저절로 좋아해줄 거라고 기대하다가는 금방 잊혀지거나 경쟁에서 도태되기 마련이다. 오랫동안 살아남는 데에는 다 이유가 있고, 어떤 분야나,

어떤 종류의 브랜드이든 간에 그만큼의 노력이 필요하다. 인브랜드 또한 마찬가지다. 오래도록 사랑받는 브랜드가 되기 위해 인브랜드들이 어떤 노력을 펼치고 있는지 살펴보자.

시리즈로 업그레이드하다

하루가 다르게 새로운 제품이 쏟아져 나오고, 획기적이라 여겨졌던 것들이 금세 고리타분한 것이 된다. 얼마 전까지만 해도 최신이었던 제품이 불과 몇 개월 만에 새로운 제품으로 대체된다. 그래서 기술 변화에 민감한 IT 제품일수록 인브랜드를 경쟁에서 우위를 다질 수 있는 전략적 요소로 활용하고 있다. 그렇다면 인브랜드는 '최신'으로 한껏 치장한 채 끊임없이 밀려오는 새로운 경쟁자들에 어떻게 대응해야 할까?

가장 쉽게 하는 실수가 새로운 경쟁자를 물리치기 위해 또 다른 브랜드를 만들어내는 것이다. 새로운 브랜드는 단시간에 사람들의 이목을 끌지도 모른다. 그러나 사실 기술 자체는 그 전에 비해 몇 가지가 개선되었을 뿐 크게 원리나 기본 성분이 변하지 않는 경우가 많다. 좀더 나은 기술이 적용되었다 할지라도 사용자가 그 차이를 느끼기란 쉽지 않다. 무언가 크게 달라졌을 거란 기대를 가지고 제품을 구매한 고객들은 오히려 별반 다르지 않은 성능에 실망할 수도 있다.

게다가 그 동안 잘 키워 온 인브랜드를 볼품 없게 만들고 낮은 품질로 오인하게 만들 수 있다. 어떻게 하면 기존 인브랜드의 가치와 자산을 잃지 않으면서 새 경쟁자들을 물리칠 수 있을까? 이런 경우 자주 사용하는 방법이 기존 인브랜드에 수식어 Modifier 를 결합하는 것이다.

누구나 II편은 I편 다음의 것임을 알고 있다. 숫자가 높아질수록 더 최

4세대까지 업그레이드된 LG DIOS의 친환경 기술 인브랜드, 리니어

신의 것임을 쉽게 알 수 있기에, 사람들은 그 다음 편이 나오기를 고대한다. 아이폰4를 보면서 아이폰5를 손꼽아 기다리는 것과 마찬가지다.

최근 LG DIOS는 '4세대 리니어 기술'을 내세우며 타 제품과 구별되는 자사만의 기술력에 힘을 싣고 있다. 2001년 LG전자는 최초로 기존 냉장고의 모터 방식에서 벗어나 직선 운동으로 에너지 변환 손실을 최소화한 리니어 컴프레서Linear Compressor를 선보였다. 그 후 2006년 2세대, 2009년 3세대를 내놓으며 꾸준히 차세대 기술 브랜드를 키워왔다. 이렇게 몇 세대로 이어지는 동일한 인브랜드를 활용하는 것은 크게 두 가지 측면에서 긍정적인 효과가 있다.

첫째는 군더더기 요소들을 배제하고 핵심이 되는 '리니어 Liner'에 목소리를 집중시켜 '리니어=디오스'라는 하나의 공식을 소비자들에게 각인시킨다는 점이다. 경쟁사인 삼성전자 또한 리니어 기술에 뛰어들었지만 특허권 문제를 떠나서, 이미 소비자들에게 LG전자의 기술로 굳어져

파나소닉 비에라(VIERA)의 화질 기술 인브랜드

LG TV 부문의 친환경 기술 인브랜드

그 자리를 빼앗을 수 없었다. LG전자의 기술장벽을 단단히 하는 핵심 역할을 한 것이다.

두 번째로 이보다 손쉽게 기술이 더 나아졌음을 알리는 방법은 없다. 계속적인 세대 행진으로 소비자들에게 기술이 지속적으로 좋아지고 있다는 인식을 심어준다. 리니어 기술이 에너지 효율을 높이는 친환경 기술이라는 것을 이미 알고 있다면, 굳이 설명을 하지 않아도 '4세대'라는 한마디면 된다. 1세대 또한 획기적인 기술로 인정받은 터에, 4세대라면 얼마나 더 좋아졌다는 말인가! 단, 여기에는 실제 기술의 우수성이 전제되어야 한다. LG DIOS의 리니어는 탄탄히 다져진 실체 위에 일관된 브랜드 전략으로 경쟁력을 확보했을 뿐만 아니라 자사만의 강력한 목소리를 만들어내는 멋진 인브랜드로 장수하고 있다.

리니어 외에도 인텔 펜티엄 I, II, III처럼 숫자를 활용한 사례를 주변에서 쉽게 찾을 수 있다. 또한 숫자에서 좀더 나아가 플러스, 슈퍼, 엑스트라 등의 수식어를 활용해 새로운 기능이 추가되거나 개선되었음을 알리기도 한다. 삼성전자 오토모션Auto Motion 이 오토모션 플러스Auto Motion Plus로, 파나소닉 브이리얼Vreal 이 브이리얼 프로Vreal PRO로 진화한 것이 그 예다. 이처럼 인브랜드가 어떻게 전보다 진일보한 이미지를 담아내고 있는지 수식어의 흐름을 따라가 보는 것도 흥미로운 일이다.

● ● ● ● ● ● ●
새로운 가치를 +α하다

　제품과 서비스는 더 빨라지고 성능이 좋아지는 방향으로만 진화하는 것은 아니다. 때로는 외적인 요인에 의해 인브랜드에 새로운 변화가 찾아온다. 시간이 흐르면 시장의 트렌드가 달라지고 자연히 소비자들도 그에 맞는 새로운 가치를 기대한다. 시장의 흐름을 남보다 먼저 내다보고 소비자의 입맛 변화에 얼마나 빠르게 적응하느냐가 결국 브랜드의 성공을 좌우하게 된다.

　그렇다면 최근 가장 핫한 트렌드는 무엇일까? 단연코 그린Green 이다. '그린'으로 대표되는 친환경은 분야와 업계에 상관없이 지역과 나라의 경계를 넘어 모두가 주목하는 키워드이다. 많은 브랜드들이 친환경을 외치고 있고 이를 위해 녹색 옷을 입은 인브랜드가 속속 등장하고 있다.

　환경파괴의 주범으로 일컬어지는 자동차 업계에서는 친환경 기술을 대표하는 인브랜드들, 폭스바겐 블루모션, BMW 이피션트 다이내믹스, 벤츠 블루이피션시, 볼보 드라이뷔, 현대 블루드라이브, 기아 에코다이내믹스 등이 쏟아져 나왔다. 화섬 업계에서도 코오롱 에코프렌, 웅진케미칼 에코웨이, 효성 마이판리젠, 듀폰 아펙사Apexa처럼 재활용, 생분해성 소재를 주제로 한 인브랜드들을 선보이고 있다. 이렇다 보니 식품, 건강 업계뿐만 아니라 전자, 건설 분야까지도 시장의 트렌드를 무시할 수 없다. 앞선 기술력도 좋지만 사람들이 바라는 가치와 상충된다면 소비자에게 외면 받기 마련이기에, 기존의 인브랜드들 또한 트렌드에 걸맞은 모습을 갖추기 위해 변화하고 있다.

　이러한 변화에 가장 빠르고 명확하게 반응하고 있는 곳은 단연 삼성전자이다. '버블'이라는 인브랜드를 펫네임으로 내세우며 성장세를 이어왔던 삼성 하우젠은 최근 그린 트렌드를 반영해 약간의 변화를 가미하였다. 그린의 대표 키워드인 '에코eco'를 결합한 것이다. 기본 기능인 세탁력도 중요하지만 이제 에너지 효율과 환경에 대한 배려도 구매를 결정하는 중요한 요인이 되었다. '버블 에코'는 기존 기술의 장점과 함께 세탁 시간과 전기료를 반으로 줄인 친환경 기능으로 프리미엄 이미지를 극대화하고 있다. 하나의 키워드만 덧붙였을 뿐인데 '버블'이 지닌 높은 인지도를 그대로 활용하면서 시장의 흐름에 발맞추어 진화해가고 있음을 재치 있게 보여준다. 마치 버블 그 자체가 처음부터 환경을 생각한 최고의 기술이었던 것처럼 말이다.

　당장 그린이 대세라고 해서 모두 똑같이 녹색 옷만을 입혀 놓는다면 오히려 자사만의 개성을 잃어버린다. 이런 점에서 약간의 변형이나 쉬운 키워드를 살짝 더해주는 방법은 기존 인브랜드의 본 모습을 잃지 않으면서 시장과 소비자의 기대를 반영하는 데 효과적이다. 또한 트렌드는 영원한 것이 아니기에, 언제 새로운 메가트렌드가 소비자의 마음을 사로잡을지 모를 일이다. 그때마다 트렌드에 끌려다니는 인브랜드가 되기보다는 자신만의 강력한 목소리를 갖고 트렌드를 이끌어갈 수 있는 힘을 키우는 줏대 있는 자세가 필요하다.

　많은 인브랜드들이 기존 모습을 버리지 않으려는 데에는 이유가 있다. 장수 브랜드들이 세월이 변함에 따라 디자인을 바꾸고 슬로건을 변경하고 새로운 이미지를 부여하면서도 핵심이 되는 자신의 아이덴티티

그린 테크놀로지로 옷을 갈아입은 삼성 하우젠의 '버블 에코'

점점 단순해지고 세련되어지는 마이크로소프트의 로고 변천사
시간이 흘러도 네 개의 퍼즐이라는 심벌 디자인의 기본 모티브는 변치 않는다.

는 버리지 않는 것과 같다. '뭉치면 살고 흩어지면 죽는다'는 말처럼 하나의 강력한 구심점을 지니고 인브랜드를 운용한다면 그 가치를 극대화 할 수 있다. 오랫동안 사용할수록, 하나의 집중된 이미지를 가져갈수록 높은 자산을 가진 강력한 인브랜드로 자리잡을 수 있다.

세분화하고 확장하다

그렇다면 사람들에게 많이 알려지고 좋은 인브랜드로 인식되었다면 손을 놓고 가만히 지켜보기만 하면 되는 것일까? 정상에 올라서는 것보다 정상을 지키는 것은 더 어려운 일이다. 한 자리에 멈춰서 있으면 언제 다른 경쟁자들에게 추월 당할지 모른다. 강력한 인브랜드로 자리잡았다고 해서 그 자리에 머물러서는 안 된다. 끊임없이 자신을 업그레이드해야 한다. 마치 끝나지 않는 마라톤처럼 말이다.

여성들에게 가장 익숙한 인브랜드를 뽑는다면 단연코 라이크라 Lycra 일 것이다. 스타킹을 살 때마다 마주하게 되는 로고일 테니까. 소비자들은 라이크라의 로고가 박혀있는지를 한 번 더 체크하고 로고를 발견하면 불만 없이 더 높은 가격을 지불한다. 이 인브랜드는 스판덱스 브랜드의 대표 주자로서 스타킹에서부터 속옷까지 폭넓게 사용되며 강력한 입지를 굳혀왔다. 이렇게 일인자로 확고히 입지를 다진 라이크라는 원래의 영역에만 머무르지 않고 다양한 하위 브랜드를 활용해 자신의 영역을 점점 더 확장해 가고 있다.

라이크라는 이미 라이크라 프리핏LYCRA FREEFIT, 엑스핏 라이크라XFIT LYCRA, 엑스트라 라이프 라이크라Xtra Life LYCRA, 라이크라 프레쉬에프엑스LYCRA freshFX 등 기능과 용도에 따른 다양한 브랜드들을 거느리고 있지만, 보정속옷 소재인 라이크라 뷰티LYCRA Beauty, 스포츠웨어 기능성 소재인 라이크라 스포츠LYCRA Sport를 선보이는 등 끊임없이 새로운 영역으로 확장을 시도하고 있다. 최근에는 계속 출시되는 라이크라 브랜드들을 이끄는 패밀리 브랜드로서의 프리미엄 가치를 공고히 하기 위해 로고를 재정비하기도 하였다.

이제 사람들은 다양한 라이크라를 생활 곳곳에서 만나볼 수 있다. 라이크라는 하위 브랜드를 통해 인브랜드를 세분화함으로써 해당 영역에서 더 높은 전문성을 얻고 있다. 스타킹에 적합한 스판덱스와 속옷이나 셔츠에 적합한 스판덱스는 다르다. 고객들은 당연히 보통 라이크라보다 속옷용 라이크라가 포함된 속옷이 더 좋은 것이라 여긴다. 전문적인 이미지는 곧 소비자의 신뢰로 이어진다. 또한 기존 인브랜드와 유사하거나 긍정적인 시너지를 만들 수 있는 영역으로의 확장은 자연스럽게 인브랜드의 가치를 확대하는 기회가 된다.

예전에는 단순히 스타킹 소재로만 여겨졌던 라이크라가 이제는 여성을 위한 모든 의류에 적용되는 꼭 필요한 존재로 인식되고 있다. 단, 이러한 브랜드 확장은 단순히 영역을 넓힌다고 해서 되는 것이 아니다. 라이크라와 같이 본래의 영역에서 소비자의 마음을 좌우할 만큼 강력한

새 옷으로 갈아입은 라이크라 브랜드 로고

끊임없이 확장되고 있는 라이크라 패밀리:
라이크라 뷰티, 프리핏 라이크라, 라이크라 스포츠

브랜드로 자리잡은 후에야 가능하다. 멈추지 않고 성장해 온 인브랜드 라이크라는 한 산업을 이끄는 선두 주자로서, 새로운 카테고리를 넘보는 도전자로서 끊임없이 새로운 기회를 창출하고 있다.

영원한 러브마크가 되려면

인브랜드 전략이 각광받고 그 중요성이 부각되면서 수많은 인브랜드가 등장하고 있다. 인브랜드가 사람들에게 널리 알려지고 신뢰를 얻는 단계까지는 수월하게 도달할 수도 있을 것이다. 그러나 수많은 인브랜드 중에서 소비자의 진정한 사랑을 받는 브랜드는 아직 흔치 않다. 그리고 당연히 그 단계에 이르기 위해서는 크나큰 인내심이 필요하다. 지속적이고 체계적인 브랜드 전략 역시 필요하다.

긴 시간 동안 꿋꿋이 명성을 유지하고 있는 인브랜드를 살펴보면 그 자리에 멈춰 있지 않았다. 철저한 관리로 실체와 본질을 지키면서 속편을 선보이기도 하고 새로운 모습을 더해가며 진화를 거듭하고 있다. 부지런히 노력해온 덕분에 변치 않는 멋진 모습을 유지하는 지금의 인브랜드들이 존재하는 것이다.

아직까지도 인브랜드를 한시적으로 활용하는 요소로 여기는 경우가 많다. 하지만 얼마나 애정을 가지고 키워가느냐에 따라 기업 브랜드나 제품 브랜드를 뛰어넘어 많은 사람들의 사랑을 받는 러브마크Love Mark가 될 수 있는 가능성을 지니고 있다. 아직은 갈 길이 멀어 중간에 포기해버리고 싶을지도 모른다. 그러나 천리 길도 한 걸음부터 시작되듯이, 장기적인 관점에서 한 걸음씩 나아간다면 머지않아 멀리 앞서가고 있는 자신을 발견할 수 있을 것이다.

TREND 7 인브랜드 커뮤니케이션

시장의 화두를 만들어내다

얼마 전까지만 해도 물건을 구매할 때 브랜드는 선택의 명확한 잣대가 되었다. '역시 세탁기는 OOO 브랜드지', '라면은 OO 회사가 최고지'라는 제조사들의 우위가 확연하였으니까. 물론 아직도 특정 브랜드를 고집하는 소비자들도 많고, 높은 충성도brand loyalty를 지니거나 한 카테고리에서 최고로 꼽히는 브랜드들도 있다. 그러나 예전과 달리 소비자들은 우선 좋은 브랜드들을 선택지 상에 올려놓지만, 단순히 그것만으로 제품을 선택하지는 않는다.

수많은 브랜드들이 앞다투어 기술력을 높이고 기능을 개선하기 위해 고군분투하고 있는 상황에서 담백하게 어느 것이 더 좋고 나쁘다라고 말하기는 어려워졌다. 브랜드 그 자체만으로 소비자의 최종 선택을 받기에는 다소 변별력이 약해지고 있는 것이다. 특히나 웰빙 바람이 거세게 불고 현명한 소비가 확산되면서 소비자들은 제품에 어떤 편리한 기능이 있는지, 몸에 해롭지는 않은지, 에너지 효율은 좋은지 등 장단점을 꼼꼼히 챙기고 자신에게 보다 잘 맞는 제품을 찾고자 브랜드를 속속들이 들춰보게 되었다. 그러다 보니 자연히 사람들의 선택을 더 쉽게 하기 위해, 그리고 선택을 받기 위해 숨겨져 있던 요소들이 소비자 앞에 나서서 저마다의 목소리를 내기 시작하였다.

그렇다고 해서 단순히 안에 있는 기능이나 성분을 밖으로 모두 꺼내

삼성 지펠 '아삭' 김치냉장고와 삼성 파브 'LED' TV
펫네임은 제품의 구매 이유를 쉽고 명확하게 알려준다.

놓는다는 것은 아니다. 제품 패키지에 온갖 기능과 기술들을 덕지덕지 붙여놓았다고 생각해보자. 외관을 해치는 건 물론이거니와 그렇게 두서없이 나열해놓으면 어떤 것이 더 중요한지 알 수가 없다. 그래서 브랜드들은 가장 강점이 될 수 있는 요소를 소비자에게 매력적으로 다가갈 수 있는 형태로 새롭게 포장해 내놓기 시작하였다.

●●●●●●● 펫네임이 된 인브랜드

브랜드의 내부 요소들을 가장 친근하게 밖으로 내놓는 방법은 바로 펫네임이다. 세계 어디에서도 찾아볼 수 없는 한국만의 특이한 문화라고 일컬어질 정도로 우리 주변에는 수많은 펫네임이 존재한다. 초기에는 소비자들이 직접 짓는 애칭을 뜻했지만, 이제 펫네임은 더 이상 단순한 애칭이 아니라 기업이 전략적으로 제품의 강점을 부각시키는 요긴한 브랜딩 요소로 활용되고 있다.

가령 김치냉장고 브랜드인 지펠 Zipel 과 함께 '아삭'이라는 펫네임을 사용하는 것을 볼 수 있다. 김치냉장고를 사용하는 이유가 바로 김치를 아삭하게 오래도록 보관하기 위해서인데, 아삭 칸칸칸, 아삭 플러스, 아삭 빅 Big 홈바 등 제품 속에 담긴 기능 요소들을 '아삭'이라는 키워드로 통합함과 동시에 펫네임으로 적극적으로 부각시켜 소비자들에게 왜 이 제품을 구매해야 하는지를 아주 쉽고 명확하게 알려준다.

또 다른 예로 삼성전자의 PAVV LED가 있다. 텔레비전에서 가장 중요한 부분인 패널 panel 기술을 그대로 펫네임으로 활용한 것인데, 돌려서 다른 어휘를 찾기보다는 핵심 성분을 직설적으로 표현해 소비자에게 우리 제품이 왜 좋은지를 명확하게 인식시킨다. 이처럼 펫네임은 제품이 지닌 특징이나 복잡하고 어려운 기능, 모델명을 사람들이 쉽게 기억할 수 있도록 친근한 소비자의 언어로 바꾸어놓는 역할을 한다. 때로는 핵심 기술을 그대로 표기해 기술적 우위를 자랑하기도 하고^{파브 LED}, 자사 제품이 소비자에게 어떤 혜택을 줄 수 있는지를 감성적으로 전달하기도 하고^{지펠 아삭}, 또 어떤 때는 한 발짝 더 나아가 상징물을 차용해 기술의 핵심 특성을 부각시키기도 한다^{엑스캔버스 타임머신}.

앞에서도 가전제품을 언급했듯이 펫네임 경쟁이 가장 치열하게 일어나고 있는 업종을 뽑으라면 단연 전자제품류일 것이다. 예전에는 매장을 찾으면 LG인지 삼성인지 제조사를 확인하거나 특정 브랜드 제품을 먼저 찾곤 하였다. 그러나 최근에는 '하우젠'보다는 '버블'을 찾는 사람들이 많아졌고, '써보니 역시 버블이더라'처럼 실제 기능과 연결시켜 제품을 평가하곤 한다.

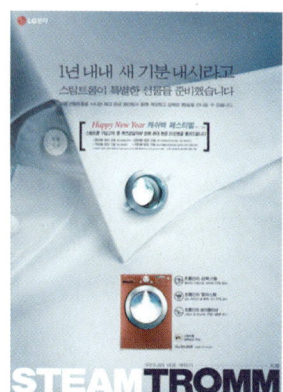

세탁기 시장의 벳네임 경쟁: 스팀 트롬 vs 하우젠 은나노

세탁기 시장의 벳네임
경쟁: 트롬 6모션 vs
하우젠 버블

세탁기 시장을 살펴보면 '삼성 vs LG' 혹은 '하우젠 vs 트롬'의 대결 구도였던 것이 '하우젠 은나노 vs 스팀 트롬'을 거쳐 '하우젠 버블 vs 트롬 6모션'으로 옮겨가고 있음을 알 수 있다. 그만큼 펫네임의 힘이 강력해지고 있다는 것인데, 이는 인브랜드의 목소리 또한 함께 커지고 있음을 의미한다. 예전에는 브랜드 한 구석에 숨어있던 것들이 펫네임 전략으로 외부로 노출되기 시작하였고, 이제는 고객 커뮤니케이션의 중심에서 브랜드보다 오히려 구매에 큰 입김으로 작용하고 있다.

특히 휴대폰 시장에서는 이제 펫네임 없는 제품은 찾아보기조차 힘들어졌는데, 초기에는 초콜릿, 샤인, 블루블랙 등 외관을 표현한 것들이 많았지만 최근 들어서는 운영체제를 부각시키거나 특정 기능을 상징적으로 표현한 사례가 점차 많아지고 있다. 내부 요소들을 펫네임화해 대대적인 광고 활동을 벌이고 타 브랜드와 차별화하는 핵심 요소로 활용하고 있는 모습을 TV 광고나 웹사이트를 통해 쉽게 만날 수 있다.

● ● ● ● ● ● ● ●
라인 브랜드가 된 인브랜드

이제 한 걸음 더 나아가 인브랜드가 한 제품뿐만 아니라 여러 제품을 아우르는 라인 브랜드까지 역할이 확대된 사례를 살펴보자. 사실 성분을 라인 브랜드로 활용한 사례는 오래 전부터 있어왔다. 대표적으로 화장품 시장을 들 수 있는데, 제품의 종류와 가격대, 타깃층이 다양해지면서 단순히 브랜드로는 소비자에게 개별 제품이 지닌 장점을 하나하나 전달하기가 어려워졌다. 이 때문에 가장 손쉬운 방법으로 기술이나 원료 등의 요소를 라인 브랜드로 꺼내, 각 하부 라인의 차별점을 명확히 보여주는 것이다. 화장품 시장에서 명확한 라인 브랜드가 주는 이점은 크

스킨푸드는 복분자, 블랙에그, 레드빈 등 핵심 성분을 그대로 라인 브랜드화하였다.

게 두 가지가 있다.

첫 번째 이점은 천연성분이나 몸에 좋은 원료를 그대로 노출시킴으로써 웰빙의 깨끗하고 믿을 수 있는 이미지를 심어준다는 것이다. 가장 쉬운 예가 저가 시장에서 좋은 성과를 거두고 있는 스킨푸드 Skinfood 다. 오미자, 복분자, 블랙에그, 레드빈 등 핵심 성분을 그대로 라인 브랜드화하였으며, 광고를 통해서도 각 원료가 지닌 순수한 이미지를 적극적으로 부각시키고 있다. 친자연주의를 내세우는 바디샵 The Body Shop 의 티트리 Tea Tree 나 화이트 머스크 White Musk, 오리진스 Origins 의 메가머쉬룸 Mega Mushroom 등 해외에서도 이와 유사한 사례를 찾아볼 수 있다.

두 번째 이점은 보다 전문적이고 과학적인 이미지를 부여한다는 것이다. 특히 한방화장품 브랜드들이 앞다투어 이 전략을 취하고 있는데, 가공 기술이나 오랜 전통을 지닌 원료를 부각시켜 왠지 그 이름만으로 피부에 더 좋을 것만 같은 연상을 일으킨다. 발효 한방 기법을 적용한 '수려한 효酵' 라인은 전통적이고 과학적인 공법을 한 글자로 함축했는데, 누구나 쉽게 제품의 특성을 떠올리면서 더 높은 신뢰감을 갖게 한다. 다른 예로 '다나한 RGⅡ'를 들 수 있는데, 홍삼에서 추출한 특허 성분을 그대로 가져와 알파벳과 숫자가 결합된 그 형식만으로 뭔가 '특별하고 전문적인' 느낌이 들게 한다.

새로운 생명을 불어넣는 인브랜드

그렇다면 이처럼 외면화되어 위상이 높아지거나 역할이 확대된 인브랜드는 기존 브랜드나 기업에 어떤 영향을 미칠까? 필자가 어렸을 때 프로스펙스 Prospecs 는 나이키 Nike 에 버금가는 유명 브랜드였다. 그 당시만 해도 외국 브랜드에 대한 경험이 없어서인지, 프로스펙스 운동화, 체육복 등이 큰 인기를 얻고 있었다. 그러나 여러 번에 걸쳐 회사의 주인이 바뀌고 외환위기를 겪으면서 오랜 명성은 빛이 바래고 결국 해외 브랜드에 그 자리를 내주고 말았다. E1에 인수되어 LS네트웍스로 새롭게 탈바꿈하면서도 프로스펙스의 회생 여부는 불투명하였다. 사실상 한번 쇠락한 브랜드가 다시 살아난다는 것은 불가능해 보였다. 프로스펙스가 지닌 오랜 전통과 자산에 높은 애착을 지닌 LS네트웍스는 차마 내치지 못하였고, 디자인 리뉴얼을 거쳐 새로운 이미지 광고를 시작하였다.

하지만 그 결과는 기대 이하였다. '바꿔라'라고 외치던 모델의 강한 모습과는 달리 이미 한없이 떨어져버린 브랜드 이미지를 탈바꿈하는 데 실패하였고, 더 이상 회생의 실마리가 없는 것처럼 보였다. 그러나 다시 한번 브랜드 살리기에 시동을 건 기업은 정밀한 트렌드 조사를 통해서

남들과 같은 이야기를 하는 프로스펙스 광고

워킹 열풍을 공략한 프로스펙스 W 광고

남들과는 달리 '걷기'라는 새로운 시장을 발견해냈고, 걷기 열풍을 노린 새로운 전략은 매우 성공적이었다.

워킹 walking 의 대표성을 표방한 기술 브랜드 'W'는 스포츠워킹화라는 새로운 카테고리를 탄생시켰고 그 안에서 W파워, W컴포트, W트레일 등 하위 라인까지 확장되었다. 표기에 있어서도 대표 브랜드인 프로스펙스 앞에 W가 크게 부각되며, 전체 브랜드와 기업 이미지를 견인하는 역할을 담당하게 되었다. 그 결과 노쇠한 브랜드로 잊혀질 뻔했던 프로스펙스는 활력을 되찾을 수 있었다.

트렌드가 변화하거나 브랜드 관리가 소홀해지면 좋은 브랜드라도 위기를 겪기 마련이다. 그렇다고 해서 새로운 브랜드를 다시 도입하자니 그동안 쌓아온 인지도가 아깝고 또 어떻게 새롭게 브랜드를 알려야 할지도 막막해진다. 브랜드를 재활성화하기 위해 디자인을 리뉴얼 renewal 하거나 하위 브랜드를 도입해 새로운 이미지를 부여할 수 있지만 인브랜드를 활용하는 것도 가장 효과적인 방법 중 하나이다. 프로스펙스는 인브랜드를 전략적으로 활용해 소비자의 마음을 사로잡을 수 있었다. 무엇보다도 단순한 기술로서 끝날 수 있었던 'W'를 카테고리 브랜드의 위치까지 끌어올려 재기에 성공한 LS네트웍스는 인브랜드로 전체 브랜드를 성공적으로 리포지셔닝한 대표적인 사례이다.

당당하게 커밍아웃하라

예전의 인브랜드는 마치 무슨 비밀이라도 되는 양 전문가나 기술자들끼리만 알 수 있는 용어로 속삭이곤 하였다. 그러나 벽장 속에서 나와 사람들과 마주하는 순간 자신들이 얼마나 소중한 존재인지, 사람들에게 얼마나 큰 혜택을 줄 수 있는지 알릴 자신의 목소리와 쉬운 언어가 필요해졌다. 앞서 언급한 내용들을 살짝 되짚어보면, 인브랜드는 때론 친근한 애칭인 펫네임이 되기도 하고, 때론 더욱 확장되어 라인 브랜드나 카테고리 대표 브랜드가 되기도 한다. 그리고 어떤 모습으로 소비자와 마주하느냐에 따라 기업이나 기존 브랜드에 새로운 활력을 불어넣을 수도 있고, 완제품 브랜드보다 더 큰 믿음과 가치를 쌓을 수도 있다.

이제 친근하고 감성적인 접근은 기술이나 기능의 실체를 왜곡시킬 수 있다는 우려를 버려야 한다. 광고나 고객과의 소통은 B2C 분야에만 필요하다는 편견도 버려야 한다. 인브랜드가 소비자를 사로잡을 수 있는 강력한 무기가 되고 있음은 틀림없다. 앞으로 기업들은 새로운 모습의 인브랜드를 내놓을 것이며, 우리들은 매체들과 실생활에서 더 다양한 인브랜드를 많이 마주하게 될 것이다.

TREND 8 확장의 지렛대로서 인브랜드

카테고리의 벽을 뛰어넘다

완제품 브랜드가 타 카테고리로 확장하는 데 있어 가장 큰 걸림돌이 되는 것은 기존의 브랜드 이미지가 특정 제품군에 고착되어 있는 상황이다. '딤채'라는 브랜드를 김치냉장고 이외의 다른 주방가전으로 확장할 수 있을까? 콜라 브랜드인 펩시가 커피를 팔 때도 도움이 될까?

인브랜드는 이러한 걸림돌이 없다. 기술, 성분은 완제품의 일부일 뿐이며, 제품군에 관계없이 다양한 완제품에 적용 가능하기 때문에 인브랜드는 태생적으로 카테고리 연상성이 적을 수밖에 없다. 쌀은 빚으면 술이요, 찌면 밥이요, 가루를 쪄내면 떡이요, 삭혀서 가라앉히면 식혜라는 뜻이다. 물론 인텔 인사이드나 아몰레드처럼 적용될 수 있는 범위가 한정된 인브랜드도 있다.

다음의 세 가지 브랜드 이름만 보고 무엇이 떠오르는지 연상해보자.

고어텍스, 라이크라, 테프론.

어떤 제품군이 떠오르는가?

● ● ● ● ● ●
라이크라: 섬유 소재에서 화장품 소재로

라이크라LYCRA는 듀폰DuPont 의 대표적인 기능성 소재 브랜드로 타이트하게 달라붙는 옷이나 높은 복원력을 요하는 수영복, 이너웨어 등에 주로 쓰인다. 실의 길이가 순간적으로 최대 7배까지 늘어났다 원 상태로 회복되는 것이 특징이다. 높은 탄성력을 가지면서도 몸을 압박하지 않아서 활동하기 편하다. 날씬한 실루엣에 편안한 움직임을 원하는 경우에 적합한 소재이다. 라이크라는 이러한 인조 탄성섬유로서의 기술력과 소비자의 마음속에 자리잡은 브랜드 이미지를 활용하여 획기적인 혁신을 시도하였다. 바로 화장품 분야의 코티 Coty Inc와 독자적인 라이선스 계약을 체결한 것이다.

코티는 비비안 웨스트우드 Vivien Westwood, 케네스 콜 Kenneth Cole, 캘빈 클라인 Calvin Klein 등과 같은 패션 브랜드들과 림멜 Rimmel, 아스토르 Astor 등과 같은 화장품 브랜드들을 보유한 세계적인 뷰티 그룹이다. 코티는 라이크라와 라이선스 계약을 체결한 후 2005년 2월, 영국에서 '림멜 라이크라 웨어 Rimmel LYCRA ® Wear'를 출시하였다. '림멜 라이크라 웨어' 라인의 제품들은 빨리 마르고, 잘 부스러지지 않고, 손톱을 강하게 해주며, 색이 오래 지속되는 매니큐어를 원하는 여성들의 욕구를 완벽하게 충족시켰다. 코티의 또 다른 브랜드인 아스토르 Astor 역시 라이크라 브랜드를 코스메틱 제품에 적용하여 출시하였다. 아스토르는 매니큐어의 품질을 제고하기 위하여 라이크라의 탄력성에 주목하였고, 제2의 피부인 손톱을 감싸주고 반짝이는 컬러감과 탄성이 장시간 유지되는 매니큐어를 내놓았다. 이후 매니큐어뿐만 아니라 빠른 건조 및 장시간 지속성이 관건인 마스카라 제품군에서도 라이크라의 기술력을 접목시킨 제품들이 출시되고 있다.

라이크라와 코티의 라이선스 계약은 화장품과 직물 브랜드 간 최초의 기술적 제휴로, 유지력이 좋고 내구성이 강한 라이크라 코스메틱이 세상에 알려진 계기가 되었다. 리서치 결과, 라이크라 코스메틱 브랜드의

영국 뷰티 그룹 코티가 라이크라 기술을 접목시킨 매니큐어, 림멜 라이크라 웨어

컨셉이 모든 연령층에 어필하였다는 것이 입증되었다. 특히 18~24세의 젊은 층과 림멜 Rimmel 의 지속성이 강한 손톱 광택 매니큐어 제품을 사용하는 사람들의 관심은 전폭적이었다. 사용자와 비사용자의 구매 의사가 각각 97%와 93%로, 사용 여부에 상관없이 구매 의사가 매우 높았을 뿐만 아니라, 제품 평가 총점도 평균 8.5점으로 높은 편이었다.

기존 제품군에서 이미 소비자 인지도, 선호도, 이미지와 흥미 등의 관점에서 라이크라의 가치는 입증되었고 라이크라 제품에 대해 프리미엄 가치를 지불할 의사가 있는 것으로 나타났다. 실제 소매점 리서치에서도 라이크라 제품이 다른 제품에 비해 더 빠른 속도로 판매가 이루어지며 높은 가격대를 이루는 것을 알 수 있었다.

라이크라가 시도한 새로운 형태의 혁신은 더 큰 가치를 창출하고 더 많은 기술 자원에 접근할 수 있게 하였으며 제품 개발 및 회전율을 짧아지게 하였다. 결과적으로 수익 측면에서도 중요한 역할을 하고 있다. 혁신에 대한 소비자의 선호는 지속적으로 성장할 것이며, 이는 곧 소비자의 관심을 자극하는 차별화된 제품을 통하여 다양한 산업 분야로 확대되는 기회가 될 것이다.

듀오백: 인체공학 의자에서 가방으로

이러한 인브랜드들의 태생적 유연성은 완제품 브랜드 자체를 타 카테고리로 확장시키기도 한다. 거리가 멀어 상관관계가 크게 없어 보이는 두 카테고리를 이어주는 브릿지로 인브랜드를 활용할 수 있다. 다만 타 카테고리로의 확장이 성공적으로 이루어지기 위해서는 기존 브랜드가 어느 정도 인지도를 확보하고 있어서 대 고객 커뮤니케이션이 호의적으로 이루어질 수 있어야 한다는 전제가 있다.

인체공학적 가구 생산기업으로 유명한 듀오백 코리아DUOBACK KOREA는 아웃도어 브랜드 블랙야크BlackYak 와의 제휴를 통해 가방 브랜드 듀오백DUOBAG 을 선보였다. 사무가구와 아웃도어의 만남이라는 혁신적인 카테고리 제휴를 시도한 것부터가 주목할 만하다. 하지만 더 자세히 들여다보면 이 두 브랜드의 만남보다 더 흥미로운 움직임을 찾아볼 수 있다. 바로 의자 제조에 사용되었던 기술을 가방에 확장 적용한 것이다. 듀오백 의자에서 척추를 보호하는 기술인 '배낭 효과Rucksack effect'를 적용하여 흔들림 방지와 밀착감을 강화하고 무게를 분산시킬 수 있게 하였다. 또한 허리의 부담을 최소화하고 척추를 보호하는 듀오백 듀얼패드 기술을 활용하는 등 가방에도 척추과학을 도입하였다. 뿐만 아니라 통기성이 좋아 땀이 차지 않는 기능성 소재 브랜드인 메쉬를 3D Mesh의 형태로 가방에 확장 적용하기도 하였다.

언뜻 생각해보면 의자와 가방이라는 두 카테고리는 연관성이 낮게 느껴지지만 모두 '등'과 관련이 있다는 공통점에서 출발한 것을 알 수 있다. 듀오백 가방은 제품에 적용된 다양한 인체공학 설계 기술 및 소재를 커뮤니케이션에 활용함으로써 큰 호응을 얻고 있다.

확연히 이질적인 제품 간에 핵심적인 연결고리가 있다는 점이 의자

- **스틱걸이**
  스트랩형
  상하좌우스틱걸이

- **측면물병포켓**
  1리터 수통도 넣을 수 있는 스판포켓

- **측면허리매쉬패널**
  듀얼등판패드의 밀착력을 높혀줌

- **레인커버 내장**
  배낭 하단에 레인커버 내장

- **어깨조임곤**
  배낭의 무게중심을 앞쪽으로 유지시켜주며,
  등과의 밀착을 줄여 무게를 분산시켜줌

- **스트랩포켓**
  좌우어깨끈에 위치한 스트랩포켓은
  타올 및 간단한 소지품 보관에 용이함

- **에어루트**
  양 패드사이 통풍이 잘 되도록 고려한
  시스템

- **듀얼등판패드**
  척추라인에 맞춰 듀오백코리아인체공학
  라운드 R값이 적용된 듀얼등판패드는
  PP(폴리프로필렌)소재의 사출판으로 강도가
  높고 가볍우며, EVA패트리스폼이 배낭과
  등의 밀착을 높혀줌. 고정이 아닌 좌우
  유동형으로 밀착감을 더 높혀줌

- **힙벨트포켓**
  행동식 및 간단한 소지품 보관에 용이함

real comfort
DUOBACK α
디자인과 인간공학의 완벽한 결합 - 듀오백 알파

듀오백 알파란?
듀오백 알파는 인간공학 제품인 듀오백에
생체역학 및 감성공학 '플러스 알파'하여
탄생한 '최고의 제품 브랜드'입니다.
α는 알파벳의 첫 문자로 으뜸하며,
수학에서는 미지수를 기대표합니다.
로고 디자인은 감성적인 휴면웨이브와
웨비우스띠를 결합하여 고래치처럼
무한한 실현 의지를 담았습니다.

▶ 척추를 보호하는 배낭효과 / Rucksack Effect
3차원 특수작동고무가 척추의 움직임을 지지하여
허리의 부하를 200N(뉴턴, 대략 20kg의 중력)
까지 감소시킵니다.
(N:지구의 중력가속도로 물체를 끌어당기는 힘의 단위)

▶ 압력을 분산시키는 메쉬 좌판 / Mesh Seat
듀오백의 독보적인 기술력으로
국내 최초의 첨단 메쉬 좌판 체어가 탄생했습니다.

듀오백 의자의 인체공학 기술들이
듀오백 가방에도 확장 적용되고 있다.

브랜드 '듀오백 DUOBACK'을 가방 브랜드 '듀오백 DUOBAG'으로 카테고리 확장을 가능하게 하였고, 나아가 가구업체에서 인체공학 전문기업으로 새롭게 자리매김할 수 있게 하였다. 이처럼 혁신적이면서도 연상 혹은 공감 가능한 형태로의 브랜드 확장은 소비자들에게 신선하고 긍정적인 브랜드 이미지를 창출함으로써 브랜드의 가치를 한층 높이는 데 매우 유용한 전략이 되고 있다.

구글: 검색포털에서 모바일 플랫폼으로

지금까지 구글은 플랫폼을 확장하여 기술과 서비스를 무료로 제공하면서 광고로 승부하는 전략으로 성장해 왔다. 하지만 모바일 사용 인구가 2011년 31억 명으로 늘어났고, 미국의 모바일 광고시장 규모가 2006년 55억 달러에서 2011년 140억 달러를 넘어선 상황에서 많은 광고주 네트워크와 풍부한 컨텐츠를 지닌 구글에게 모바일 시장은 놓칠 수 없는, 놓쳐서는 안 될 블루오션으로 여겨졌다. 검색포털 사이트인 구글이 자신의 전통적인 전략을 수행하기 위해서는 모바일 단말기 등의 매체를 통하여 고객에게 전달될 수 있는 창구가 필요하였다.

하지만 모바일 환경은 네트워크를 보유한 이동통신 사업자들에 의해 주도되는 폐쇄적인 구조여서 구글은 이동통신 사업자들의 승인 없이는 자신의 서비스를 고객들에게 제공하기 어려웠다. 그래서 구글은 자신의 서비스를 모바일 영역으로까지 확장하기 위한 다리를 만들기 시작하였다. 개방적인 플랫폼의 구축을 진행한 것이다.

이러한 배경을 바탕으로 탄생한 것이 새로운 개념의 운영체제 '안드로이드 Android'이다. 안드로이드가 있었기에 검색엔진이었던 구글이 이

구글은 안드로이드를 지렛대로 삼아 모바일 영역으로 확장한다.

동통신 단말기로 카테고리를 확장하여 소비자들의 주머니 안으로 들어올 수 있게 되었다.

불확실성이 증대되고 있는 최근 기업 경영에서 기업 내 다양성을 극대화하는 생존 전략으로서 브랜드의 카테고리 확장을 활용할 수 있음을 살펴보았다. 조금만 상상력을 발휘한다면 완제품의 일부분인 인브랜드라는 보이지 않는 큰 흐름을 타고 다양한 분야로 넘나들 수 있을 것이다.

TREND 9 완제품 브랜드의 인브랜드화

확고한 브랜드가
다른 브랜드 속으로

평소에 자주 접하던 익숙한 브랜드가 다른 브랜드의 품에 안기는 현상이 나타나고 있다. 명성이 높은 브랜드가 다른 브랜드 속으로 자세를 낮추고 들어가는 것이다. 어찌 보면 브랜드 위상을 높여가는 일반적인 브랜드 운용 전략을 역행하는 것 아닌가. 카테고리 내에서 당당히 독자적인 행보를 하며 그 명성을 이어가던 브랜드가 갑자기 마음이 맞는 친구를 만나 의지하고 융화되는 모습이다.

언뜻 보기에는 품에 안은 쪽이 안긴 쪽보다 우위에 있는 듯하지만, 전체적인 모습만이 아닌 속속들이 내용을 따지며 제품을 고르는 깐깐한 소비자의 눈에는 품에 안긴 쪽이나 안은 쪽 모두 중요한 제품 구성 요소이자 핵심 구매 요소일 것이다. 이는 구매시 고려할 요소가 그만큼 많아졌다는 것일 수도 있고, 쉽게 인지할 수 있는 요소를 통해 우수한 품질을 보증하게 되었다는 것일 수도 있다.

기본적으로 경쟁력을 갖추고 있는 개별 브랜드를 다른 카테고리 제품에 적용시키고, 그것이 가진 경쟁력을 그대로 전이시켜 커뮤니케이션 요소로 활용하는 'B2C 브랜드의 인브랜드화'가 최근 들어 새로운 전략으로 각광받고 있다.

아이폰 속으로 들어간 아이팟

전자, IT 분야의 초고속 기술 발전은 제품의 융합을 가져오고 있다. 이에 따라 특정 기술이나 기능을 상징하는 이름표와 같았던 유명 제품 브랜드들이 융합의 트렌드 앞에서 사라져버릴 위험에 처하게 되었다. 그런데 이러한 현상은 기술 진화에 따른 가치의 소실이나 브랜드 명성의 퇴색과는 차이가 있다. 융합이라는 큰 흐름, 기술의 결합이라는 트렌드 안에서 이루어진 자연스런 현상이라는 점에서 활용 가치가 존재한다. 무엇보다 이는 B2C 브랜드의 인브랜드화라는 트렌드에 일조하고 있다. 자칫 사라져버릴 뻔했던 유명 브랜드가 인브랜드가 되어 그 생명력을 연장할 수 있게 된 것이다.

대표적인 예가 바로 아이폰 iPhone 속으로 들어간 아이팟 iPod 이다. MP3를 탑재한 휴대폰이 널리 보편화되어 일반인의 인식 속에 특별히 강점으로 여겨지지 않는 상황에서 애플은 아이팟을 탑재한 아이폰을 내놓는다. 신개념 MP3플레이어로서 출시 후 폭넓은 매니아 층을 형성하고 있던 아이팟은 휴대폰 기능의 진화에 따라 그 소유 가치는 점차 낮아지고 있었으나, 아이팟의 브랜드 가치는 여전히 소비자의 인식 속에 존재하고 있었다. 아이팟이 탑재된 휴대폰이라는 점을 고객에게 어필하는 요소로 활용할 수 있는 가능성이 존재하는 것이다.

실제로 아이팟을 탑재한 '아이폰'이 출시되자, 스마트폰 자체의 매력과 함께 기존 아이팟 소비자까지 끌어안는 효과를 낳았다. 다시 말해, 아이팟의 인브랜드화 전략이 고객의 구매욕구를 자극한 것이다. 아이팟을 아이콘화하여 표기하고 그 역할과 기능을 그대로 적용시킴으로써, 아이팟은 브랜드 명맥의 유지하면서 제품의 강력한 구매 요소 중 하나로서 아이폰의 경쟁력을 높여주고 있다.

아이폰에 탑재된 아이팟

애니콜 햅틱 휴대폰 광고

햅틱 UI가 적용된 휴대폰 '햅틱2', MP3플레이어 'P3', 위젯 셋톱박스

삼성의 '햅틱 Haptic'은 UI 기능을 소구하는 휴대폰 브랜드다. 하지만 완제품에 대한 주목은 곧 터치웹이라는 햅틱 UI에 대한 관심으로 변하기 시작하였다. 개별 휴대폰 브랜드로 회자되며 햅틱 기능에 대한 인식이 높아지자, 삼성전자는 햅틱 UI를 적용한 다양한 제품을 출시하기 시작한다. 터치 스크린 기능이 있는 다양한 전자기기에 햅틱 UI를 적용시켜 커뮤니케이션 요소로 활용함으로써 제품 경쟁력을 높이기 시작한 것이다. '햅틱 기술=햅틱 휴대폰=햅틱 UI'까지. 휴대폰 출시 초기의 인지도를 등에 업고 다양한 제품에 적용되고 있는 햅틱 UI는 강력한 기술 인브랜드로서 그 입지를 꾸준히 넓혀가고 있다.

프리미엄 브랜드를 인브랜드화하라

웰빙, 자연, 프리미엄 등이 식품 트렌드로 자리잡기 시작하면서, 믿을 수 있고 건강에 좋은 식재료 및 음식에 대한 소비자의 욕구가 높아졌다. MSG 무첨가, 국내산 재료 사용 등 고객이 기대하는 가치를 태그라인이나 슬로건 등으로 커뮤니케이션하는 현상이 늘어났고, 제품 경쟁력을 높이기 위해 아예 유기농 라인을 출시하며 '제품이 곧 웰빙'이라는 컨셉으로 커뮤니케이션하는 기업도 생겨나기 시작하였다.

이 와중에 등장한 또 하나의 트렌드가 바로 이미 보증된 식품 브랜드의 인브랜드화 현상이다. 이는 단지 웰빙 컨셉의 브랜드에 대한 이야기만이 아니라 고객이 직접 맛보고 느껴본 식품에 대한 신뢰도가 높은 브랜드까지 포괄한다. 연관성이 높은 제품들 간의 융합으로 요소화된 브랜드가 가지고 있던 긍정적인 이미지 자산이 자연스럽게 전이되며 고객에게 어필한다. 제품 자체의 퀄리티를 높임과 동시에 한결 믿을 수 있고 먹고 싶어지는 식품으로 자리매김하게 되는 현상이 하나의 트렌드로 자리잡기 시작한 것이다. 최근에는 기존 제품들끼리의 융합뿐만 아니라, 제품의 기획 단계에서부터 인브랜드화 효과를 노리고 전략적으로 출시된 제품도 생겨날 만큼 그 영향력이 커지고 있다.

달콤함이 정체성의 전부로 회자되던 초콜릿 제품 시장에 '카카오 OO%'가 등장하면서 주 원료인 카카오에 대한 소비자의 관심이 높아지기 시작하였다. 감성적인 마케팅으로 소구하던 초콜릿 시장에 변화가 찾아온 것이다. 소비자의 입맛을 세분화하는 전략으로 주 원료를 전면에 부각시킨 명칭이 일반화되기 시작하면서 제품 '브랜드'가 아닌 그 브랜드를 구성하고 있는 '성분'과 '맛'이 핵심 구매 요소로 떠올랐다. '카카오' 성분이 높은 초콜릿의 등장은 재료 자체의 퀄리티뿐만 아니라 몸에 좋은 프리미엄 초콜릿에 대한 니즈를 강화시켰고, 이러한 현상은 초콜릿을 원료로 사용하는 전 제품류에 영향을 미쳤다.

'카카오'가 초콜릿 시장을 대표하는 일반 명칭으로 소비자의 인식 속에 자리잡기 시작하자, 진입 초기 프리미엄 이미지 구축을 위한 차별화 포인트로 사용되던 브랜드 '카카오 OO%'는 초콜릿을 설명하는 단순한 소비자 언어로 그 역할과 위상이 축소됐다. 제품 선택을 위한 하나의 '구별 요소'는 될지언정 '차별화 요소'로서의 역할을 그리 오래 유지하지는 못한 것이다.

이러한 상황에서 롯데제과가 '가나파이'를 내놓는다. 마케팅을 통해 꾸준히 프리미엄을 강조하던 초콜릿 브랜드 '가나'를 카테고리 대명사 '초코파이'의 성분으로 영리하게 요소화한 것이다. 가나파이는 단순히 성분을 통한 차별화가 아닌, 주요 성분으로 프리미엄 이미지를 갖고 있는 개별 브랜드 '가나'를 부각시킴으로써 '매우 고급스러운 파이'라는 인식을 심어주고 있다.

이미 브랜드 프리미엄을 구축하고 있던 '가나'는 어떤 간섭도 받지 않고 가나파이라는 새로운 프리미엄급 제품을 탄생시킨다. 제조사만 달리 표기한 듯한 천편일률적인 초코파이 제품에서 벗어나 고급스러운 맛과 이미지로 업그레이드된 초코파이를 만들어냈다. '카카오'와 같은 성분 명칭이 가지는 브랜드의 한계를 극복하고 자사의 브랜드 파워를 높이면서 새로운 제품 라인을 창출해낸 것이다. 이러한 전략은 식품 카테고리 내에서 B2C 브랜드의 인브랜드화가 얼마나 큰 효과를 낼 수 있는지를 보여주는 좋은 선례로서 또 다른 유사 제품 기획의 가능성을 제시해주고 있다.

'맛을 보증한다'는 것은 '맛을 기억한다'는 의미로도 해석될 수 있다. '맛있다'는 의미는 결국 '내 입맛에 맞는'이라는 의미가 될 수 있고, 그것은 시장 점유율이 높고 많은 사람들이 선택하여 '이미 익숙해진 맛'이라

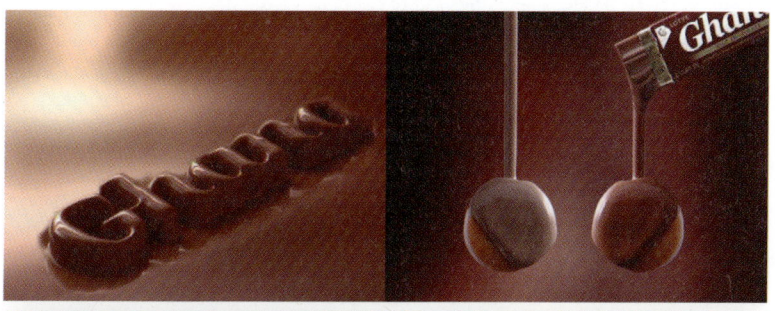

롯데제과 가나파이는 파이의 부드러움이나 크림이 아니라 '초콜릿'에 초점을 맞추고 있다.

패키지에 '청정원 순창 고추장 사용'이라고 표기함으로써 제품에 프리미엄을 부가하고 있다.

는 의미로도 이해될 수 있다. 이런 관점에서 해태제과에서 출시한 '신당동 장독대를 뛰쳐나온 떡볶이 총각의 맛있는 프로포즈'는 소비자의 그러한 입맛을 공략한다. 어설픈 매운 맛이 아닌 익숙한 매운 맛으로 소비자로 하여금 '맛있다!'는 감탄사를 내뱉게 하는 것이다. 어떤 맛일지 궁금해 하며 선택하는 소비자의 행태는 단순한 호기심에서가 아닌 '순창 고추장'이라는 맛의 보증, 프리미엄 원료에 대한 신뢰가 깔려 있었기에 가능한 것이었고, 순창 고추장은 이러한 소비자의 신뢰를 저버리지 않았다. 특별한 광고나 커뮤니케이션 없이 재미있는 명칭과 프리미엄 고추장 브랜드의 인브랜드화 전략으로 '신당동 떡볶이'는 출시 후 me-too 제품까지 만들어내는 등 꽤나 성공을 거두었다.

조연을 넘어 주연이 된 다임 초콜릿

크래프트푸드 Kraft Foods 의 다임 Daim 은 밀크 초콜릿 속에 크런치 버터 아몬드가 들어있어 독특한 씹는 맛과 개성으로 널리 알려진 프리미엄 초콜릿바 브랜드이다. 전 세계적으로 고객층이 두터운 브랜드이며, 국내에는 출시되지 않았지만, 해외를 오가며 맛 본 소비자들 사이에서 다임 매니아층을 형성해 공동 구매를 진행할 정도로 인기를 끌고 있다.

이러한 인기에 힘입어 다양한 디저트 제조 회사들이 다임을 자사 제품에 활용하여 핵심 재료로 부각시키는 등 인브랜드이자 커뮤니케이션 요소로 활용하고 있다. 프리미엄 아이스크림 브랜드로 유명한 카르테 도르Carte D'or와 케이크와 파이 브랜드로 유명한 알몬디 Almondy 가 대표적인 사례다. 카르테 도르는 별다른 제품 명칭 없이 다임 아이스크림Daim Ice Cream을 출시하여 인브랜드이자 커뮤니케이션 요소로 활용하고 있다. 더 나아가 다임 미니 아이스크림, 다임 카르테 도르 아이스크림 등 다양한 제품 형태로 라인 브랜드까지 형성하는 등 다임 효과를 톡톡히 누리고 있다.

아몬드가 들어간 스웨디쉬 타르트 레서피Swedish Tart Recipe 제품에서 출발한 프리미엄 케이크 파이 전문 브랜드 알몬디 역시 끈적하면서도 쫀득한 다임 초콜릿바의 제품 특징을 부각시킨 다임 케이크를 출시하여 다임을 커뮤니케이션 요소로 활용하고 있다. '크런치 버터 아몬드'라는 재료의 특성이 알몬디의 제품 특징과 부합되어 자연스럽게 케이크의 원료로 활용된 것이다. '다임 인사이드Daim Inside'라는 카피를 패키지 전면에 부각시키며 별도의 제품 브랜드 없이 다임 케이크로 다임의 브랜드

크래프트푸드의 초콜릿바, 다임은 독특한 제품 특징과 맛으로 유명하다.

'다임 카르데 도르', '알몬디 다임 케이크', 다임이 들어간 초콜릿 '마라부'

프리미엄을 활용하여 커뮤니케이션하고 있다.

여기서 주목할 점은, B2C 브랜드를 인브랜드화하는 경우 대부분 별도의 제품 브랜드가 있고 인브랜드는 제품의 스펙이자 경쟁력을 높여주는 커뮤니케이션 요소로 활용되는 데 반해, 다임의 경우는 제품을 구성하는 핵심 원료이자 메인 브랜드 역할까지도 수행하고 있다는 사실이다. 다임은 인브랜드이자 콜래보레이션 브랜드라고도 볼 수가 있는데, 다른 요소와 융합되었을 때 제품을 보증할 수 있을 만큼 제품의 개성이 명확한 경우에만 가능하다.

자사 브랜드 간 결합으로 시너지를 노려라

기능적 특성이 강한 브랜드가 다른 제품에 인브랜드로 활용되는 경우 그 제품에 대한 소비자의 태도가 긍정적이기 위해서는 인브랜드를 떠올렸을 때 연상되는 것과 제품의 속성이 유사해야 한다. 제품과 인브랜드 간에 유사성이 떨어지면 브랜드 정체성을 모호하게 만들고, 브랜드 대표성이 약해져 원 브랜드의 의미를 희석시키는 결과를 초래할 수 있다.

한편 연관성이 높은 자사 브랜드 간 결합의 경우는 기업의 입장에서 두 마리 토끼를 잡는 셈이다. 비누, 세제, 기타 가정용품 제조업체인 P&G는 '복합기능 및 성분의 결합'이라는 기준으로 자사의 '표백 겸용 세제' 대표 브랜드인 타이드Tide 에 섬유유연제 브랜드 다우니Downy 를 결합시킨 'Tide with a touch of Downy'를 런칭하였다. 'Tide with a touch of Downy'는 추상적 의미의 '섬유유연제 겸용 세제'가 아닌, 소비자들이 이미 경험했거나 경험하고 싶어하는 섬유유연제 대표 브랜드 다우니의 감촉이 살아있는 세제로 인식되어 매우 성공적으로 자리잡았고, 그 성공에 힘입어 'Tide with Febreze fresh scent', 'Downy with Febreze fresh scent', 'Bounce with Febreze fresh scent'가 차례로 확장 런칭되었다.

이러한 전략은 P&G의 크레스트Crest 와 스코프Scope 사례에서도 살펴볼 수 있다. 치약 브랜드인 크레스트의 대표성과 구강청결제로 유명한 스코프의 대표성이 만나 'Crest Whitening Plus Scope' 라인을 구성한 것이다. 이미 완제품으로 잘 알려진 브랜드가 성분 브랜드로 참여함으로써 상호 시너지를 높이고 이미지를 동반 상승시키는 효과를 누리게 되었다는 점에서 또 다른 성공사례로 꼽힌다. 화이트닝이라는 평이한 용어와 함께 개발자의 언어가 아닌 고객이 이미 체험하고 검증한 완제품으로서의 소비자 언어, 즉 스코프를 활용함으로써 커뮤니케이션 신뢰성과 용이성을 제고하고, 소비자에게는 폭넓은 선택의 기회를, 기업에게는 새로운 매출 발생의 기회를 제공한 것이다.

이미 체험되고 검증된 기능적 요소를 활용한 컨셉의 강화라는 측면에서 이는 기업이나 소비자에게 매우 매력적인 선택이라 할 수 있다. 특히 그것이 자사 브랜드 간의 결합일 경우, 두 브랜드의 동시 노출을 통해 커뮤니케이션 비용을 절감하고 효율성을 높일 수 있으므로 기업에게는 놓칠 수 없는 선택이다.

P&G의 Tide with a touch of Downy와 Tide with Febreze fresh scent

P&G의 Crest plus Scope Line
구강청결제 스코프를 인브랜드로 활용하여 새로운 크레스트 라인을 런칭하였다.

● ● ● ● ● ● ●

타사 브랜드와의 결합은 전략적으로 판단하라

우리가 일반적으로 알고 있는 B2B 브랜드의 인브랜드화는 성분, 요소, 기술 등의 차별화 전략으로 완제품에 프리미엄을 부가하려는 목적이 크다. 따라서 인브랜드의 명성이 높으면 높을수록 효과적이다. 이러한 관점에서 볼 때 B2C 브랜드의 인브랜드화는 그 효과를 뛰어넘는다. 경험이 불가능한 보증이 아닌, 이미 체험되고 검증된 완제품 브랜드로서의 보증이기 때문이다.

인브랜드의 태생적 한계를 깨고 더 큰 효과를 누리고자 하는 시도로 시작된 이러한 전략은 기업에게는 완제품 브랜드의 유형적 한계를 뛰어넘어 그 브랜드가 가진 핵심 기술과 핵심 가치를 발견하고, 새로운 카테고리 창출을 통해 매출을 향상시킬 수 있는 기회를 제공한다. 또한 고객에게는 제품 선택의 폭을 넓혀주고 새로운 구매 기준을 제시하는 등의 긍정적인 효과를 창출한다.

그러나 이는 어디까지나 연관성 높은 브랜드 간의 융합일 경우에 한한 것이다. 연관성이 높더라도, 타사 간의 브랜드 결합일 경우 인브랜드화된 브랜드가 얻는 이득이 적다면 전략적 융합을 다시 생각해보아야 한다. 예를 들어, '신당동 떡볶이'에 사용된 순창 고추장의 경우 해태제과가 신당동 떡볶이라는 스낵 제품 원료로 순창 고추장을 사용하기로 하고 청정원에 순창 고추장 브랜드 노출을 허락 받았다고 치자. 새롭게 런칭될 스낵 제품에는 순창 고추장이라는 브랜드 프리미엄이 분명 이득일 것이다. 그러나 순창 고추장에도 브랜드 프리미엄이 적용될지는 의문이다. 이러한 전략적 융합이 순창 고추장이라는 브랜드 프리미엄에 해가 된다고는 섣불리 말할 수 없지만, 또 다른 프리미엄을 창출할 것이라고 말하기도 어렵다. 매출 증대냐, 브랜드 프리미엄의 향상이냐는 기업의 선택 사항이지만, '브랜드 전략' 차원에서만 본다면 청정원의 선택이 100% 옳았다고 볼 수는 없을 것이다.

따라서 기업 입장에서는 이러한 B2C 브랜드의 인브랜드화가 매출 증대에 효과적이고 다수의 성공사례가 존재한다고 할지라도, 과연 어떤 측면에서 이득이 되는지를 꼼꼼히 따져보는 지혜가 필요할 것이다.

PART 2

Strategy
인브랜딩, 어떻게 할 것인가

STRATEGY 1　인브랜딩의 방향
관계 속에서 생각하라, 발견하라, 화두를 던져라

STRATEGY 2　인브랜드 아이덴티티 전략
차별화로 승부하라

STRATEGY 3　인브랜드 네이밍 전략
핵심을 전달하라

STRATEGY 4　인브랜드 디자인 전략
한눈에 보여줘라

STRATEGY 5　인브랜드 커뮤니케이션 전략
쉽게 다가가 런칭부터 이슈화하라

STRATEGY 6　인브랜드 미디어 전략
입체적으로 소통하라

STRATEGY 7　인브랜드 제휴 전략
이기적으로 조합하라

PART 2

Strategy

트렌드와

사례를 통해 시사점을 얻어도 막상 실행으로 옮기기는 쉽지 않다. 브랜드를 구성하는 요소들, 즉 기술, 소재, 부품을 보는 시각이 조금 달라졌을 뿐이다. 새롭게 발견된 가능성을 현실로 만드는 것은 또 다른 문제다. 실제로 어떻게 인브랜드를 개발하고 관리해야 하는가?

인브랜드도 일반 제품·서비스 브랜드와 같은 특성을 갖는다. 인브랜드만의 강력한 아이덴티티가 정의되어야 하고, 브랜드 네임과 디자인을 개발해야 하며 커뮤니케이션 전략도 필요하다. 그러나 구체적인 내용은 다르다. 일반 브랜드와 다른 인브랜드만의 전략은 인브랜드의 태생적인 조건, 한 가지 현실에서 비롯된다.

'인브랜드(In-brand) = 인사이드(Inside)'.

인브랜드는 내재되어 있어 볼 수 없고 체험할 수 없다. 우리는 첨단 고기능성 섬유나 첨단 디스플레이 자체를 체험할 수 없다. 더 좋은 등산 자켓이나 스마트폰을 체험할 뿐이다. 뉴트라스위트가 들어갔는지, 카제인나트륨이 정말 없는지 알기 어렵다. 콜라와 커피의 맛은 크게 다르지 않기 때문이다. 이렇게 형체가 없는 것을 존재하게 하고, 체험할 수 없는 것을 느끼게 해야 한다는 데에서 인브랜드 전략의 어려움이 생긴다. 우주만물이 음과 양의 기운에 따라 생성하고 소멸한다는 설을 현실로 받아들이게 하는 것만큼 어려운 일이다.

Part 2에서는 무형성과 체험 불가능성에서 비롯된 인브랜드만의 전략적 특수성을 살펴볼 것이다. 실제 기업이 하나의 기술, 부품을 브랜드화하고 커뮤니케이션하기까지 필요한 전략의 핵심을 전달하는 데 초점을 맞추었다. 산업별 또는 제품별로 구체화된 내용들이 아닌 개론 성격이기에 가능성을 현실화하는 데에는 여전히 부족한 점이 있다. 그러나 구체적인 방향 감각을 갖기에 충분할 것이다.

STRATEGY 1 인브랜딩의 방향

관계 속에서 생각하라, 발견하라, 화두를 던져라

경쟁자와 차별화되는 독특함, 경쟁 우위를 확보하는 위대함을 갖기 위한 브랜드 전략은 없을까? 하나의 대안으로서 인브랜드를 도입하고 관리하는 것에 대해 다양한 사례를 통해 살펴보았다. 주요 성분 및 기술을 개발해내고 브랜딩하는 것은 기업들의 차별화 전략이 고도화되고 있는 상황에서 많은 주목을 받고 있다.

인브랜드는 제품 및 서비스의 구성요소이면서 물리적인 편익이 명확해서 소비자들이 제품의 특성을 쉽게 이해할 수 있게 하고 정보처리를 용이하게 해준다. 그럼으로써 브랜드에 대한 지각품질을 향상시키고 호의적이고 긍정적인 브랜드 이미지를 형성할 수 있게 한다.

따라서 기존의 브랜드가 커버할 수 없는, 이러한 새로운 효과를 창출하는 인브랜딩은 복잡한 브랜드 체계를 구축하고 관리하느냐가 더욱 중요해지는 이 시점에서 하나의 전략적 툴이라 할 수 있다.

관계 속에서 생각하라

특히 인브랜드는 다양한 관계 속에서 탄생하기도 하지만 그 관계를 더욱 끈끈하고 강하게 만들기도 한다.

- 경쟁기업과의 관계에서 인브랜드는 물리적 차원에서 기술적 차별화를 넘어서 장기적인 경쟁우위를 확보할 수 있게 한다.
- 인브랜드는 그것을 제공하는 기업과 사용하는 기업 간에 파트너십을 구축하게 한다. 특히 제휴기업과의 공동 작업은 파트너십을 더 강력하게 만든다.
- 인브랜드는 기업과 소비자의 관계를 강화시킨다. 브랜드에 대한 소비자 의사결정에 대해 근거와 명확성, 정보처리의 효율성을 제공함으로써 긴밀한 커뮤니케이션이 이루어지게 한다.
- 기업 내 관계에서 인브랜드는 새로운 이미지를 구축하거나 비즈니스 모델을 창출하는 데 연결고리 역할을 한다.

인브랜드를 도입하고 관리하는 궁극적인 목표는 소비자, 제휴기업, 그리고 기존 브랜드와 '공동체 관계'를 구축하는 것이다. 인브랜드의 개발은 그러한 관계를 고려한 전략적 접근이 필요하다.

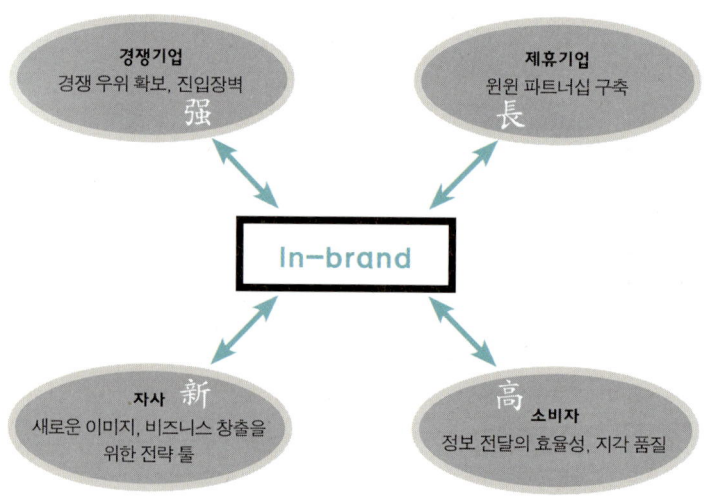

인브랜드 도입의 기대효과

브랜드펜타클: 5가지 관계의 관점

인브랜드를 개발하기 위한 전략적 접근으로서 어떤 관계들을 검토해야 할 것인가? 제품을 구성하는 핵심 성분이나 기술에 브랜드가 있으면 좋겠다는 막연한 생각에서 벗어나 5가지 관계의 관점, 즉 비즈니스, 경쟁사, 기존 브랜드, 그리고 기업 브랜드와의 관계의 관점에서 전체상을 파악하는 것이 중요하다. 이것이 바로 '브랜드펜타클Brand Pentacle'이다. 브랜드펜타클은 인브랜드 개발이 비즈니스에 도움이 될 수 있는지, 브랜드 운용의 최적화를 이룰 수 있는지, 고객에게 지각품질을 높이고 가치를 제고할 수 있는지, 경쟁 브랜드에 대해 차별성과 우위성을 확보할 수 있는지, 제휴기업과 파트너십을 구축하고 시너지를 낼 수 있는지 판단할 수 있게 해준다.

인브랜드를 개발하면서 비즈니스, 경쟁사, 기존 브랜드, 기업 브랜드와의 관계 측면에서 던져봐야 할 질문들은 다음과 같다.

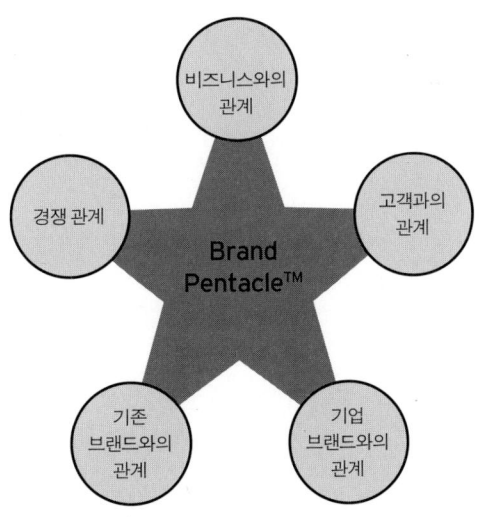

브랜드펜타클: 인브랜드 개발을 위한 분석 툴

비즈니스와의 관계

- 인브랜딩할 기술이나 성분이 관련 카테고리에서 시장을 선도할 만큼 획기적이고 매력적인가?

경쟁 관계

- 시장의 경쟁 상황은 어떠하며, 주요 경쟁자는 누구인가?
- 경쟁업체의 기술에 비해 어떤 특별한 가치와 이점이 있는가?

고객과의 관계

- 인브랜드가 소구하는 타깃, 즉 1차 타깃과 최종 타깃은 누구인가?
- 고객들은 어떤 구매 상황에서 인브랜드를 접하게 되는가?
- 구매결정에 영향력이 있는 사람은 고객 외에 누가 있으며, 어떤 기준이 중요한가?

기존 브랜드와의 관계

- 인브랜드는 자사의 어떤 기존 제품이나 브랜드에 적용될 계획인가?

기업 브랜드와의 관계

- 인브랜드는 기업 브랜드 자산 구축에 어떻게 기여하는가?

이러한 질문에 대한 답을 찾는 과정에서 인브랜드의 역할과 관계를 규정할 수 있다. 대체적으로 기존의 연구 결과 및 사례를 분석해보면 다음과 같이 정리해볼 수 있다. 첫째, 고가의 제품인 경우 소비자의 구매에 대한 리스크를 감소시켜줄 수 있는 인브랜드의 역할이 필요하다. 둘째, 첨단 제품, 고관여 제품의 경우에는 정보 효율성을 제고하기 위해 인브랜드를 도입하는 경우가 많다. 셋째, 성숙기 시장의 제품이나 서비스의 경우, 부가가치 및 편익을 창출하여 이미지를 제고하기 위한 인브랜드 마케팅이 활성화되어 있다.

5가지 관계에서 인브랜드를 바라보는 브랜드펜타클 분석을 통해 인브랜드의 역할과 관계를 규정하였다면 그 다음 수순은 인브랜드의 유형을 결정하는 것이다. 이는 대부분 수익을 어떤 방법으로 창출할 것인가 하는 비즈니스 모델에 기인한다.

유형에 따라 인브랜딩하라

인브랜드의 유형은 3가지가 있다. 첫째 특정 기술·성분을 인브랜드로 개발하여 자사 제품에만 적용하는 형태가 있다. 둘째 특정 기술·성분이 시장에서 경쟁력이 있다고 판단되면 그것을 제품 브랜드화하는 경우가 있다. 마지막으로 완제품을 생산하지는 않지만 경쟁력 있는 특정 기술·성분을 보유한 기업이 그것을 인브랜드로 만들어 다른 완제품 기업에게 라이선스하는 형태도 있다.

1. **자사 보유 브랜드에만 적용하는 인브랜드**
   특정 성분, 기술을 인브랜드로 개발하되 자사 제품에만 적용

2. **적극적으로 제품 브랜드화하는 인브랜드**
   경쟁력 있는 특정 성분, 기술을 제품 브랜드로 만듦

3. **제휴기업에 라이선스하는 인브랜드**
   특정 성분, 기술을 인브랜드로 만들어 다른 기업에 라이선스함

1. 자사 브랜드에만 적용하는 형태

자사가 보유한 특정 소재와 부품, 기술을 인브랜딩하여 모브랜드의 가치를 제고하고 지각품질과 커뮤니케이션 효율성을 높이는 전략이다. 실제 모브랜드를 보다 효율적으로 사용자에게 전달할 수 있을 뿐만 아니라, 어떻게 커뮤니케이션하느냐에 따라서는 실제의 품질보다 지각품질을 높일 수도 있다. 이는 인브랜드의 이미지나 지각품질이 모브랜드로 전이되기 때문이다.

또한 이러한 유형의 인브랜드는 정보축약 기능이 뛰어나기 때문에 광고효과를 발휘할 수 있다. 예를 들면 삼성전자의 독자적 음장기술 DNSe Digital Natural Sound Engine 는 디지털TV 브랜드 파브 PAVV 와 MP3 브랜드 엡 YEPP 에 적용되고 있는 기술 브랜드이다. 음장기술의 성능에 대해 구체적으로 설명할 필요 없이 DNSe가 보여지는 것만으로 제품의 음장기술이 뛰어나다는 것을 알릴 수 있다.

최근에 삼성전자는 노트북, 디지털TV, 스마트폰, 디지털카메라 등 삼성 제품들 간에 편리하게 호환되는 기술 브랜드 '올쉐어 allshare'를 개발하였다. 올쉐어는 홈네트워크를 구성해주는 DLNA Digital Living Network Alliance 라는 기술로, 파브, 갤럭시, 블루, 센스 같은 삼성 제품의 인브랜드로 소개되고 있다. 올쉐어는 삼성 제품들을 서로 연결해주면서 시너지를 내는 역할을 하고 있다.

현대자동차의 블루드라이브 BlueDrive 도 하이브리드 전기차, 고효율 내연기관, 플러그인 하이브리드, 바이오 연료, 전기차, 수소연료 전지차 등 현대자동차의 저탄소 녹색기술 전체를 포괄하는 기술 브랜드이다.

전자나 자동차 같은 첨단 기술 카테고리가 아닌 생활용품 카테고리에서도 유한킴벌리 그린핑거의 포레스트릴렉싱 성분 Forest Relaxing Recipe 과 같은 인브랜드를 찾아볼 수 있다.

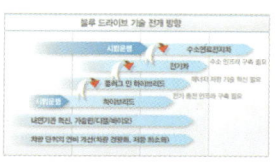

| 삼성전자 | 현대자동차 | 유한킴벌리 |

　이러한 유형의 인브랜딩에서 가장 중요한 것은 이 기술과 성분이 어떤 것인지에 대하여 매우 명확하게 보여주어야 한다는 점이다. 딱 들었을 때 이것이 어떤 기술이구나 직관적으로 이해할 수 있어야 하는 것이다. 따라서 네이밍은 쉬운 자연어의 결합 형태가 많은 편이며, 그것이 기술과 성분의 특장점을 부각시키는 속성 지향적이냐, 그 기술과 성분을 사용함으로써 얻어지는 편익을 부각시키느냐로 나눌 수 있다.

2. 적극적으로 제품 브랜드화하는 형태

　자사의 독자성 있고 경쟁력 있는 성분과 기술을 최종 제품 브랜드로 개발하는 유형이다. 수직 통합형의 수익모델을 실현하는 것이 사업의 목표가 될 수 있으며, 커뮤니케이션에 있어서도 성분·기술의 우위성과 최종 제품의 매력을 함께 소구하여 효율성을 추구한다.

　특히 기능적 니즈가 증가하고 있는 화장품 분야에서 소비자들의 성분에 대한 관심은 더욱 높아지고 있다. 혁신 기술로 개발된 새로운 효과와 효능을 직접적으로 소구하는 것은 약사법의 규제로 인해 어렵지만, 효과와 효능을 강하게 소구하는 인브랜드에 기업뿐만 아니라 소비자도 주목하는 것이 사실이다.

　그리고 최근 건강을 챙기는 소비자들이 늘면서 식음료 업체들은 몸에 좋은 성분을 첨가한 음료와 과자들 그 성분을 제품 브랜드로까지 승

격시켜 소구하는 경우가 많아지고 있다. 소망화장품에서 방판 중심으로 판매하고 있는 RGⅡ 알지투는 홍삼에서 추출한 사포닌 중 RG2라는 성분을 라인 브랜드화한 것으로, 깊은 주름에서 표정 주름까지 개선효과가 뛰어나고 피부노화를 지연시켜주는 이중 기능성 화장품이다. 소망화장품은 성분에 대한 특허화는 물론 이를 라인 브랜드화하여 브랜드마케팅을 전개하고 있다.

매일우유 ESL은 우유를 신선하게 유통하는 시스템을 제품 브랜드에 노출시킴으로써 매일우유가 아닌 '매일우유ESL'로 불리고 있다. 우유의 전 제조 과정에 대한 무균화를 강조함으로써 맛과 영양이 풍부하고 신선한 우유의 이미지를 전달하는 것이다. 롯데칠성음료의 '솔의눈'은 브랜드 자체에서 경쟁사에서 찾아볼 수 없는 독특하고 차별화된 솔잎추출 성분을 부각시키고 있다.

이런 유형의 인브랜딩은 표현 범위가 넓다. 크게 이성적 접근과 감성적 접근으로 나누어 생각해볼 수 있는데, 과학적이고 이성적인 브랜드로 포지셔닝하고자 한다면 직접적으로 성분을 부각시키거나 이니셜 형태와 같이 다소 딱딱하게 표현할 수 있을 것이다. 반면 완제품 브랜드로서 타깃 지향적이고 감성적인 포지셔닝을 할 수도 있다. 남양유업의

소망화장품 RGⅡ
홍삼 추출물 Rg2 성분을
브랜드화함

매일유업 ESL
신선한 원유 상태를 유지하는
ESL 시스템을 브랜드화함

롯데칠성 '솔의눈', '꿀홍삼'
음료의 주요 성분을
브랜드화함

17茶는 처음에는 17가지 성분에서 우려낸 차의 의미로 네이밍 되었으나 제품 효익을 구분하여 '몸이 가벼워지는 시간 17茶'와 '맑은 피부로 돌아갈 시간 17茶'로 브랜드를 리뉴얼함으로써 성분과 편익을 부각시키면서도 감성적으로 소구하고 있다.

이러한 인브랜딩 유형에서 주목할 만한 또 다른 표현은 LG전자 엑스캔버스의 타임머신과 파브의 보르도 같이 상징성, 화제성을 추구하는 것이다. 자동녹화 기능으로 생방송인 프로그램도 다시 볼 수 있는 획기적인 기술을 '타임머신'이라는 화제성 있는 펫네임을 통해 히트시켰고, 와인잔 모양을 감각적으로 형상화한 디자인의 '보르도' TV도 와인 문화가 유행하는 가운데 유명 와인 생산지 이름을 딴 네이밍으로 상징성을 강조하였다.

완제품화된다는 것 자체가 요소를 최종 소비자에게 적극 소구하겠다는 것이므로 커뮤니케이션의 활용도가 높아 브랜드의 표현도 다양해질 수 있다. 속성을 직간접적으로 부각시키는 네임에서 편익을 감성적으로 표현하고, 더 나아가 소비자들에게 회자될 수 있도록 다양하고 개성 있게 브랜드를 개발할 수 있다.

3. 제휴기업에 라이선스하는 형태

기술이나 성분을 타사에 제공하거나 공동 개발하는 경우이다. 소재나 기술, 부품을 제공하는 기업과 제휴기업, 고객기업 간에 상호 이득이 될 수 있도록 협력체제를 확립하는 것이 중요하다. 제품 개발뿐만 아니라 커뮤니케이션도 상호 이익이 발생하도록 전개하는 것이 시장 활성화에 중요하다. 가장 대표적이고 성공적인 예는 인텔, 고어, 듀폰이다.

고어는 섬유 분야를 포함해 전자, 의료 분야에서 많은 혁신적인 제품들과 첨단 기술력을 보유하고 있다. 대표 브랜드로는 방수, 투습, 방풍

고어는 제휴기업의 제품에 자사 인브랜드를 표시하도록 하고 있다

    소재인 '고어텍스Gore-tex'와 방풍, 투습에 보온성이 강화된 '윈드스타퍼 Windstopper', 체온을 스스로 조절할 수 있는 첨단보온 소재인 '에어밴티지 Airvantage' 등이 있다. 고어는 정식으로 브랜드 라이선스 계약을 맺은 제휴업체의 최종 제품에 자사 성분 브랜드를 표시하도록 하는 공동 브랜드 전략을 취하고 있다. 제휴 브랜드는 아웃도어 분야의 콜롬비아, 에델바이스, 스포츠용품 분야의 휠라, 리복, 의류 분야의 마에스트로, 엘르, 빈폴, 제화 분야의 소다, 금강에 이르기까지 매우 다양하다.

    마지막으로 이런 유형의 인브랜드는 대부분 B2B 기업, OEM 기업 등에서 많이 찾아볼 수 있다. 그러한 기업들의 특징은 하나의 카테고리에서 대표 기술 내지는 전문성을 보유하고 있다는 점이다. 자사의 핵심 기술이나 성분 요소를 인브랜딩할 때는 많은 기업들과 제휴관계를 맺는 것도 중요하지만 그것이 기업 브랜드 자산으로 연결되도록 해야 한다. 그래야 두 마리의 토끼를 잡을 수 있다. 퀄컴 Qualcomm, 돌비 Dolby, 인텔 Intel 의 경우 대표 기술을 기업 브랜드로 활용하고 있고, 고어텍스Gore-tex는 기업 브랜드와 연계하여 브랜딩을 하고 있다.

● ● ● ● ● ● ●
새로운 이슈 창출을 위해 커뮤니케이션하라

　인브랜드는 말 그대로 전체를 구성하는 하나의 요소를 브랜드화한 것이다. 따라서 커뮤니케이션 전략의 핵심은 그 요소를 고객이 인지하고 이해하고, 구매할 수 있도록 이슈화시키는 것이다.

　특히 후발 주자의 경우에는 소비자들이 습관적이고 관성적으로 구매하는 패턴을 바꾸어 어떻게든 인브랜드를 고려하는 특정한 구매 상황으로 유도해야 한다. 그래서 관여도가 낮거나 없었던 인브랜드에 대한 관여도를 높이는 커뮤니케이션을 전개하되 광고만 이슈화되는 것이 아니라 브랜드가 기억되고 사랑받을 수 있게 해야 한다.

　한편 오랫동안 일관된 브랜드 아이덴티티를 구축해온 리더 브랜드라 하더라도 고객의 니즈에 끊임없이 대응해야 고객과의 관계를 지속시킬 수 있다. 그러나 고객의 인식상에 확고하게 굳어진 브랜드 이미지는 좀처럼 바꾸기가 힘들다. 새로운 이미지를 만들어내기 위해서는 새로운 트렌드에 맞는 인브랜드를 도입하고 이슈화시키되 모브랜드와 연관성을 최대한 높일 수 있도록 해야 한다.

제품의 기준을 바꾸는 이슈 만들기

　최근 LG전자는 4세대 리니어 컴프레서를 적용한 디오스 냉장고를 출시하고 대대적으로 커뮤니케이션하고 있다. 광고의 핵심 메시지는 리뉴얼된 '4세대 리니어 컴프레서'로 양문형 냉장고의 패러다임을 바꾸어보겠다는 것이다. 리니어 기술은 모터가 피스톤과 직결된 상태에서 직선운동을 함으로써 에너지 변환 손실을 최소화하는 기술이다. LG전자는 리니어 기술을 냉장고의 상식, 전력의 상식을 바꾸는 기술로 커뮤니케이션함으로써 냉장고를 선택하는 새로운 기준으로 제시하고 있다.

4세대 리니어 컴프레서를 탑재한
디오스 냉장고

DORT 기술이 적용된
앳홈 주스

카카오 함량을 강조하는
드림카카오

　　롯데제과 '드림카카오 OO%'는 기존 초콜릿 대비 2, 3배 높은 카카오 함량을 브랜딩한 것이다. 초콜릿 하면 그동안 맛과 풍미를 감성적으로 소구하였는데 그러한 기준을 깨고 '카카오 함유량=항산화 폴리페놀 성분'을 강조하고 있다. 드림카카오는 심장병 예방과 스태미너 강화, 긴장·스트레스 완화에 효과가 좋은 웰빙 건강 초콜릿 제품군을 새롭게 열면서 이슈를 만들어냈다.

　　남양유업의 앳홈 주스는 원료가공에서부터 포장에 이르기까지 전 공정에서 산소를 차단함으로써 가장 천연적인 상태의 과일 맛을 유지하도록 하는 남양유업의 기술 브랜드 'DORT Dissolved Oxygen Removing Technology'를 적극적으로 내세우면서, '산소가 닿지 않아 젊은 주스'로 스스로를 포지셔닝하고 있다.

새로운 아이덴티티를 개척하는 이슈 만들기

　　볼보는 안전을 핵심 가치로 내세우고 모든 면에서 그것을 철저하게 지켜왔다. 광고에서도 한결같이 '안전'에만 초점을 맞춰왔다. 근거를 통해 납득하고 싶어하는 소비자들을 위해 볼보는 자신이 안전을 자신 있게 애기할 수 있는 근거들을 꾸준히 제시해 왔다. 그 결과 볼보는 안전의 대명사라는 브랜드 아이덴티티를 명확하게 구축하게 되었다.

하지만 시장은 점점 더 친환경 기술과 제품을 요구하고 있었고, 소비자들이 '볼보=안전'이라고 생각하는 상황에서 볼보가 친환경 이미지를 갖기는 쉽지 않았다. 결국 볼보가 선택한 전략은 친환경 인브랜드인 드라이뷔 DRIVe 를 도입하여 친환경 이미지를 구축하는 것이었다.

드라이뷔는 유해가스와 이산화탄소를 전혀 배출하지 않는 차종을 개발하고자 하는 볼보의 비전을 담고 있다. 볼보는 그 비전에 따라 2009년 이산화탄소 배출량이 매우 낮은 7개의 고효율 디젤 차종을 선보였고, 전기화 전략을 통해 플러그인 하이브리드 차종을 공개하였다.

볼보는 친환경 자동차 시장에 진출하여 단기간에 큰 성과를 거두고 있다. 볼보 C30 드라이뷔는 소비자 대상 온라인 여론조사와 자동차 전문 저널리스트들의 심사를 거쳐 2009년 영국 '올해의 그린카'로 선정되었고, 2008년 파리 모터쇼에서 처음 공개된 '드라이뷔 레인지'는 환경을 고려한 세부 요소 개선으로 유럽 NEDC National Economic Development Council 표준규정 인증을 받았다.

볼보의 이러한 성과는 친환경 기술에 대한 비전과 투자 덕분이기도 하지만 드라이뷔라는 인브랜드 전략으로 볼보에 대한 기존 소비자 인식을 깨고 친환경 이미지를 새롭게 구축한 결과이기도 하다. 안전의 대명사 볼보는 인브랜딩을 통해 시대적 흐름에 맞는 친환경 브랜드로 거듭나고 있다.

STRATEGY 2 인브랜드 아이덴티티 전략

차별화로
승부하라

요즘은 사회 전반적으로 브랜드에 대한 관심이 높아지면서 중간재 기업들도 브랜드를 경쟁력의 핵심 요소로 인식하기 시작하였다. 하지만 주변 분위기에 휩쓸려 브랜드 경영을 도입하다 보니 초기의 의욕적인 투자에 비해 큰 효과를 거두지 못하고 다시 원점으로 돌아가버리는 일이 많아지고 있다.

이런 실패 사례들을 들여다보면 기본이 되는 아이덴티티의 수립은 소홀히 한 채 브랜드 확장에만 매달려 사상누각이 되어버린 경우가 대부분이다. 브랜드의 뿌리가 되는 아이덴티티의 기반이 허약하다 보니 브랜드 확장 과정에서 개별 브랜드 간 충돌과 혼란이 발생해 브랜드 가치가 하락하는 것이다. 이런 실패를 방지하고 성공적인 인브랜드로 자리잡으려면 아이덴티티의 수립 과정에서 어떤 점에 유의해야 할까?

● ● ● ● ● ● ●
인브랜드 아이덴티티 구축의 3가지 원칙

1. 브랜드 아이덴티티에 차별성의 영혼을 심어줘라

아커 Asker 에 의하면 브랜드 이미지는 현재 브랜드가 소비자에게 어떻게 인식되고 있는가를 나타내고, 브랜드 아이덴티티는 기업이나 브랜드가 앞으로 어떻게 인식되어지기를 희망하는가를 나타내는 것이다. 즉, 브랜드 이미지가 소비자의 입장에서 브랜드를 바라보는 것이라면, 브랜드 아이덴티티는 기업의 관점에서 브랜드를 바라보는 것이다. 따라서 브랜드 아이덴티티는 보다 적극적이고 미래지향적인 관점을 갖게 된다.

아이덴티티는 브랜드의 시발점이자 뿌리이며, 브랜드에게 있어 사람의 영혼과도 같은 것이다. 이는 모든 브랜드 관리가 아이덴티티의 수립에서 시작되어야 하는 이유다. 아이덴티티가 이렇게 중요함에도 불구하고 적지 않은 기업들이 브랜드 아이덴티티를 단순히 기업 홍보 차원에서 접근하고 있다. 기업의 관점에서 전략적으로 접근해야 할 아이덴티티를 단지 고객이나 소비자를 유혹하는 보기 좋은 말들의 나열쯤으로 착각하는 것이다.

아이덴티티는 기업 내적으로는 브랜드의 가치, 이념, 비전 등을 명확히 하여 내부 구성원들이 공유할 수 있게 하고, 외적으로는 경쟁 브랜드들과 차별화되는 브랜드의 가치를 소비자에게 전달한다. 이런 요건들이 갖추어지지 않으면 브랜드는 차별성을 잃고 가격 경쟁에만 매달리다 결국 좌초해버리게 된다.

아무리 겉보기에 매력적으로 보이는 사람도 내면이 아름답지 않으면 오래지 않아 그 실체가 드러나고 결국은 외면받게 된다. 인브랜드도 어떤 철학을 담아낼 것인지에 대한 충분한 고민 없이 아이덴티티를 수립하게 되면, 오래지 않아 한계에 부딪히게 될 것이다. 특히 신뢰가 중요한 인브랜드는 이 점에 더욱 유의하여 경쟁자들과 확연히 다른, 이 세상에 단 하나밖에 없는 영혼을 브랜드에 담는다는 생각으로 아이덴티티를 수립해야 한다.

2. 치밀한 브랜드 로드맵을 그려라

　기술의 발전이 가속화되고 소비자의 요구도 다양해지면서 시장에 쏟아져 나오는 상품의 수도 기하급수적으로 늘어나고 있다. 그리고 급변하는 시장 상황에 적응하려다 보니 기업들도 비슷한 사업군 안에 다수의 상품을 보유하게 되는 경우가 많아졌다. 실제로 소비재 분야의 P&G나 유니레버 같은 기업들은 한때 수백 가지가 넘는 브랜드를 보유하기도 했었다. 하지만 그리 많은 시간이 흐르지 않아 무차별적인 확장으로 복잡해진 브랜드 체계로 인해 효율적인 브랜드 관리가 어려워지고, 결국 브랜드 구조조정을 통해 바로잡아야 하는 상황에 이르고 말았다.

　비교적 많은 브랜드를 운영하는 소비재 기업들이 겪어야 했던 시행착오지만, 이런 실수를 중간재 기업이 되풀이할 경우 더욱 심각한 위험에 빠질 수 있다. 홍보 마케팅을 위해 많은 자원을 할애하고 있는 대형 소비재 기업들과 달리, 혁신을 위한 끊임없는 연구와 투자가 필수적인 중간재 기업에게 있어 가용 자원의 낭비는 치명적일 수 있기 때문이다. 더구나 대부분 하나 또는 몇 가지 핵심 기술을 바탕으로 브랜드화를 추진하는 중간재 기업에서 신제품이 나온다거나 상황이 바뀔 때마다 새로운 브랜드를 내놓으면 브랜드 커뮤니케이션의 효율성이 떨어지고 소비자 혼란마저 발생할 우려가 있다.

　따라서 인브랜드의 가치를 키우기 위해서는 아이덴티티 수립에서부터 치밀한 브랜드 로드맵을 그릴 필요가 있다. 현재의 기업, 시장, 고객 상황에 대한 객관적인 진단을 통해 브랜드 육성 목표 및 실행을 위한 구체적인 계획을 세워야 한다. 그리고 전체적인 목표에 부합하는 브랜드 아키텍처 전략을 통해 합리적이고 체계적인 브랜드 확장 및 브랜드 포트폴리오 관리가 이루어질 수 있도록 해야 한다.

3. 시대에 맞게 진화하라

브랜드도 생명체처럼 태어나서, 성장하고, 쇠퇴한다. 브랜드는 성장 과정에서 끊임없는 경쟁과 도전에 직면하게 된다. 아무리 심혈을 기울여 만든 브랜드일지라도 시간이 흐르다 보면 재활성화를 통해 다시 생기를 불어넣거나, 시대의 흐름에 맞지 않게 된 브랜드 이미지를 재구축해야 할 시기가 찾아오기 마련이다. 그리고 수많은 시련을 이겨내고 오랜 동안 사랑을 받아온 롱런 브랜드들을 살펴보면 꾸준한 자기 혁신에 성공해 왔음을 알 수 있다. 브랜드는 꾸준히 움직여야 하는 숙명을 타고난 생명체 같은 존재이다. 그래서 '브랜드'라는 명사보다 '브랜딩'이라는 동사가 오히려 적절한 표현으로 보여질 때가 많다.

우리가 살고 있는 세상과 사회는 계속해서 변화하고 있고, 그 안에서 살아가는 사람들의 사고방식이나 패러다임도 시대에 따라 바뀌기 마련이다. 따라서 아무리 성공한 브랜드일지라도 꾸준한 노력과 변화 없이 현재의 위치를 계속해서 유지하는 것은 불가능에 가깝다. 간단한 사례로, 오랜 동안 온 국민은 물론 세계인의 사랑을 받아온 장수 브랜드 오리

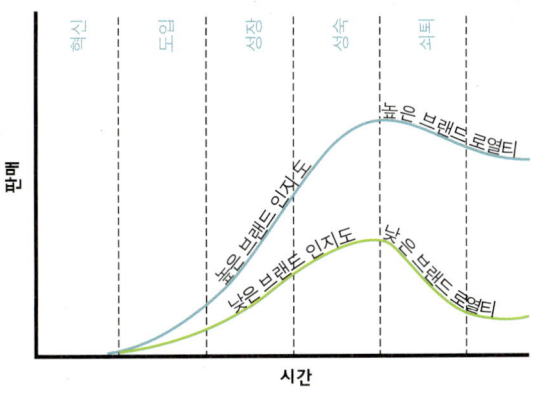

브랜드와 제품의 라이프 사이클

온 초코파이가 있다. 경쟁사들이 비슷한 제품을 여럿 출시하면서 한 때 역사 속으로 사라져야 할 위기에 처한 적도 있었다. 하지만 오리온 초코파이는 한국인의 감성을 자극하는 '정'을 브랜딩에 활용하여 '정의 매개체'라는 이미지를 만들어냈고 오늘날까지 살아남을 수 있었다.

이것은 초코파이와 같은 일반적인 소비재에만 해당되는 이야기는 아니다. 기술의 발전 속도는 끊임없이 빨라지고 있기 때문에, 아무리 획기적인 제품이라도 금세 진부해져버리기 마련이다. 시대에 뒤떨어지고 정체된 브랜드라는 인상이 굳어지면 소비자의 뇌리로부터 멀어지고 시장에서도 퇴출될 수밖에 없다. 따라서 시대는 물론 소비자와 함께 변화하는 브랜드가 되어야만 한다.

그리고 브랜드의 성장 과정에서 잊지 말아야 할 것은 '브랜드의 본질'이다. 브랜드도 생명체처럼 성장하고 진화하는 것은 분명하지만, 브랜드의 본질마저 흔들리면 시장이나 소비자는 그것을 변심이나 배신으로 받아들일 수 있다. 따라서 브랜드의 본질을 지키면서 시대 상황에 가장 잘 어울리는 모습으로 진화해 나가야 한다.

지금까지 인브랜드의 아이덴티티 구축을 위해 고려해야 할 세 가지 원칙에 대해 얘기해보았다. 사실 이 원칙들은 소비재냐 중간재냐에 관계없이 모든 브랜드에 공통적으로 적용되는 내용이다. 하지만 굳이 이 세 가지를 따로 이야기한 것은 인브랜드의 아이덴티티 수립에 있어 중요한 의미를 지니는 내용들이기 때문이다. 그럼 이제 이 원칙들이 실제 인브랜드의 아이덴티티 수립 과정에서 어떤 식으로 적용되어왔는지 실제 사례들을 통해 살펴보도록 하겠다.

인브랜드 아이덴티티 구축의 시작

요즘에는 일상에서도 어렵지 않게 테프론, 고어텍스, 아몰레드 같은 다양한 인브랜드들과 마주치지만, 1990년대 이전만 하더라도 감미료, 자동차 부품, 반도체 등 특정 성분이나 부품의 브랜드를 들어보거나 본 적이 없을 것이다. 당시만 해도 일반 소비자가 자신이 구매한 제품에 어떤 부품이나 기술이 들어가 있는지 알 수 있는 기회는 거의 없었다. 심지어는 회사들조차도 자신들이 개발한 부품이나 기술에 브랜드라는 옷을 입히고 돈을 들여 알려야겠다는 생각을 하지 않았다. 대부분 성분이나 부품의 성격이 강한 제품은 특정 분야의 한정된 기업을 고객으로 삼기 때문에 굳이 브랜드를 만들고 광고를 내보내는 등의 투자를 할 필요가 없었기 때문이다.

하지만 어느 순간 고정관념의 틀을 깨고 기술이나 부품에 브랜드 아이덴티티라는 영혼을 심어줘야겠다고 생각한 선각자들이 나타나기 시작하였다. 다들 과자나 음료수, 컴퓨터, 자동차 같은 최종 소비재를 만드

다이어트 코크에 삽입된 뉴트라스위트 로고

인텔 인사이드를 알리는 1991년 광고

는 데 들어가는 '성분'과 '부품'을 굳이 소비자에게까지 알릴 필요는 없다고 생각하고 있을 때, 그런 통념을 깨고 뉴트라스위트Nutrasweet나 인텔 같은 기업들이 성분이나 부품의 성격이 강한 자신들의 제품에 브랜드 아이덴티티 전략을 펼치기 시작하였고, 마침내 오늘날까지 회자되는 놀라운 성공의 역사를 만들어낼 수 있었다.

인텔 인사이드의 기념비적인 성공 이후, 브랜드 관리는 극심한 경쟁 환경에서 기업의 명운을 가르는 핵심적인 전략으로 자리잡았다. 소비재나 중간재 같은 분야의 구분 없이 많은 기업들이 브랜드 가치를 높이기 위해 막대한 비용을 아낌없이 투자하게 된 것이다. 인브랜드가 등장한 것도 치열한 경쟁 상황에서 효과적으로 인지도와 이미지를 상승시키기 위한 고심의 결과였다. 중간재 기업들의 고군분투 속에 세상에 나오게 된 인브랜드들은 어떤 과정을 거쳐 브랜드 아이덴티티를 구축했을까?

인텔의 브랜드 아이덴티 구축

인텔은 최초이자 가장 성공적인 인브랜딩 사례로 손꼽히고 있다. 오늘날에야 컴퓨터를 많이 다루지 않는 사람도 알고 있는 인텔 인사이드Intel Inside지만, 당시 인텔은 마치 '콜럼버스의 달걀'과도 같은 놀라운 발상의 전환을 통해 전설과도 같은 성공 신화를 써 내려갈 수 있었.

1998년 스위스 다보스에서 열린 세계경제포럼에서 하버드 대학 모스 캔터 교수는 "인텔은 컴퓨터 칩을 감자 칩처럼 파는 회사이다. 대중과는 거리가 먼 반도체에 인텔 인사이드라는 이름을 붙인 것을 제조업의 패러다임을 변화시킨 사례다"라고 극찬하였다.*

인텔 인사이드의 등장

사실 그때까지의 컴퓨터 시장은 남보다 한 발 앞선 신기술 개발이 시장에서의 성패를 가늠하는 가장 강력한 기준으로 작용하고 있었다. 하지만 막강한 기술력을 바탕으로 잘나갔던 인텔이지만, X86 상표권 확보의 실패라는 악재를 만나면서 위태로운 상황에 놓이고 말았다. 그렇지만 인텔은 위기를 맞아 좌절하는 대신 정확한 상황 판단을 통해 브랜드에 투자하는 결단력을 보여주었다. 당시 미국이 극심한 경제불황에 빠진 상황이었고 내부에서조차 많은 논란이 있었음에도 불구하고 인텔은 과감하고 혁신적인 결정을 통해 인텔 인사이드 프로그램을 시작했다.

인텔의 광고 전략은 386이나 486을 브랜드화하여서 인지도를 높이는 것이었는데 AMD와 여러 회사들이 유사 상표로 CPU를 출시하면서 인텔이 차지했던 시장을 공략하였다. 일반 대중의 입장에서는 386이나 486만 들어가면 같은 제품으로 오인했기 때문이다. 그래서 인텔은 386과 486 등의 명칭을 다른 회사들이 사용하지 못하도록 소송을 하였다. 하지만 법원에서는 386과 486은 고유의 숫자이기 때문에 상표권을 인정할 수 없다는 판결을 내렸다. 이에 당시 인텔의 CEO였던 앤디 그로브는 93년 새로 출시하는 586급 CPU를 그 동안의 관례와 다르게 펜티엄이라는 고유 상표로 등록해서 판매를 시작한다.**

---

* 신현암, 브랜드 자산의 가치와 구축 방안 (삼성경제연구소 1999)
** 김정남, 역발상 아이디어의 진수, 인텔 인사이드 마케팅 (ebuzz 2009. 3. 3)

| 1982 | 1985 | 1989 | 1991 | 1995 | 1997 | 1999 |

상표로서 보호를 받지 못함 | 상표등록을 통해 독점배타적 사용권 확보

인텔 로고의 변화 과정*

'인텔 인사이드' 브랜드의 구축

　인텔 인사이드의 도입 이전까지만 해도 인텔은 소비자에게 그리 친숙한 기업이나 브랜드가 아니었다. 당시 컴퓨터 부품은 최첨단 산업으로 주목받고 있었지만, 어디까지나 해당 분야 사람들에 한정된 이야기일 뿐이었다. 일반 소비자에게까지 회사의 존재를 알리는 것은 필요해 보이지 않았고, 시도하기도 어려운 상황이었다. 하지만 상표권 확보의 실패라는 의도하지 않았던 상황과 맞닥뜨리면서 인텔은 새로운 방향으로 전략을 전환하였다. 고객들에게 고도의 기술력이 집약된 마이크로 프로세스 칩을 자신들이 만들었다는 사실을 알리기로 한 것이다. 즉, '인텔 인사이드'라는 인브랜딩 프로그램을 통해 '당신의 컴퓨터에 들어있는 가장 신뢰할 수 있는 최첨단의 기술 = 인텔 인사이드'라는 메시지를 적극적으로 전달하기 시작하였다.

　인텔 인사이드 프로그램은 컴퓨터의 외장에 인텔 인사이드 로고를 부착하는 것으로 시작되었다. 소비자들이 컴퓨터에 붙어있는 로고 스티커만 보고도 인텔의 칩이 내장된 것을 알 수 있도록 하였다. 그리고 이를

---

* 상동

2000   2001   2002   2003   2006

위해 컴퓨터 제조회사들에게 파격적인 리베이트와 광고비 지원을 약속하게 된다.

인텔은 인텔 인사이드 프로그램을 통해 컴퓨터 제조회사들과의 파트너십을 공고히 했음은 물론 고객들의 인식 속에 인텔 칩의 존재를 심어주었다. 비록 막대한 마케팅 비용이 들었지만, 시장에서의 경쟁 우위를 확고히 하고 차별화된 브랜드 가치를 구축하는 성과를 일궈냈다.

그러나 초기부터 성공적이었던 것은 아니었다. 1994년 PC 제조업체 중 IBM이나 컴팩의 경우는 인텔의 브랜드 파워가 너무 강해지는 것을 두려워하여 잠시 캠페인에서 탈퇴할 것을 선언하였으나 고객들이 Intel Inside를 계속해서 요구하게 된 상황이었기 때문에 다시 캠페인에 복귀하는 해프닝을 벌이기도 하였다.[*]

인텔 인사이드 로고는 새로운 제품의 출시 및 브랜드의 확장에 발맞추어 계속해서 변화하는 모습을 보여주었다. 하지만 그때그때 단순히 보기 좋은 디자인을 만든 것이 아니라, 일관성 있는 브랜드 구축을 위한

---

[*] 이경수, 산업재 시장에서 브랜드 구축에 대한 전략적 접근(인하대학교 2007)

세심한 계획에 따라 변해 왔다. 경쟁사와의 차별화를 위해 '펜티엄' 브랜드를 런칭한 이후 보급형 제품을 의미하는 '셀러론', 모바일 기술을 강조하는 '센트리노'와 같은 브랜드를 선보이며 지속적으로 브랜드를 강화해 나갔다.

펜티엄 4의 로고는 브랜드 자산과 신뢰, 고품질을 표현하기 위하여 고안되었으며, 센트리노의 로고는 두 개의 날개 모양으로 기술과 라이프 스타일, 자유의 결합을 의미하는 메시지를 나타냈다. 센트리노 모양에 사용된 분홍색은 인텔 로고에 사용된 파란색과 조화를 이루면서도 기술과 열정, 이성과 감성 간의 관계를 설명함으로써 시각적으로 활력과 흥미를 유발하도록 하였다.

또한 누구나 한두 번쯤 들어보았을, 세상에서 가장 유명한 징글 중 하나인 5화음 로고송도 인텔의 아이덴티티를 확고히 하는 데 결정적인 역할을 하였다. 몇 차례 듣다 보면 뇌리에 남을 수밖에 없는 친근감 있는 징글은 소비자의 브랜드 인지도를 한층 더 끌어올렸다. 이와 같이 인텔은 소비자가 브랜드를 느낄 수 있도록 시각, 청각 등 가능한 모든 채널을 통해 전방위적으로 자신만의 아이덴티티를 강화해 왔다.

인텔: 끊임없이 진화하는 브랜드

인텔은 2006년 마스터 브랜드의 새로운 변화와 함께 다시 한번 변혁의 시기를 맞게 된다. 'Leap ahead', 즉 '지금 만나는 미래'라는 새로운 브랜드 및 슬로건을 발표한 것이다.

당시 인텔의 수석 부사장 및 세일즈 마케팅 그룹 총괄 담당자인 에릭 김은 "'인텔, 지금 만나는 미래'는 우리가 누구이며 무엇을 하는지를 명확하게 보여주는 간단한 표현"이라고 설명하였다. 즉, 단순히 로고 디자인과 슬로건을 바꾼 차원이 아니라 인텔이 추구하는 가치와 지향점, 브

마스터 브랜드

플랫폼 브랜드

프로세서 브랜드

2006년 이후 인텔의 브랜드 구조

랜드 철학이 새로운 관점으로 이동하였음을 세상에 공개적으로 선언한 것이다.

인텔은 전형적인 B2B 기업에서 소비자까지 생각하는 발상의 전환과 과감한 결단을 통해 아이덴티티의 차별성을 확보하고, 소비자들의 인지도를 끌어올림으로써 세계 최고의 브랜드로 도약할 수 있었다. 이제 다시 한번 반도체를 넘어 다양한 미래 가치를 창출하는 기업이라는 새로운 브랜드 아이덴티티를 향해 진화를 시작하고 있다.

Z:IN의 브랜드 아이덴티티 구축

Z:IN은 국내 인테리어 산업재 분야에서 브랜드 아이덴티티 수립의 필요성을 발견하고 새로운 길을 개척한 사례다. LG하우시스의 프리미엄 친환경 통합 브랜드 Z:IN이 등장하기 전까지만 하더라도 인테리어 산업재를 브랜드화한 경우는 찾아보기 힘들었다. 특히 가전, 식품 등의 분야에서는 통합 브랜드가 도입된 사례가 있었지만, 건축용 장식재에 통합 브랜드를 도입한 것은 당시의 LG화학이 최초였다.

잠잠하던 건축자재 시장에 변화의 바람이 찾아온 것은 2000년대 들어서 국내 주택산업 시장이 급격히 성장하면서부터이다. 시장 환경의 변화와 함께 건설사들의 아파트 브랜드 경쟁이 본격화하면서 시공자인 건설사의 선택에 좌지우지되었던 건축자재 및 인테리어 시장이 소비자에게도 관심을 돌리기 시작하였다.

통합 브랜드 Z:IN의 탄생

2005년까지만 해도 LG화학의 산업재 사업부현 LG하우시스는 창호, 바닥재, 벽지 관련 총 118개에 이르는 개별 브랜드를 운영하고 있었다. 그때그때 상황에 따라 만들어진 개별 브랜드들이 난립하였고 소비자들이 실제 기억할 수 있는 브랜드는 '하이샤시', '깔끄미' 등 몇 개에 불과하였다. 그러다 보니 소비자는 물론 건축 현장 및 인테리어 전문점에서도 브랜드명보다는 기업명 위주로 커뮤니케이션이 이루어졌다.

또한 시장 환경의 급격한 변화와 기술 평준화는 시장의 선두주자였던 LG화학에 위기의식을 불러일으켰다. 인테리어 자재에 대한 소비자의 의식 수준은 높아가고 친환경, 프리미엄 제품에 대한 수요는 증가하

표현 의미	Z:IN – Zenith interior LOHAS (Lifestyles of Health and Sustainability)
미션	국내 No.1 House Total Solution Brand
비전	프리미엄, 친환경 인테리어 자재를 공급함으로써 풍요로운 생활공간을 창조한다.

핵심 아이덴티티:

전문성 : 고객의 요구에 앞선 기능, 디자인, 서비스 개발
친환경 : 재활 가능한, 최소한의 자연파괴 소재와 가공기술
프리미엄 : 풍요로운 생활에 대한 자부심
신뢰성 : 생활공간의 기준을 만들어 가는 동반자

확장된 아이덴티티	슬로건	공간에 대한 긴 생각	로고	z:in
	브랜드 범주		브랜드 개성	
	제품 : 창, 바닥재, 도어, 벽지, 표면재, 인조 대리석, 외장재, 설비재 가격 : 고급		혁신적이고 신뢰할 수 있는 세련되고 여성적인, 프리미엄, 사랑	
	기능적 가치 제안		정서적 가치 제안	
	편안하고 아름다운 생활공간		가족과 친구들에게도 자랑하고 싶은 내가 선택한 생활공간	
브랜드 포지셔닝	앞서가는 주부가 신뢰하고 사랑하는 인테리어 자재전문 브랜드			

Z:IN의 브랜드 아이덴티티 플랫폼*

는 반면, 제품의 기술장벽은 낮아져 경쟁업체와의 차별화가 점점 더 힘들어지고 있었다.* LG화학은 이런 상황을 타개하기 위해 통합 브랜드를 도입하기로 하고, 2006년 친환경 프리미엄 인테리어 브랜드 Z:IN을 세상에 내놓았다. 소비자의 인식 속에 확실히 각인시킬 단 하나의 프리미엄 브랜드를 만들기로 한 것이다.

* 이재진, 김성건, 김중화, "환경과 감성시대의 산업재 브랜드 구축 사례: 소비자와 직접 커뮤니케이션한다, LG화학 통합 브랜드 Z:IN", 상품학연구 제28권 4호(2010. 7)

2005년 이전	2006년	2007년	2008년
LG + 개별 브랜드	Z:IN + 개별 브랜드	Z:IN 카테고리 명	Z:IN의 구체화
LG	Z:IN	Z:IN	Z:IN
하이사시, 하우트, 타워스, 베스트빌, 엘가, 깔끄미, 우드룸, 휴림, 모노룸, 데코타일, 지오맥스, 모젤, 그라시아, 휘앙새, 베니프, 엘레이나, 뉴트렉스, 하이진 …	하우트, 타워스, 사이데온, 엘가, 바시움, 베스트빌, 베니프, 엘스트롱, 뉴트렉스, 데코타일, 글라센, 모젤 …	창호 바닥재 벽지 문 욕실 주방 붙박이장	바닥재 벽지 문 욕실 주방 붙박이장
			카테고리 저가군
			B2B 카테고리
• 118개 개별 브랜드 혼재 • 브랜드 전략 일관성 부재 • 필요에 따라 개별 브랜드 커뮤니케이션	• 7개 개별 브랜드로 정리 • 하위브랜드 수식어로 변경 • 모브랜드 및 후원브랜드로 Z:IN + 개별 브랜드 커뮤니케이션	• 개별 브랜드 사라지고 카테고리 명칭 사용 • Z:IN으로 커뮤니케이션 집중하며 최종 고객접점 대상 커뮤니케이션	• 저가 제품군 제외 • B2B 카테고리 분리 • Z:IN과 개별 카테고리 연계성 강화

Z:IN 브랜드 아키텍처 전략*

Z:IN의 브랜드 아이덴티티 수립

Z:IN은 'Zenith Interior for LOHAS'의 축약으로, 지인地人 자연과 사람 혹은 지인知人 사람을 알아감의 의미를 담고 있다. 즉, '가족의 건강과 환경을 생각하는 고객에게 자연과 사람을 생각하는 인테리어로 최상의 공간을 제공하겠다'는 브랜드 철학을 담고 있다. 또한 브랜드 슬로건인 '공간에 대한 긴: 생각'에서 알 수 있듯이, 고객보다 한 걸음 앞서 공간에 대해 더 길:게, 더 깊:게, 더 오:래 생각하겠다는 기업의 의지를 반영하고 있다.

Z:IN의 브랜드 미션은 '국내 No.1 House Solution Brand'가 되는 것이고, 비전은 '프리미엄 친환경 인테리어 자재를 공급함으로써 풍요로

---

* 이재진, 김성건, 김중화, "환경과 감성시대의 산업재 브랜드 구축 사례: 소비자와 직접 커뮤니케이션한다, LG화학 통합 브랜드 Z:IN", 상품학연구 제28권 4호(2010. 7)

제품	영문	한글
창호	Z:IN window	Z:IN 창호
시스템 창호	Z:IN system window	Z:IN 시스템 창호
C/WALL	Z:IN curtain wall	Z:IN 커튼월
유리	Z:IN glass	Z:IN 유리
벽지	Z:IN wallcovering	Z:IN 벽지
벽장재	Z:IN wallcovering	Z:IN 벽장재
마루	Z:IN floor	Z:IN 마루
주택용 바닥재	Z:IN floor	Z:IN 플로어
산업용 박닥재	Z:IN floor	Z:IN 플로어
스톤 바닥재	Z:IN stone	Z:IN 스톤
인테리어 필름	Z:IN interior film	Z:IN 인테리어 필름

현재 Z:IN의 브랜드 체계[**]

운 생활 공간을 창조'하는 것이다. Z:IN이 등장하기 전까지는 기업 브랜드 LG가 중심 역할을 하는 개별 브랜드 전략을 취하고 있었다. 그래서 118가지에 이르는 개별 브랜드들이 산재되어 있는 상황이었다. 그러나 2006년 Z:IN이 출시된 후 118개 브랜드들은 하우트, 엘가, 베스트빌 등 17가지 브랜드로 정리되어 Z:IN 통합 브랜드와 결합되었다. 즉, 통합 브랜드 Z:IN이 패밀리 브랜드 역할을 하여 'Z:IN 하우트'와 같은 방식으로 브랜드 커뮤니케이션이 이루어지는 것이다.

이후 17개의 개별 브랜드들도 점차 없애버리면서 창호, 벽지, 마루 등 실제 제품군의 명칭을 Z:IN과 결합하는 방식을 취하게 되었다. 이런 계

** http://www.z-in.co.kr/

획적이고 점진적인 변화를 통해 전 제품의 브랜드 커뮤니케이션이 Z:IN 하나로 집중되는 결과를 만들어냈다.

    Z:IN 런칭 당시 LG화학은 3년간 330억 원의 예산을 투입하여 국내 1위 브랜드가 되는 것을 목표로 설정하였다. Z:IN은 출시된 지 1년이 지난 2006년 TOM 3.3%, 보조 인지율 21.7%를 각각 기록하였으나 2007년 TOM 22.7%, 보조 인지율 73.7%로 훌쩍 뛰어오르며 출시 2년 만에 시장의 대표 브랜드로 성장하였다.* 이후 2008년에는 TOM 48%를 넘어서는 괄목할 만한 성과를 이뤄냈다. 이 과정에서 Z:IN은 강력한 브랜드 아이덴티티를 바탕으로 TV 광고, 지엔느 고객참여 프로그램, 드라마 PPL, 문화예술 후원 등 일관성 있는 커뮤니케이션 활동을 전개함으로써 친환경 프리미엄 인테리어 브랜드로서의 이미지를 공고히 하였다.

Z:IN의 성공 요인: 올바른 선택과 집중

    Z:IN의 브랜드 아이덴티티 구축은 중간재 브랜드를 키우는 데 있어 올바른 선택과 집중이 중요하다는 것을 말해준다. 시장이 세분화되고 소비자의 요구가 다양해짐에 따라 기업이 보유하는 브랜드 수가 점점 증가한다. 하지만 개별 브랜드를 남발하다가는 브랜드 간 차별화와 인지도 구축에 어려움이 발생한다. 브랜드 관리를 위한 부담이 가중되고 시장에서 브랜드 파워가 약화될 수도 있다. 가장 위험한 부분은 개별 브랜드들의 약화가 기업 브랜드 가치에도 영향을 준다는 점이다.

    따라서 핵심 성분 및 기술을 브랜드화해야 하는 중간재 기업들도 최종 소비재를 만드는 기업들 못지않게 전략적인 브랜드 아이덴티티 구축과 체계적인 브랜드 포트폴리오 관리를 해야 한다.

---

* 김동균(2011), 브랜드 구조조정 성공 이끄는 5가지 전략 (동아비지니스리뷰 84호)

LG하우시스는 인브랜드 아이덴티티 구축을 위해 Z:IN이라는 통합 브랜드 전략을 도입함으로써 중간재 브랜드에 필수적인 전문적인 이미지를 구축하고 친환경의 감성적인 프리미엄 공간을 추구하는 소비자의 니즈를 충족시킬 수 있었다. 또한 효과적인 브랜드 전략을 통해 브랜드 자산을 구축하고 마케팅 활동에서도 시너지 효과를 불러일으켰다.

차별화된 옷을 입고 소비자에게 다가서라

인텔 인사이드의 등장 이전에 대부분의 중간재 기업들은 자신을 꾸밀 줄 모르는 순박한 시골 아낙네와 같았다. 혁신 기술을 갖고 있는 선도기업들마저 오로지 품질과 가격에만 신경 쓰고 있었다. 그러나 최종 소비자들이 직접 보고, 만지고, 느끼기 어려운 중간재의 특성상 자신의 차별성을 적극적으로 알리지도 않으면서 계속해서 선택받기를 바랄 수는 없다. 인텔과 Z:IN은 브랜드 아이덴티티를 구축하기 전부터 해당 업계의 선도기업이었지만, 인브랜딩의 길을 선택하지 않았다면 오늘날과 같은 위상을 유지할 수 없었을 것이다.

소비자가 어려운 기술을 알아서 인지해주기를 바랄 수는 없다. 인텔을 비롯한 성공적인 인브랜드들이 그러했듯이 '우리가 누구이며, 무엇을 하고, 어디를 향해 가고 있는지'를 명확히 설명할 수 있는 차별화된 아이덴티티를 가져야 한다. 몸에 잘 맞고 어울리는 옷을 입을 때 그 사람만의 매력이 돋보이는 것처럼, 기업이나 제품도 차별성과 지향점을 분명히 보여줄 수 있는 아이덴티티를 구축해야 한다. 인브랜드도 아이덴티티 수립을 통해 자신에게 잘 어울리는 옷을 입을 때, 구매자와 소비자들에게 자신의 매력을 보여줄 수 있다.

STRATEGY 3 인브랜드 네이밍 전략

핵심을 전달하라

　모든 브랜드 전략은 각자의 '처지'를 아는 것에서 시작된다. 인브랜드 개발이 완제품 브랜드 개발과 달라야 한다면 그것은 중간재라는 '처지' 때문일 것이다. 그것은 완제품의 요소로 혹은 무형의 가치로 대변되는 '다소 숨겨진 존재감'이라 할 수 있다. 완제품처럼 잘 보이는 위치에 적절한 비례와 크기로 적용될 수 있는 처지가 아닌 것이다. 언뜻 불리해 보이기도 하지만 그래서 매력적일 수도 있다. 겉으로 볼 때는 보이지 않았던 진면목을 보여주는 것, 그것이 중간재 브랜드의 역할이기 때문이다.

　완성품 안에 숨겨진 진실, 완제품을 선택하는 결정적인 2%가 될 수도 있는 인브랜드 네임은 어떤 메시지, 어떤 구조, 어떤 형태가 가장 적합할 것인가? 인브랜드 메시지의 핵심은 바로 '구체성'에 있다. 구체성 있는 메시지로 무장된 인브랜드로 인해 완제품 브랜드의 구조는 훨씬 더 조직적이고 균형잡힌 모습을 보여줄 수 있다. 전면에 나서는 브랜드가 브랜드 네임에 모든 것을 담을 수는 없다. 완제품 브랜드의 메시지는 가장 크고 강한 것에 초점을 맞춰야 하기에 미처 취하지 못한 메시지는 중간재 브랜드를 통해 구체적인 정보와 기술력의 보증으로 나타나게 된다.

　인브랜드의 형태와 구조의 핵심은 최대한 장점을 모두 드러내는 데 있다. 브랜드 네임 하나에서 끝나는 구조보다는 가능한 한 브랜드의 최대치를 하나의 조합구조 Signature 내에서 보여주는 것이 유리하다. 악조건이라면 악조건이지만 그 안에서 진실을 드러내는 위트와 과감한 임팩트가 존재하는 인브랜딩의 세계를 경험해보자.

● ● ● ● ● ● ●
출발점: 기업 브랜드

중간재 분야에서 대표적인 기술력을 소유하고 있는 기업의 경우, 기업 브랜드를 인브랜드로 활용하지 않을 이유가 없다. 중간재 기업은 전문 분야에 깊이와 역량을 보유하고 있는 경우가 대부분이다. 1958년 설립된 첨단 섬유화학 기업 W. L 고어앤어소시에이츠W. L Gore & Associates는 방수, 방풍, 투습 소재에 대한 세계 최고의 전문성을 보유하고 있다. 이 회사는 의료, 전자 등의 산업에서도 두각을 나타내고 있으며, 특히 섬유 분야에서 뛰어난 기술력으로 전 세계를 사로잡고 있다. 이런 기술력을 보유하고 있는 기업이 자사의 방수소재 브랜드로 '고어Gore'를 활용하는 것은 어쩌면 아주 당연한 선택이다.

하나의 카테고리에 대한 강한 연상과 장인정신, 혁신의 역사를 브랜드에 이미 심고 시작하는 브랜딩은 절반의 성공을 거둔 것이나 다름없다. 40년 역사의 반도체기업 인텔intel, 광학기술의 역사를 쓴 자이

Performance Fabric =

High quality brake =

Navigation solution =

Bicycle gear =

특정 기술, 부품에 대한 전문 기업이라면 기업 브랜드를 인브랜드로 활용해 커뮤니케이션 효율성을 높일 수 있다.

 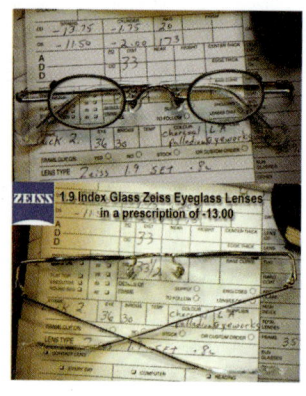

휴대폰에 들어간 자이스 렌즈(소재 브랜드)와 초슬림 렌즈광학기술의 자이스(기업 브랜드)

스 Zeiss 와 슈나이더 Schneider, 110년 전통의 타이어 전문기업 굿이어 타이어 Goodyear tire, 고성능 경주용 브레이크 전문기업 브렘보 Brembo, 네비게이션 솔루션 전문사 탐탐 Tomtom, 음향 전문기업 JBL, 90년 역사를 걸어온 사이클 등 레저부품 전문회사 시마노 Shimano 와 같은 기업들은 중간재 분야의 전문기업들 중에서도 최고의 전문기업으로 손꼽힌다. 이 기업들이 보유하고 있는 '카테고리=기업 브랜드'라는 값진 명성은 중간재 브랜딩의 전략적 기둥이기도 하다.

● ● ● ● ● ●
기업 브랜드와의 관계를 보여줘라

카테고리와 동일시되는 전문성이 확보된 경우는 고민할 필요도 없이 기업 브랜드 중심의 브랜딩을 할 것이다. 하지만 다른 카테고리에서 명성을 보유한 기업 브랜드의 경우 고민을 하지 않을 수 없다. 아예 뭔가가 없으면 새롭게 구축하면 그만인데 다른 카테고리에서의 명성을 어찌할 것인가? 사실 이러한 이슈는 기업 브랜드 입장에서 보면 브랜드 확장 전략에 해당된다. 브랜드 확장 여부를 판단하는 기준은 여러 가지가 있을

  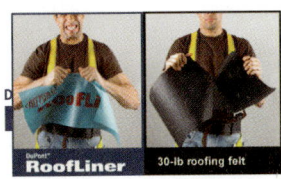

듀폰은 다양한 인브랜드에 듀폰을 직접 보증 형태로 적용해 기업 브랜드 파워를 높이고 있다.

수 있다. 일단은 모브랜드가 긍정적인가, 기술적, 심리적인 연관성이 있는가, 브랜드 확장이 모브랜드에 어떤 영향을 미치는가, 기업이 추구하는 비전이나 아이덴티티는 무엇인가 등이 종합적으로 고려되어야 한다.

생활 화학제품 전반을 사업영역으로 두고 있는 듀폰 Dupont 의 경우 제품 부문별 개별 브랜드들을 운용하면서 동시에 기업 브랜드 듀폰을 보증 브랜드로 노출시켜 그 효과를 톡톡히 누리고 있다.

약품회사로서 명성을 보유한 바이엘 Bayer 은 폴리카보네이트 Polycarbonate 소재의 브랜드로 마크로론 Makrolon 을 적용하면서 기업 브랜드 노출 여부를 고민하게 된다. 폴리카보네이트는 바이엘의 기존 사업과 기술적인 연결고리를 찾기는 어렵지만 안경, 의료기기, 물병, 바닥매트, DVD롬 등 소비자의 일상생활 어디에서나 만날 수 있는 소재였다. 딱히 하나의 분야로 꼽을 수 없는 광범위한 적용이 예상되는 아이템이었다. 때마침 바이엘 그룹은 약품을 중심으로 한 헬스케어 사업부뿐만 아니라 작황기술 사업부, 소재기술 사업부 등 3개 사업부 구조로 된 포트폴리오를 구상하고 있었다. 따라서 기업 브랜드 바이엘의 아이덴티티에 변화가 오는 시점이었다. 약품에 국한된 연상이 아니라 좀더 광범위하

SCHOTT
CERAN®

기업 브랜드의 보증을 받거나 함께 주도하는 인브랜드들
인브랜드와 기업 브랜드 가치의 동반상승을 기대할 수 있다.

고 인간생활을 풍요롭게 하는 기업 이미지를 갖고자 한다면 폴리카보네이트 분야에 기업 브랜드를 확장하는 것도 전략적으로 선택할 수 있는 방법이었다. 소재기술 사업부에서는 오랜 전통과 신뢰, 품질을 상징하는 바이엘 CI Corporate Identity를 마크로론과 함께 활용함으로써 커뮤니케이션 비용을 절감하고 초기 인지도를 높이는 효과를 누릴 수 있었다.

1930년 설립된 반도체 및 전자회사 텍사스 인스트루먼트 Texas Instruments는 1997년 'Digital Light Processing'이라는 디지털 광학기술을 브랜드화한 DLP로 신규 비즈니스의 포문을 연다. 텍사스 인스트루먼트의 기존 사업영역과의 기술적 연관성, 상호 이미지상의 시너지를 고려하여 DLP는 기업 브랜드 풀네임 Texas Instruments를 함께 병기하는 형태로 기업 브랜드와의 관계를 나타냈다.

유리, 광학렌즈 전문사 스코트 Schott 는 유리 쿡탑 패널시장에 진출하면서 기업 브랜드를 유리 쿡탑 브랜드 세란 Ceran 과 결합시켰다. 그러나 보증의 역할이 아닌 드라이버 역할을 하는 브랜드 구조를 취하였다. 이는 '유리'라는 확장의 연관성이 확보되었기에 유효한 전략이었다. 세란은 열손실을 최소화하는 하이엔드 유리 쿡탑 제품으로 고성능 이미지를 가졌을 뿐만 아니라 기업 브랜드 이미지의 동반 상승을 가져왔다.

중간재의 지위를 태그라인으로 조목조목 설명하라

'인텔 인사이드 Intel inside'가 훌륭했던 점은 시도의 과감함, 사운드 브랜딩의 감각적 디테일에 있다. 그러나 인텔 인사이드를 지금까지도 중간재 브랜딩의 대표 사례로 주저하지 않고 꼽는 데는 바로 '인사이드'라는 태그라인이 던져준 의미심장함 때문이다. 그것은 '컴퓨터를 사는데 인텔이 그 안에 들어있다'라는 중간재가 처한 위치, 핵심 부품, 핵심 기술로서의 존재감을 또렷한 메시지로 전달하는 태그라인인 것이다.

인텔 이후 등장한 브랜드들에서도 효과적인 태그라인을 찾아볼 수 있었다. 대부분 중간재가 놓여진 상황을 표현한 동사 형태로, 그 메시지들은 간결하고 강력하였다. '비트렉스를 포함하고 있는 Contains Bitrex', '크리스털로 만들어진 스와로브스키 Crystallized Swarovski', '당신을 항상 쾌적하게 유지시켜 주는 고어텍스 Guaranteed to keep you dry Gore tex', '스플렌다와 함께 달콤해진 Sweetened with Splenda', '좋은 상태를 지켜주는 테트라팩 Protects What's good TetraPak'.

태그라인을 효과적으로 활용해 요소의 처지나 역할을 전달하고 있다.

태그라인은 요소의 실체 또는 카테고리를 전달하는 방법이기도 하다.

태그라인은 인브랜드에 담지 못한 정보를 전달하기도 한다. 브랜드 네임이 중간재 카테고리나 핵심 베네핏을 대표하는 타입이 아닌 경우 '내가 무엇이다, 어떤 존재이다'라고 드러내는 것이다. 토르센 Torsen 만 표기하면 누가 쉽게 알겠는가? 'Torsen traction'으로 명기해주고, 시리우스 Sirius 는 'Sirius satellite radio'로, 안트론 Antron 은 'Antron carpet fibre'로, 마이크로밴 Microban 은 'antimicrobial product protection'으로 좀더 친절하게 중간재의 실체를 설명해줄 필요가 있다.

적나라하게 보여줘라

직관적인 브랜드가 좋고 소비자가 기억할 수 있는 하나의 메시지에 초점을 맞추는 것이 유리하다고는 하지만 실제는 어떠했는가? 실제로 부딪혀 보면 완제품의 브랜드 네임은 한마디로 규정하기가 쉽지 않다. 브랜드의 역할과 위상을 드러내야 하고, 브랜드의 현재뿐만 아니라 미래를 반영하다 보면 완제품의 브랜드 메시지가 다소 포괄적이 된다. 요컨대 완제품은 다양한 가치의 집합체이고, 이를 표현하는 브랜드 네임 역시 복합적이고 다면적이다.

그러나 중간재 브랜드의 경우는 얘기가 조금 달라진다. 중간재 브랜드가 완제품의 핵심 기술과 부품 요소라고 할 때, 이것들을 가장 효과적으로 표현하는 브랜드 네임은 가장 적나라하고, 가장 단순한 목소리가 바람직하다. 이는 브랜드 위계구조상의 브랜드 역할 규정에서도 적용이 된다. 기업 브랜드가 보증의 역할을, 패밀리 브랜드가 확장의 역할을, 개별 브랜드가 차별화의 역할을 수행한다고 할 때, 중간재 브랜드는 이러한 브랜드들의 일부로 존재하면서 자신이 목소리를 내야 한다. 즉, 중간재 브랜드는 보증, 확장 또는 차별화의 역할을 수행하는 호스트 브랜드와 조화와 균형을 이루면서 중간재의 특성을 또렷하게 전달해야 한다.

카테고리 베네핏에 대한 대표성을 표현하라

적나라한 브랜드 네임으로 가는 길은 크게 두 가지로 나눌 수 있다. 카테고리를 강하게 표방하는 것과 핵심 베네핏Core benefit을 소유하는 것이다. 카테고리를 대표한다는 것은 중간재로서 세밀하게 분화된 카테고리에 대한 대표 키워드를 갖는 것이다. 2만 개가 넘는 부품들로 만들어지는 자동차를 생각해보자. 날이 갈수록 더 강해지고 다양해지는 기능성 직물과 화학 요소들을 생각해 보자. 또한 식품 안정성, 건강을 보조하는 다양한 식품 요소의 확대를 생각해보자. '나는 무엇무엇이다', '수많은 요소들 중에서 이 요소가 가장 중요하다', '이 분야는 점점 중요해질 것이다'라는 의지를 좀더 펼쳐 보이면 카테고리를 가장 명확하고 매력적으로 소유하는 방법을 찾게 될 것이다.

미국 NSF National Sanitation Foundation 의 인정을 받은, 세균과 박테리아 서식을 원천 봉쇄하는 기술 브랜드 마이크로밴 Microban 은 'microbial 미생물의, 세균성의'과 'ban 금지'이라는 키워드를 활용하여 항세균 Anti microbial 기술을 또렷하게 전달하고 있다. 마이크로밴의 항세균 기술은 전 세계적으로 가장 방대하고 다양하게 적용되는 기술이라고 해도 과언이 아니다. 마이크로밴은 제습기, 욕조, 세면대, 마우스패드, 쇼핑카트 커버 등 신체 접촉이 예상되는 대부분의 제품에 마킹되어 가장 적나라한 메시지로 가장 우뚝 선 브랜드가 되었고 항세균의 대명사로 불리고 있다.

마이크로밴 이외에도 '크리스털'이라는 카테고리를 송두리째 삼켜버

마이크로밴이 적용된 스마트폰 케이스와 마우스패드
마이크로밴은 이름만으로 '항균 기술' 브랜드임을 전달한다.

린 브랜드가 '스와로브스키 Swarovski 이다. 얼마 전 신문에 스와로브스키의 크리스털을 적용한 제품이 1600건이 넘는다는 보도를 접한 적이 있다. 이처럼 크리스털, 그것도 스와로브스키의 크리스털이 적용된 제품은 생각보다 방대하다. LG 디오스 냉장고에 적용되는가 하면 USB에도 등장한다.

스와로브스키의 크리스털 브랜드는 말 그대로 '크리스털라이즈드 Crystallized'이다. 다른 어떤 수식이나 합성도 없이 가장 정확하고 위풍당당하게 존재감을 빛낸다. 크리스털라이즈드는 전 세계적 프로젝트로 프로모션되어 왔으며, 3.1필립림 3.1 Phillip lim, 캐세리 헤이포드 Casely-Haford 등 여러 패션 브랜드와 콜래보레이션을 통해 스페셜 에디션 아이템들을 선보이기도 하였다. 크리스털라이즈드의 가장 충격적인 적용은

Made with CRYSTALLIZED
SWAROVSKI ELEMENTS

카테고리를 대담하게 드러낸 스와로브스키 크리스털라이즈드
크리스털라이즈드로 만들어진 람보르기니 LP640

Anti-Microbial technology	**Microban**
Tetra fold package	**TetraPak**
Four wheel drive technology	**Quattro**
Crystal elements	**Crystallized**

카테고리 그 자체를 드러내 대표성을 가져간 네이밍 사례

Ultra Slim CRT Panel	**Vixlim**
Performance fabric with an effective fiber, based moisture management system	**CoolMax**
Carpet resists stains	**StainMaster**
Comfort bedding product	**Conforel**
Tough, Durable & long-lasting fabric	**CorDura**
Fabrics with tactile effect	**Tactel**

제품과 기술의 핵심 베네핏을 드러낸 네이밍 사례

람보르기니 LP640에서였다. 7668개의 크리스털로 뒤덮인 스포츠세단은 보는 것만으로도 부담스럽다. 그러나 무슨 말이 더 필요하겠는가? 그 누가 뭐라 말할 수 있겠는가? 스와로브스키가 크리스털을 브랜드로 소유하겠다는데!

카테고리를 확보하는 네이밍 전략은 대표성 확보에 있어 유리한 면이 있지만 리스크도 존재한다. 카테고리 명칭을 브랜드로 갖는다는 것은 나만의 고유한 목소리보다는 일반적으로 누구나 공유할 수 있는 명칭이 될 수도 있다. 자칫 카테고리명을 포함하고 있는 유사 브랜드들 속에 묻힐 수도 있다는 얘기다. 앞서 살펴본 스와로브스키 정도의 카테고리 일인자가 아니고서는 카테고리명을 온전히 브랜드로 쓴다는 것은 이러한 일반화의 우려를 걱정하지 않을 수 없다.

그렇다면 그 대안은 해당 카테고리의 핵심 베네핏 Core Benefit 을 통해 대표성을 확보하는 것이다. 적나라한 브랜드 네임으로 가는 두 번째 방법이다. 브라운관 카테고리 내에서 초슬림 브라운관으로 세분화된 제품에 대해 삼성 SDI는 빅슬림 Vixlim 이라는 명칭을 부여한다. '슬림 Slim'이라는 최대 베네핏을 브랜드에 강하게 담되 자산화할 수 있도록 초성을 변형시켜 합성한 것이다. 쿨맥스 Coolmax 는 인비스타 Invista 의 대표적인 기능성 소재 브랜드로서 흡습 속건성 기능이 핵심이다. 흡수 발산력이 높은 폴리에스터 원료로 만든 소재로 항상 건조하고 쾌적한 신체 상태를 유지해줄 뿐만 아니라 통풍성도 뛰어나다. 이러한 소재의 특성과 효익을 표현하는 핵심 키워드를 찾는다면 쉽고 강한 의미의 '쿨 cool'이 매우 유효했을 것이다. 인비스타는 빠른 흡수와 건조, 뛰어난 쾌적성과 통풍성이라는 핵심 베네핏에 대한 대표성과 함께 고유성을 확보하기 위해 쿨과 맥스 max 를 결합하여 쿨맥스라는 브랜드 네임을 만들었다.

쿨맥스와 같이 핵심 베네핏을 소유한 브랜드 네임의 형태는 기능성 소재의 섬유 분야에서 다수 찾아볼 수 있다. 인비스타와 듀폰이 대표적인 브랜드들을 보유하고 있으며, 인비스타의 스테인마스터 StainMaster, 콤포렐 Comforel, Comfort bedding, 코듀라 CorDura, Durable, 택텔 Tactel, tactile effect 등이 성공한 브랜드들이다.

은근하게 상징하라

완제품의 브랜드 개발에서 빠지지 않는 접근 방식 중 하나가 상징성이다. 포괄적으로 브랜드 역할을 하면서도 카테고리를 뛰어넘어 화제성과 특별함을 주고 무궁한 스토리를 부여하는 방식인데, 생각보다는 현실화하기가 쉽지 않다. 이미 오렌지 orange , 애플 apple , 블랙베리 Blackberry 까지 등장한 마당에 법적 보호가 가능하면서, 상징적이고, 그 의도가 소비자들에게 신선하게 읽힐 만큼 쉬운 단어가 많이 남아있지 않기 때문이다. 무엇보다 구체적이고 적나라해야 한다는 중간재의 브랜딩에서 과연 상징성 있는 접근 방식이 맞기는 한 걸까?

결론부터 얘기하면, 중간재의 경우 다소 '은근한' 상징이 맞다. 인비스타 Invista 의 페트병 기술 브랜드 폴리쉴드 PolyShield 는 맥주의 신선함과 시원함을 지속시켜주는 기술을 방패 shield 라는 기능적 이미지가 물씬 풍기는 상징어와 폴리 Poly 폴리에스테르, 폴리프로필렌라는 카테고리어를 함께 활용하여 은근한 상징을 만들어낸다.

그렇다면 삼성의 TV 부문 대표 브랜드 DNIe는 어떤가? HD TV 등의 보급과 함께 선명하면서도 자연스러운 영상 기술이 부각되고 있다. 삼성이 선택한 브랜드는 Digital Natural Image Engine이라는 풀네임의 어두축약 형태인 DNIe이다. 보통 이니셜의 구조에서 무언가가 연상되기란 쉽지 않다. 그러나 DNIe의 경우 축약의 이니셜이면서도 다분히 유전자 DNA를 떠올리게 하면서 은근한 상징 효과를 부여한다.

샤프 Sharp 가 개발한 공조기술인 플라즈마 클러스터 Plasma cluster 역시 핵심 키워드를 활용하여 플라즈마 기술이라는 카테고리를 장악하면서 클러스터 Cluster 라는 단어를 통해 고농축 플라즈마 이온의 집결이라는 은근한 상징을 이루어낸다. 고농축 플라즈마 클러스터 이온은 공중에

맥주의 신선함을 지키는 페트병임을 '방패(Shield)'를 활용해 상징적으로 전달하고 있다.

떠 있는 바이러스, 알레르기 발생 물질, 곰팡이균 등을 제거할 뿐만 아니라 커튼과 소파에 배어 있는 담배 냄새와 옷에 남아 있는 땀 냄새 등도 깔끔하게 없애주는 기술이다. 냉난방 공조 분야의 대표 기술로 에어컨 외에도 가습기, 공기청정기, 자동차 에어컨 등에 적용되고 있다.

만약 강한 화제성과 상징을 부여할 필요가 있는 완제품 브랜드였다면 '포도 grape'와 같은 비유할 수 있는 상징을 활용했을 수도 있을 것이다. 그러나 인브랜드의 톤앤매너에는 이온의 집결이라는 이미지 정도만 그려지는 은근한 상징이 더욱 효과적일 것이다. 상징적으로 브랜드 네임을 표현하더라도 인브랜딩은 연관성 relevance 의 잣대가 강하게 적용된다. 커뮤니케이션 활동이 전제되지 않아도 직관적으로 브랜드의 실체를 파악할 수 있는가라는 가이드라인에 적합하려면 상징이라 하더라도 현실적 상징이 되어야 하는 것이다.

'인증' 효과를 줄 수 있는 임팩트 구조를 완성하라

　인브랜드가 적용되어 소비자들에게 보여지는 환경을 생각해보자. 우선 제품에 마킹되는 환경은 대단히 제한적이고 브랜드 담당자가 희망하듯 이상적인 위치는 아닐 것이다. 때에 따라서는 별도의 레이블을 필요로 하는 경우도 있을 것이다. 인브랜드가 커뮤니케이션되는 상황 역시 대부분 완제품에 신뢰를 더해주는 존재로서 함께 표현되는 경우일 것이다. 그 어떤 상황에서도 인브랜드는 품질이든, 카테고리든, 베네핏이든, 그 핵심을 확실한 어조로 표현하여 강하게 '인증'해주는 형식을 갖추는 것이 유리하다. 브랜드 네임에서 인증 효과를 의도하며 임팩트 구조를 도입할 경우, 향후 디자인의 적용에까지 전략적으로 반영되어 유리한 이미지를 구축할 수 있다.

　미국의 천연 고섬유 지방 대체물 지트림Z trim을 살펴보자. 지트림은 옥수수나 귀리에서 추출한 식이섬유로서 스프, 소스, 아이스크림, 육류, 피자 등 다양한 음식에 활용된다. 지트림은 식품 안전성에 대한 요구, 다이어트 등 소비자 라이프스타일의 변화와 함께 그 위력을 더하고 있다.

네임의 일부인 Z를 강하게 디자인하여 시각적 임팩트를 살린 고지방 대체물, 지트림

적용 범위가 방대한 만큼 수많은 식품기업 및 식품 프랜차이즈와 제휴하고 있으며, 제휴사들이 맛, 품질, 건강에 대한 약속을 좀더 과학적 배려에 의해 수행하고 있다는 이미지를 배가시켜준다.

지트림 Z trim 의 브랜드 네임을 보면 궁극의 만족, 빠른 효과라는 강한 의미의 'Z'를 선행시키고 식이섬유의 기능을 연상시키는 트림 Trim 날씬한, 잘 가꾼을 결합한다. 임팩트 있는 이니셜을 초성에 배열한 구조는 다분히 시각적, 청각적 주목성을 의도한 것이다. 이러한 주목성은 다양한 제휴 파트너와의 관계를 표현하는 상황에서도 큰 힘을 발휘하여 멀리서도 가시성과 인증의 이미지를 직관적으로 전달할 수 있도록 도와준다.

● ● ● ● ● ● ● ●
가장 실감나는 브랜드가 되라

인브랜드 개발을 진행할 때 염두에 두어야 할 것이 있다. 완제품보다 훨씬 더 실제적이고 실체적인 네이밍이 되어야 한다는 것이다. 그리고 더 실감나고 강력해야 한다. 그러기 위해서는 브랜딩의 대상이 되는 기술이나 성분 요소 자체가 소비자의 마음을 뒤흔들 수 있는 만큼 혁신적이고 특별해야 한다.

인브랜드의 표현 역시 요소의 존재감만큼이나 깊은 울림을 드러낼 수 있어야 한다. 특별한 존재감을 드러내기 위해서는 브랜드의 메시지가 솔직하고 적나라해야 하고, 브랜드의 구조는 최대한 유리하게 가져가야 한다. 필요하다면 상위의 기업 브랜드를 끌어들일 수도 있고, 존재에 관한 정보든, 요소의 지위나 역할에 대한 위트든, 가장 적절한 표현과 구조를 만들어내야 한다.

STRATEGY 4 인브랜드 디자인 전략

한눈에 보여줘라

POP 광고 역할을 하는 인브랜드 디자인

TV를 사러 가전 매장에 들어왔다고 가정해보자. 비슷비슷한 디자인의 TV들을 바라보며 가격 고려와 함께 '삼성이냐, LG냐'의 고민이 시작될 것이고 그 다음은 '결국 그래서 뭐가 다르지?'라는 질문을 던질 것이다. 이 고민의 순간에 두 눈을 사로잡는 것이 있다. 바로 POP 광고들로, 공간을 그다지 많이 차지하지 않으면서도 매장을 돌아다니는 소비자들을 유인하기에 충분한 주목력을 갖고 있다.

인브랜드는 POP 광고처럼 선택의 순간에 등장하여 소비자들에게 시각적 매력과 함께 제품 정보를 적극적으로 설명하는 중요한 포인트가 되고 있다. 또한 판매자 입장에서는 인브랜드가 매력적인 USP unique selling proposition 역할을 한다. 이는 제품 디자인이나 브랜드 디자인 못지않게 인브랜드 디자인이 시각적인 매력을 이끌어내고, 자사 브랜드를 선택하도록 유도함으로써 판매의 첨병이 되고 있다는 것을 의미한다.

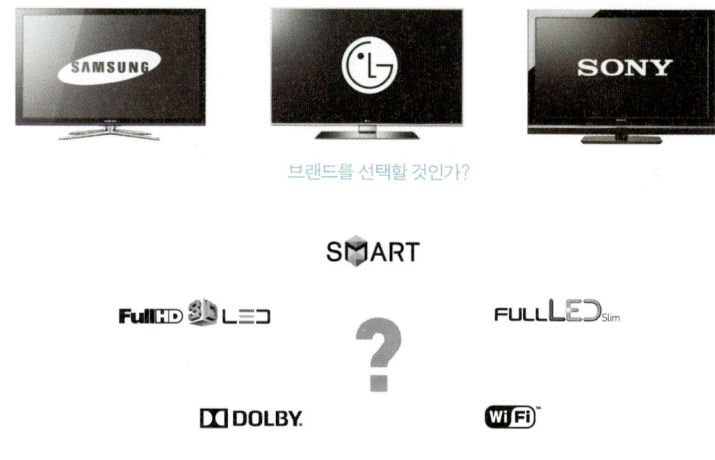

브랜드를 선택할 것인가?

인브랜드를 살펴볼 것인가?

● ● ● ● ● ● ●

브랜드 디자인과 인브랜드 디자인은 어떻게 다른가?

　인브랜드 디자인들을 살펴보면 디자인 요소들이 브랜드 로고에 비해 다소 복잡하다는 걸 알 수 있다. 기업 심벌이나 브랜드 심벌이 함축적이고 의미지향적이라면, 인브랜드 디자인은 다소 설명적이고 구체적이며 직관적이기 때문이다. 이는 구매 접점에 직접적으로 관여하고 유도하려는 인브랜드의 특성과 관련이 있다.

　그러나 인브랜드의 설명적 특성도 상위 브랜드의 아이덴티티 선상에 있다는 점을 간과해서는 안 된다. 상위 브랜드가 가지고 있는 가치와 목표에 따라 업역을 파악하고, 브랜드의 아이덴티티에 따라 전개되는 인브랜드 디자인은 천차만별이다.

인브랜드 디자인은 설명적이고 구체적이다.

부드러움을 강조한 라이크라, 강인함을 강조한 고어텍스

예를 들어, 같은 섬유 소재 브랜드인 라이크라와 고어텍스를 보더라도 디자인 방향이 매우 다르다. 라이크라가 부드러운 곡선과 가늘고 유연한 서체를 통해 섬유의 부드러움을 표현한다면, 고어텍스는 블랙과 옐로의 강한 색상 대비와 각진 마름모 형태, 굵고 딱딱한 서체를 통해 아웃도어의 강인함을 강조한다.

이처럼 인브랜드 디자인 패턴은 다양하다. 장기적이고 체계적인 인브랜드 비주얼 시스템을 구축하기 위해서는 서로 다른 디자인 패턴을 분석해 봄으로써 시야를 넓힐 필요가 있다.

이럴 땐 이런 전략이 효과적이다

새로 런칭하는 인브랜드를 어떻게 디자인해야 할까? 인브랜드 또는 제품 기능의 이름을 알리는 데 초점을 둘 것인가, 아니면 제품 기능의 특성을 한눈에 보여주는 데 심혈을 기울일 것인가? 그것도 여의치 않다면 상위 브랜드의 아이덴티티를 강화하는 쪽으로 갈 것인가? 전략적 선택을 위한 패턴을 보면 해답이 있다.

엠블럼형 로고

시각적인 주목을 끄는 가장 전통적인 방법이 바로 엠블럼 방식이다. 어떤 형태를 구체적으로 표현하는 디자인이 아닌 외형에 시각적으로 강한 도형원, 사각, 삼각의 기본 형태가 자리잡고, 그 안에 이니셜이나 브랜드 네임 또는 세세한 브랜드 설명을 표시하는 것이다. 임블럼 방식은 적용성이 좋고, 시각적으로 어필하기에 유리하다. 또한 추후 브랜드 확장을 할 때에도 개발된 틀 안에 추가 요소만 적용하면 되므로 경제적이다.

프로스펙스W는 워킹의 W이니셜을 강조한 엠블럼 형식을 빌려 새로운 카테고리 브랜드의 느낌을 어필한다. 라이크라나 고어텍스의 경우는 기본적인 도형을 이용해 강한 임팩트를 주고 있다. 라이크라는 섬유와 관련된 부드러운 곡선을 가미하여 속성을 나타내고 있다면, 고어텍스는 강한 서체에 블랙과 옐로의 강한 색상 대비로 아웃도어의 강렬함을 나

프로스펙스
워킹시스템 W

라이크라

고어텍스

도요타 하이브리드
시스템

타낸다.

도요타 하이브리드 시스템은 친환경 이슈가 중요해짐에 따라 도요타의 최첨단 친환경 기술력을 알리고자 입체 형태의 엠블럼으로 디자인되었다. 이는 기술 선도자로서의 위상을 적극적으로 보여주기 위한 의도라고 할 수 있다.

기능 설명형 로고

기술적 특성을 강조하거나 시각적 이슈를 만들고자 하는 목적과 내용이 명확한 경우, 브랜드의 성격과 특징을 그림으로 한눈에 보여주는 것은 쉽고 감성적이며, 직접적인 효과를 얻을 수 있다. 다소 복잡한 칩 모양을 통해 시각적인 아름다움을 묘사한 인텔의 경우, 인텔 로고만으로는 업역을 설명하기에 제한적이어서, 시장에서 시각적 차별성을 가지기 위한 강렬한 시각적 전략을 선택하였다.

컨버전스되고 있는 기술적 다양성과 차별화를 시각적으로 보여주는 TV 관련 인브랜드 디자인들은 소비자의 시선을 끌기에 충분하다. 밀리언셀러인 유니클로 히트텍은 유니클로의 아이덴티티 사각형를 유지하면서 점점 따뜻해지는 이미지를 그라데이션으로 표현하고 있다. 울마크는 실이 감겨져 있는 모습

유니클로의 히트텍, 울마크, 로하스, 콜럼비아 옴니히트, 인비스타 쿨맥스, 더모라이트, 인텔의 코어 시리즈, 삼성전자 파브 LED, 아몰레드, 풀HD 3D

을 표현하고, 로하스는 신선한 자연의 풍경을 담아내고 있다. 입으면 당장 따뜻해지거나 또는 시원해질 것 같은 콜럼비아의 옴니히트, 인비스타의 쿨맥스와 더모라이트는 설명적인 표현이 쉽고 재미있다. 또한 오래되고 부정적인 브랜드 이미지를 순식간에 최고 성능의 이미지로 바꿔놓은 칩 모양의 인텔 인사이드는 다소 자극적인 디자인으로 눈길을 확실히 끈다.

삼원색 로고의 파브 LED는 PDP와 LCD 방식이 격돌했던 TV 시장에서 화질의 변별력을 강조한다. 휴대폰의 디자인, 통화품질, 성능에 사람들의 관심이 집중되어 있을 때 화질로 관심의 판을 바꾼 삼성 아몰레드는 색상의 우수함을 로고에 적극적으로 표현하면서 시각적인 임팩트와 함께 많은 주목을 받았다. 또한 최근 TV 시장의 3D 열풍 역시 과감하면서도 화려한 인브랜드 디자인으로 시도되고 있다.

이처럼 기능 설명형 로고 인브랜드들은 상품 그 자체를 보고 있는 듯한 실제감, 직접적이면서 감성적인 느낌, 그리고 구매욕구를 불러일으키는 강렬함을 가지고 있다.

스토리 전개형 로고

기술 발달과 브랜드 간 합종연횡의 결과 명확한 정의를 내리기 힘든 브랜드들이 출현하면서 이에 대한 디자인 욕구 역시 점점 더 다양해지고 있다. 다양한 디바이스들에 적용하는 인브랜드 디자인은 어떠해야 할까? 이런 상황에서 무게감을 버리고 자신의 히스토리나 문화를 표현하는 데 집중하는 디자인들이 눈에 띈다.

다양한 디바이스들에 적용하는 디자인은 대체적으로 복잡한 형태를 지양하고, 단순하면서도 명료한 워드마크 위주의 디자인을 채택한다. 애플의 아이오에스, 노키아의 심비안, 마이크로소프트의 윈도우즈 모바

다양한 디바이스들에 적용되는 인브랜드 디자인은 어떠해야 할까?

일처럼, 구체적인 조형적 요소를 사용하기보다는 워드마크의 정보 전달에 집중된 디자인을 보인다.

반면에 안드로이드는 이들과 전혀 다른 아이덴티티를 가지고 있다. 구글은 태생적 자유로움을 독특한 시각적 장치를 통해 해결하였다. 당신같으면 안드로이드를 어떤 디자인으로 소개할까? 만약 모바일 운영체계를 구체적인 그림으로 설명해야 한다는 강박관념으로 가득 차 있었다면 아마도 디자인은 안드로메다로 달아나버렸을지도 모른다.

그러나 구글은 어원 안드로이드: 인간형 로봇과 연관된 다소 희화적인 로봇을 등장시켜서 안드로이드를 설명하였다. 안드로이드는 애초부터 다양한 디바이스를 기반으로 한 오픈 타입의 운영체계였으므로 좀더 자유분방한 디자인 컨셉이 구글의 정신에 잘 맞았다. 덕분에 제휴하는 디바이스들에게도 광고와 홍보의 중요한 시각적 포인트가 되었다.

 네트워크를 기반으로 하는 프로그램 언어 자바 역시 어떤 기술적인 특징을 표현하기보다는 '자유롭고 편안하다'는 이상적인 컨셉이 커피 체인점에서 이름을 따 왔다는 설에 근거에 딱 들어맞는 로고로 손색이 없다.

아이덴티티 유지형 로고

상위 브랜드의 아이덴티티를 좀더 공고히 하면서 그 아이덴티티를 계승하는 것은 가장 간편하면서도 효율적이며, 경제적인 디자인 접근이다. LG전자 X캔버스의 XD엔진은 이름에서 디자인까지 통일시킨 좋은 예이다. 아이폰과 안드로이드폰, 기타 모바일 기기의 각종 OS나 플랫폼에 지원하는 3D 랜더링 엔진으로 유명한 일본 에이치아이의 인브랜드 MASCOT CAPSULE의 경우도 자사의 아이덴티티를 인브랜드 디자인에 적용시킨 사례이다.

인브랜드 디자인 적용 예시

인브랜드 디자인은 제품의 특성에 따라 상이한 방법으로 적용된다. 제품에 직접 부착되는 입체 엠블럼에서부터 자수, 라벨, 제품 구매 후 착탈되는 스티커 형태까지 제품군에 따라 적용 방법이 천차만별이다. 인브랜드 적용 방법에 따른 사례들을 살펴보자.

라벨 부착형

라벨 부착형은 섬유 소재 분야에서 가장 적극적으로 활용되고 있다.

패션에서 인브랜드는 가장 크리에이티브한 디자인 역량을 펼칠 수 있는 이점을 가지고 있다.

단순히 제품의 기능이나 소재를 나타내는 역할에서 벗어나 다양한 형태와 색상을 적용해 패션의 일부로서 세련된 이미지를 연출한다.

유니클로 히트텍의 성공에는 다양하고 심플한 인브랜드 디자인이 한 몫을 하였다. 유니클로의 브랜드 아이덴티티를 잘 살려 특유의 유쾌함과 심플함이 절제된 색상과 아이콘을 통해 쉽고 친근한 이미지로 이어진 디자인이라 할 수 있다.

입체 엠블럼 부착형

입체 엠블럼 부착형은 대부분 자동차 메이커에서 브랜드를 알리는 방식으로 사용해 왔다. 첨단 기술의 발전과 친환경 기술의 접목으로 점점 더 인브랜드의 중요성이 높아지면서 전통적으로 브랜드명, 제조사명만으로 표기하던 방식에서 벗어나 인브랜드를 브랜드 전면에 함께 노출하는 방식으로 나아가고 있다.

엠블럼 디자인은 대부분 3D 입체로 제작해 직접 차량에 부착한 형태

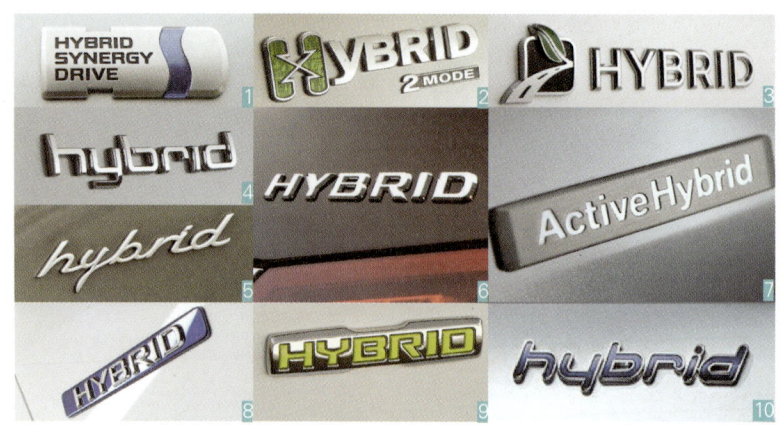

하이브리드 엠블럼 디자인
1. 도요타 프리우스 2. GM 3. 포드 4. 아우디 5. 포르쉐 카이엔 6. 벤츠
7. BMW 8. Lexus 9. 기아 10. 현대

브랜드와 인브랜드의 조합
1. 포르쉐 카이엔 2. 아우디 Q7 3. GM 씨에라 4. BMW 5 Series 5. Lexus GS 6. 도요타 프리우스

로 워드마크 중심의 깔끔한 디자인을 선호하지만, 제조사에 따라 미래지향적이고 자연지향적 의미를 좀더 적극적으로 표현하기도 한다.

또한 브랜드명과 인브랜드가 조합된 디자인에서는 크기 비례나 색상 등이 다양하게 사용되고, 브랜드명보다 인브랜드를 더 적극적으로 사용할 정도로 강조된 디자인들이 눈에 띈다. 프리우스 하이브리드는 미래지향적인 엠블럼을 통해 첨단의 느낌을 극대화하였고, 카이엔 하이브리

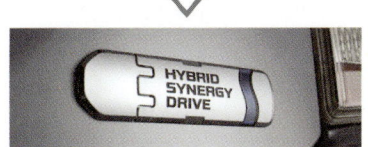

도요타 프리우스 Plug-in Hybrid   포드 Plug-in Hybrid

포드의 인브랜드 디자인 시스템: Flex Fuel, Hibrid, Eco Boost

드는 포르쉐의 자유분방한 느낌을 그대로 서체에 살려냈다. 렉서스 하이브리드는 로고 주변에 블루를 적용해 하이브리드라는 점을 각인시켰다. 특히, 아우디 Q7 Hybrid와 BMW의 Active Hybrid 7의 경우는 디자인을 풀어 간 해법이 비슷하면서도 다르다.

인브랜드의 확장시에도 브랜드별 특성을 살린 디자인 시스템이 존재한다. 기존의 아이덴티티를 최대한 유지하거나 고유한 서체 및 컬러를 활용하는 것이다. 가정용 전기충전 방식을 의미하는 Plug-In 하이브리드의 경우 기존의 아이덴티티를 최대한 유지한 상태에서 플러그 아이콘을 등장시켰다. 포드의 인브랜드 디자인 시스템은 동일한 아이콘을 사용함으로써 아이덴티티를 유지하고 있다.

스티커 탈착형

수년 전까지만 하더라도 TV에서 화질에 대한 이슈는 있어도, 돌비나 와이파이 같은 기능들이 이슈화되리라고는 생각지도 못하였다. 타 기종 간의 컨버전스가 활발히 일어나고 기술력이 발전하는 분야 중 하나가 가전산업이다. TV는 전통적으로 가전이면서도 가구의 일부분으로서의 위치를 차지하고 있다. 그렇기 때문에 대체로 가전에 적용되는 인브랜드들은 구매 후 떼내어 버릴 수 있는 스티커 형식이 주류를 이루었고, 상시 부착되어 있는 경우엔 색상이 드러나지 않는 무채색 디자인이 일반적이었다.

스티커 탈착형은 이슈가 첨예한 분야일수록 더 화려하게 디자인되기도 하고, 판촉 프로모션을 위해 제품 전면에 부착되기도 한다. 또한 모델의 기능에 따라 단독으로 쓰이거나 조합 형태를 취하기도 한다. 착탈식 스티커 형태는 화려한 적용이 가능한 반면 다른 인브랜드 디자인에 비해 수명이 짧은 편이다.

극장에서나 볼 수 있었던 돌비 음향 시스템이 TV와 노트북에 적용되어 안방까지 들어와 있다.

 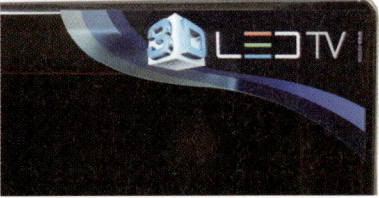

TV 베젤부분에 적용된 인브랜드

 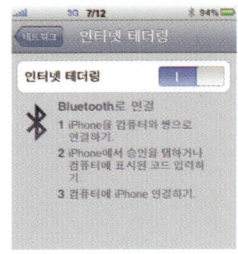

헤드폰, 노트북, 아이폰에 이르기까지 다양한 매체에 적용되고 있다.

기술 표준화가 이루어진 인브랜드의 경우 스티커 형식보다는 제품에 직접 마킹하는 형태를 취한다. 이때에는 가급적 비중이 작게 사용하거나 색상을 은은하게 적용하여 기술에 대한 신뢰감과 고급감을 높인다.

지속적 관리: 인브랜드의 확장

인브랜드 역시 브랜드 전략과 트렌드에 따라 본연의 모습을 바꾸기도 한다. 또한 새로운 제품으로 확장 적용되면서 디자인에 변화를 주기도 한다. 일정한 디자인 형태를 유지하기도 하고, 경우에 따라 톤앤매너 Tone & Manner를 유지한 다양한 형태의 비주얼을 보여주기도 한다.

브랜드 확장에 따른 디자인 시스템의 진화: 인텔 사례

1991년 인텔이 '인텔 인사이드'라는 브랜드를 개발할 당시만 해도 이렇게까지 세분화된 형태의 브랜드 구조를 가질 것이라고는 아무도 예상하지 못했을 것이다. 인텔 인사이드의 디자인 변천사를 보면 브랜드 확장에 따른 디자인 시스템이 체계적으로 관리되고 있음을 한눈에 알 수 있다. 형태 Shape 적인 부분은 통일시키고, 색상과 서체로 각 제품들을 구분하고 있는데, 형태는 초기의 단순한 엠블럼 타입에서 차츰 기능을 직접적으로 설명하고 보여주는 형태로 진화해 왔다. 색상은 일반 데스크탑용은 블루, 데스크탑 고급 모델은 블랙, 모바일용은 흰색 등으로 구분짓고 있다.

인텔 뱃지 디자인의 변천

인텔 인사이드가 등장한 지 14년 만에 인텔은 로고 디자인을 리뉴얼

 >

인텔 인사이드 리뉴얼

데스크탑용 　　데스크탑용(고급형) 　　모바일용 　　인터넷 디바이스용

워크스테이션용 　　노트북용 　　인텔 자체 PC용

인텔 뱃지 비주얼 시스템(Badge Visual System)

하면서 간결한 구성에 세련된 로고 타입을 적용하였다. 이는 인텔 인사이드를 통해 알려진 인텔 브랜드를 강화하면서 하부 브랜드와의 연결성을 용이하게 하기 위한 것이었다. 이듬해인 2006년엔 새 고성능칩 출시에 맞춰 전반적인 디자인 리뉴얼을 단행하였다.

새롭게 선보인 디자인에는 프로세서 종류별로 칩의 실제 모습을 부분적으로 넣어 시각적 아름다움을 부각시켰다. 이러한 아이덴티티는 2011년에도 이어져 차세대 프로세서 디자인에 적극 반영되었다. 전체 형태 역시 동글동글한 곡선에서 직선이 강조된 디자인으로 변경되었고, 사이버틱한 첨단 이미지가 강조되었다. 이러한 변화는 시대가 요구하는 컨텐츠의 다양성과 통일성을 성공적으로 조화시킨 디자인으로 평가받고 있다.

1991년 인텔 인사이드 등장

2005년 인텔 로고 리뉴얼

2006년 저전력 고성능칩 등장

2011년 차세대 코어 프로세서
- CPU 내 그래픽칩 내장

인텔 뱃지 디자인(Badge design) 변천사

　인브랜드 확장은 단순히 이름과 기능의 확장뿐만 아니라 디자인이 적용될 소재나 매체의 심미적인 부분까지 고려되어야 한다. 인브랜드의 확장을 위한 디자인에 있어서 시각적 자산을 얼마나 활용하느냐가 중요하다. 확장되는 브랜드 네임과 부가적인 이미지를 포함하면서도 기존의 디자인 아이덴티티를 유지할 수 있다면 최선일 것이다.

브랜드 확장에 따른 디자인 시스템 유형

아이덴티티 유지형

고어텍스는 기본적인 사각형을 유지하되, 하단에 사각형을 겹쳐서 변화를 주고 있다. 이는 기본 색상과 형태를 그대로 유지하면서도 다양함을 보여준다.

아이덴티티 응용형

국제양모사무국이 설정한 양모 제품의 품질보증 마크인 울 마크는 순모의 함량에 따라 감겨진 실의 갯수를 달리하는 식으로 기본형을 변형하여 등급별 디자인을 하고 있다.

순모 함량 100%   순모 함량 50% 이상 또는   순모 함량 30 ~ 50%
                   한 가지 섬유 40%까지 혼합   울 저혼방 제품

아이덴티티 복합형

라이크라의 확장 라인들은 복합형 디자인으로 로고를 강조하는 아이덴티티 유지 형태와 보증 형태를 함께 사용한다.

Tone & Manner 유지형

콜럼비아의 옴니히트는 좀더 다양한 방법을 사용한다. 각각의 형태는 다르지만 동일한 스타일의 아이콘, 동글동글한 엠블럼 형태, 저채도 색상 등 전체적인 Tone & Manner를 유지하면서 확장하고 있다.

지속적 관리: 적극적인 홍보와 권익 활동

인브랜드의 개발 유형, 적용 방법, 확장 방법과 함께 인브랜드의 승패를 가늠하는 가장 중요한 요소 중 하나가 인브랜드에 대한 홍보와 권익 활동이다.

인브랜드 홍보를 위한 로고 디자인의 확장

울WOOL 과 면Cotton 등 천연섬유 업계는 최근 천연섬유의 우수성과 친환경 이미지를 적극적으로 홍보하고 있는데, 이는 디자인의 변화로까지 이어지고 있다.

특히, 울의 경우 AWI Australian Wool Innovation 는 호주올림픽팀을 후원하고 있고, 더 나아가 호주올림픽위원회와의 공동 로고에 울 마크를 넣을 정도로 홍보에 적극성을 보이고 있다.

2010년 10월부터 AWI Australian Wool Innovation, 영국 울 마케팅 이사회 British Wool Marketing Board, 국제 울 텍스타일 기구가 공동으로 추진해 온 울 캠페인의 디자인은 더욱더 적극적이다. 울 마크의 기본 모티브를

울 마크

호주올림픽위원회와 울 마크 공동 로고

홍보용 울 마크

울 캠페인 공식 마크

화려한 색상으로 리뉴얼하였고, 울 캠페인 마크를 클래식하면서도 장식적인 독특한 양의 모습으로 디자인해 소비자들의 참여와 흥미를 유도하고 있다. 적극적인 홍보용 로고인 울 캠페인 마크는 시각적
인 주목성을 가진 효과적이고 아름다운 디자인으로 탄생하였다.

인브랜드 홍보를 위한 캠페인 활동

2010년 9월에 열린 런던 패션 위크와 10월 Saville Row에서의 페어 이벤트를 통해 시작된 울 캠페인은 합성섬유로 인한 환경오염 문제를 해결하기 위해 천연섬유인 울을 사용하자는 캠페인으로 영국의 찰스 황태자까지 나서서 지원하고 있다.

찰스 황태자는 "합성섬유의 매립식 쓰레기 처리 문제에 대해 관심을 가지게 됐고, 이를 해결하기 위한 최적의 방법은 지속 가능한 섬유, 울 Wool 을 선택하는 것이라는 결론에 이르게 됐다"며 2010년 가을 울 캠페인 The Campaign for Wool 의 후원자가 됐다고 밝혔다.

인브랜드 보호를 위한 디자인

2010부터 단계적으로 도입될 새로운 울 마크의 행택에는 히든 이미지 hidden image 기술이 적용되었다. 이는 신용카드 크기의 리더기를 행택에 올려놓으면 숨겨져 있던 이미지를 확인할 수 있게 하는 기술이다. 상품 보호를 위한 Protect Tag의 적극적인 도입은 도용이나 오용으로부터 인브랜드를 보호하고, 브랜드에 대한 신뢰도를 높이는 효과가 있다.

 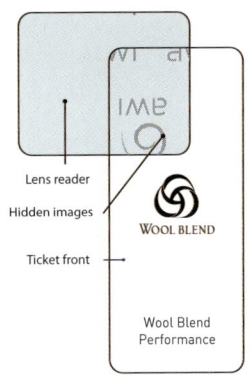

울 마크의 행택

새로운 형식의 제휴 및 보증마크

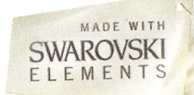

스와로브스키 엘리먼츠Swarovski elements가 전 세계에 걸친 코워크Cowork를 통해 고어텍스나 코튼마크처럼 독자적인 인브랜드를 붙일 수 있는 브랜드만 500개가 넘는다. 인텔 인사이드나 코튼마크가 해당 산업군에 국한되어 활동한다면, 스와로브스키 엘리먼츠는 패션, 건축, 조명, 가전 등 다양한 분야에서의 콜래보레이션Collaboration을 통해 자사 브랜드와 자사 브랜드 파워를 적극적으로 알리고 있다.

스와로브스키 엘리먼츠 택 디자인TagDesign은 비대칭의 마름모꼴 형태로, 대부분의 브랜드 택들이 직사각형의 틀을 가지고 있는 점을 감안한 과감하고 차별화된 디자인이다.

STRATEGY 5 인브랜드 커뮤니케이션 전략

쉽게 다가가
런칭부터 이슈화하라

    인브랜드라고 해서 관리 방식이 기존 브랜드와 전혀 다른 것은 아니다. 시장을 탐색하고, 브랜드 컨셉을 도출하고, 제품화하고, 시장에 런칭하고, 커뮤니케이션하는 프로세스는 동일하다. 또한 브랜드 자산을 쌓아가고 가치를 제고하는 방법도 일반 브랜드와 유사하다고 볼 수 있다. 하지만 전반적으로 유사하다할지라도 인브랜드는 인브랜드로서의 컨셉이 존재하고, 그에 맞는 전략을 필요로 한다.

    인브랜드 커뮤니케이션 전략도 마찬가지다. 이 장에서는 바로 인브랜드의 커뮤니케이션 전략에 대해 '이슈화'라는 관점에서 몇 가지 사례들을 중심으로 살펴보기로 한다.

    인브랜드의 커뮤니케이션을 논의하기 전에 먼저 인브랜드가 가치를 만들어내는 메커니즘을 이해할 필요가 있다. 인브랜드가 가치를 만들어내는 메커니즘을 이해해야만 그에 맞는 커뮤니케이션 전략으로 대응하여 소비자에게 어필할 수 있기 때문이다. 인브랜드가 가치를 창출하는 메커니즘은 어떤 것인가? 3가지 관점에서 살펴보자.

인브랜드의 가치 창출 메카니즘

품질 경쟁력

인브랜드가 가치를 창출하는 기본 메카니즘은 소비자에게 의미 있으면서 타 제품보다 더 나은 품질을 제공하는 것이다. 브랜드는 어떤 특성이든 가질 수 있다. 그러나 그러한 특성이 구매 시점에 소비자에게 중요하지 않고 소비자 욕구를 만족시킬 수 없다면 인브랜드의 파워는 줄어들고 가치를 창출할 기회는 사라지게 될 것이다.

다시 말해 인브랜드는 소비자에게 의미가 있어야 할 뿐만 아니라 품질에 대한 신뢰를 줄 수 있어야 한다. 예를 들어, 인텔 인사이드 로고가 부착된 컴퓨터를 보았을 때, '인텔 CPU가 들어간 컴퓨터라서 다른 제품보다는 성능이 더 좋고 믿을 수 있을 거야'라는 생각을 불러일으킬 수 있어야 한다는 것이다.

차별성 확보

호스트 브랜드가 가치를 만들어내느냐는 인브랜드가 호스트 브랜드에 지속적인 차별성을 줄 수 있느냐에 달려있다. 인브랜드가 지속적인 차별성을 줄 수 있다면 그것은 호스트 브랜드의 차별성으로 연결될 것이고, 그럴 수 없다면 호스트 브랜드 역시 힘을 잃게 될 것이다.

선택과 집중의 마케팅

단순히 인브랜드를 개발하여 사용하는 문제로 접근하는 것이 아니라 마케팅 전략 측면에서 인브랜딩을 접근해볼 수 있다. 전통적인 마케팅 전략은 저가격으로 가격 경쟁력을 확보하거나 광고비 집행을 늘려 소비자에게 더 적극적으로 다가가는 것이다. 반면 가격 경쟁력이나 마케팅

비의 투입 증대와 같은 전통적인 전략으로 접근하는 대신 인브랜드를 활용하는 것도 하나의 대안이자 훌륭한 마케팅 전략이 될 수 있다.

인브랜드의 커뮤니케이션 방향

인브랜드가 이렇게 3가지 관점에서 가치를 창출한다고 할 때, 그 효과를 극대화하려면 어떻게 커뮤니케이션해야 할까? 먼저 알아두어야 할 점은 커뮤니케이션 방향이 브랜드 라이프사이클에 따라 달라질 수 있다는 것이다. 어떤 브랜드든지 초기, 중기, 후기 단계의 커뮤니케이션 전략은 다르다. 여기서는 인브랜드의 초기 런칭 단계를 중심으로 살펴본다.

결론적으로 말하면, 인브랜드의 커뮤니케이션 방향은 5가지로 요약될 수 있다. 그리고 각각의 커뮤니케이션 방향은 인브랜드의 가치 창출 기반과 밀접히 연관되어 있다. 왜냐하면 가치 창출 기반에 따라 커뮤니케이션 방향이 달라질 수 있기 때문이다.

인브랜드 커뮤니케이션의 첫 번째 방향은 런칭 초기에 소비자의 관여

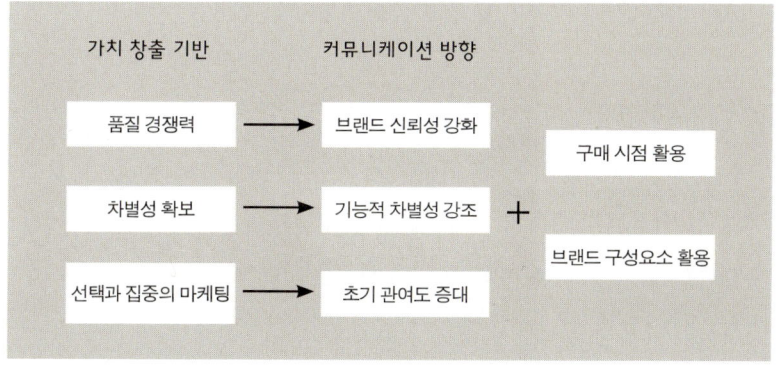

인브랜드의 가치 창출 기반을 통해 도출된 5가지 커뮤니케이션 방향

도를 높여서 시장을 선점하는 것이다. 초기에 소비자의 관여도를 높이려면 과감한 마케팅이 뒷받침되어야 한다. 두 번째 방향은 인브랜드의 기능적 차별성을 강조하는 것이다. 이는 인브랜드의 가치 창출 기반 중 하나인 차별성 확보와 연관되어 있다. 세 번째 방향은 인브랜드에 대한 신뢰성을 강화하는 것인데, 가치 창출 기반인 품질 경쟁력과 연관되어 있다. 네 번째 방향은 구매 시점에 인브랜드의 특성을 강하게 어필하는 것이고, 다섯 번째 방향은 브랜드의 구성요소를 적극 활용하는 것이다.

● ● ● ● ● ● ●
런칭 초기에 소비자의 관여도를 높여 시장을 선점하라

인브랜드는 이제 막 브랜드로서의 관심이 발생하는 신제품에 활용되는 경우가 많다. 예를 들어, 컴퓨터 산업이 본격적으로 성장하기 시작할 때 인텔의 인브랜드가 등장하였고, 스마트폰이 나오면서 안드로이드라는 인브랜드가 등장하였다. 시장이 막 생성되는 단계에서 해당 시장을 선점하기 위해서는 과감한 마케팅 커뮤니케이션으로 소비자의 관여도를 높여야 한다. 그렇지 않을 경우 인브랜드가 성공하기란 쉽지 않다.

삼성 아몰레드 AMOLED 광고를 살펴보자. 아몰레드는 능동형 유기발광 다이오드 Active Matrix Organic Light-Emitting Diode의 약자로 삼성에서 디스플레이 패널의 브랜드로 사용해오고 있다. 아몰레드는 부품의 기술 방식을 표현한 용어인데 이를 띄어쓰기 없이 사용하면서 브랜드화한 것이다. 그러나 삼성은 단순히 아몰레드를 브랜드화하는 소극적인 차원을 넘어서 소비자들이 잘 알지 못하는 아몰레드를 알리기 위해 초기부터 대대적인 마케팅 공세를 벌였다.

아몰레드는 부품 기술 방식으로 삼성뿐만 아니라 다른 경쟁업체들도

후크송 등 쉬운 기제를 활용해 런칭 초기에 관여도를 높인 아몰레드

사용할 수 있는데 삼성은 비즈니스 초기부터 아몰레드라는 기술적 특성을 자신들만의 것으로 만들기 위해 노력한 것이다.

초기 아몰레드 광고에 가수 손담비가 출연하고 아몰레드의 특성인 '자체 발광'을 강조하여 진행하였으며 여기서 머무르지 않고 '아몰레드 송'이라는 트리거 trigger 를 활용하여 소비자의 뇌 깊은 곳에 침투하게 만들었다. '아몰레~아몰레 몰레 몰레 아몰레~'로 시작되는 아몰레드 송은 소비자들에게 중독성 있게 다가갔으며, 소비자들 입장에서는 이해하기 어려운 'AM OLED'라는 기술적 특성을 아주 쉽게 인식시킬 수 있었다.

삼성의 마케팅 공세는 바로 시장에서 성과로 나타났다. 광고 집행 후 몇 개월이 지나지 않아 모 업체에서 진행한 광고 효과 조사에서 당당히 1등으로 등극하였다. 물론 여기까지는 마케팅 물량 공세의 결과라고 볼 수도 있다. 그러나 그 성과는 단순하게 광고효과 1위라는 데에서 그치지 않고 있다. 소비자들은 AM OLED 기술이 적용된 제품을 보면서 그것을 '에이엠 오엘이디'라고 읽지 않고, 자연스럽게 '아몰레드'라고 인식한다.

그렇다면 경쟁사도 AM OLED가 적용된 제품을 내놓을 수밖에 없는 상황인데 경쟁사에서 AM OLED가 적용된 제품을 출시할 경우 그들은 AM OLED 관련 마케팅을 어떻게 할 것인가? 하지 않을 것인가? 그렇지는 않다. 경쟁사에서는 AM OLED가 적용된 제품의 특성과 우수성을 알릴 수밖에 없다. 왜냐하면 AM OLED라는 요소는 소비자에게 아주 매력적인 특성으로 어필할 수 있기 때문이다. 하지만 소비자들은 어떻게 생각할 것인가? 소비자들은 아주 쉽게 'AM OLED가 적용된 제품은 삼성이지'라거나 '아몰레드는 삼성인데~~'라고 인식할 수밖에 없다.

그래도 여기서 끝나면 문제는 단순하다. 문제는 AM OLED가 적용된 제품은 단순히 휴대폰에서만이 아니라는 것이다. MP3를 비롯한 많은 제품군에서 AM OLED가 적용된 제품들이 나올 것이다. 이것이 바로 삼성이 비즈니스 초기에 소비자 관여도를 높인 결과가 아닐까 생각한다.

● ● ● ● ● ●
인브랜드의 기능적 차별성을 강조하라

일반적으로 브랜드 커뮤니케이션에 있어서는 두 가지 방향이 존재한다. 하나는 초기에 브랜드를 런칭하면서 경쟁 브랜드 대비 기능적 차별성을 극대화하는 것이다. 다른 하나는 기능적 차별성보다는 브랜드가 가지고 있는 감성적 측면을 통해서 좀더 포괄적으로 접근하는 것이다. 대중매체에서 나오는 브랜드 광고들은 대부분 감성적 접근 방법을 취하고 있다. 물론, 어느 방법이 옳다고 이야기하기란 쉽지 않다. 브랜드마다 적합한 전략과 마케팅이 있기 때문이다.

그렇다면 일반 브랜드가 아닌 인브랜드의 경우에는 어떻게 커뮤니케이션하는 것이 효과적일까? 결론부터 이야기하자면 인브랜드는 초기에는 기능적 차별성을 극대화하는 방향으로 가야 한다. 즉, 인브랜드의 기술이나 성분의 특성을 명확하게 커뮤니케이션해야 한다. 그런 다음 일정 시기가 지난 뒤 감성적 커뮤니케이션을 통해 부족한 부분을 채워나

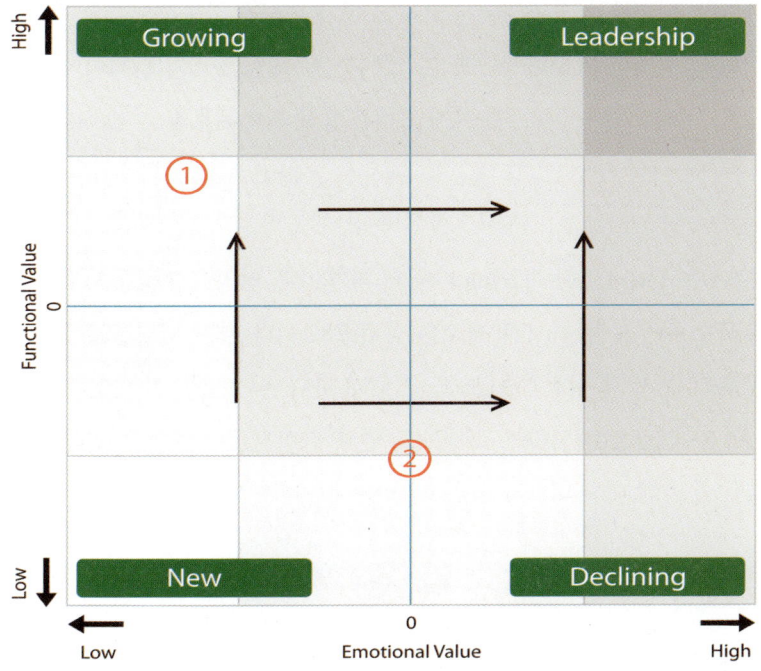

인브랜드는 태생적으로 기능적 차별성이 강조되어야 한다.

가야 한다.

그렇다면 왜 인브랜드는 초기에 기술적 특성을 강조해야 하는가? 그 이유는 바로 인브랜드 자체가 성분이나 기술을 브랜드로 사용하는 것이기 때문이다. 즉, 인브랜드의 기술적 특성을 강조함으로써 해당 기업과 브랜드의 기술적 우수성을 표현하는 것이다.

인브랜드의 역할 중 하나는 타 브랜드와의 차별성을 극대화해 호스트 브랜드에 신뢰를 제공하는 것이다. 호스트 브랜드에 신뢰를 제공한다는 것은 인브랜드가 '믿을 수 있는 기능적 차별성'을 이미 가지고 있다는 것을 의미한다. 따라서 마케팅 커뮤니케이션에서도 인브랜드의 기능적 차별성을 극대화하기 위한 전략이 필요하다. 인브랜드 런칭 초기에는 이런 기술적 차별성에서 오는 소비자 편익을 집중적으로 소구해야 한다. 감성적인 커뮤니케이션은 인브랜드에 대한 소비자 인식이 형성되고 나서 해도 늦지 않다. 몇 가지 사례를 통해 확인해보자.

남양유업 GT

GT는 'Good Taste Technology'의 약자이다. 남양유업의 독자적인 기술과 노하우로 탄생시킨 새로운 공법으로 여러 가지 냄새를 없애주어 우유의 참 맛과 신선함을 느낄 수 있게 한다. 이 브랜드가 나온 배경은 웰빙과 건강을 중시하는 트렌드로 인해 소비자들이 좀더 신선하고 맛좋은 우유에 대한 니즈가 있었고, 이에 대응하기 위해 남양유업에서 GT

GT 공법에 대한 호기심을 유도했던 남양유업 '맛있는 우유 GT' 광고^

공법을 개발한 것이다. 어쨌든 GT라는 인브랜드를 보면 소비자 입장에서는 '아, 뭔가 있나 보네'라고 인식할 수 있지만 그것이 무엇인지에 대해서는 구체적으로 알 수 없다.

여기서 커뮤니케이션의 역할이 중요해진다. 브랜드 런칭과 함께 GT 공법이 무엇인지 알려주어야 소비자는 'GT'라는 것에 대해 호기심을 가지고 궁금해할 것이다. 광고에서 보는 것처럼 GT 공법은 믿을 만한 기관에서 인증을 받았다. 그리고 브랜드 네임부터 GT를 설명할 수 있는 '맛있는 우유'라 하여 GT가 우유를 신선하고 맛있게 만들어주는 기술임을 은연중에 전달하고 있다. 커뮤니케이션 역시 맛있는 우유 GT라는 것을 간단명료하게 설명하는 방향으로 진행되었다.

매일우유 ESL

남양유업이 GT라는 인브랜드를 들고 나와 우유의 '맛'을 이야기하였다면 매일우유는 'ESL Extended Shelf Life'이라는 우유를 신선하게 유지해주는 시스템으로 차별화하고 있다. ESL 시스템은 우유의 전 제조 공정

Milk Innovation(2008)

신선함이 시작되는 곳(2009)

ELS 공법- 신선함을 지키는 기술 (2007)

매일을 즐겨라(2009)

런칭 초기에는 기능을 소구하고, 브랜드 인지 후에는 기능에 따른 편익을 소구한 '매일우유 ESL'

을 무균화하여 우유 본래의 맛과 영양을 건강하게 유지해 준다. 매일우유에서 생산하는 대부분의 제품에 ESL 로고를 붙일 만큼 제조 공정이 전체 브랜드로 승화되는 단계까지 왔다.

매일우유 ESL의 커뮤니케이션은 초기에 ESL 공법과 그 핵심, 즉 '신선함을 지키는 기술'을 알리는 데 초점을 맞췄다. 이후에는 ESL 공법을 소개하는 패턴에서 벗어나 신선함 쪽으로 기울어졌다. 초기의 인브랜드 런칭이 어느 정도 정착된 상황에서 공법보다는 공법의 핵심인 '신선함'에 초점을 맞춘 것이다. 이렇듯 인브랜드의 초기 런칭 광고에서는 인브랜드의 특성인 기능 Function 을 명확하게 커뮤니케이션하는 것이 주요 포인트이다.

인브랜드의 신뢰성을 극대화하라

기술적 특성이 명확한 제품이나 브랜드의 경우 이 방법을 많이 사용한다. 기술에 대한 신뢰성은 소비자가 그 브랜드나 제품을 구매할 것인가를 결정하는 중요한 단서이다. 소비자들에게 기술적 신뢰성을 어떻게 알릴 것인가는 기술적인 특성을 갖는 제품에서 매우 중요하다.

과거 자일리톨 껌이 껌의 패러다임을 바꿔놓은 사례가 있다. 우리가 알고 있는 껌이라는 제품에 대한 인식을 완전히 바꿔놓았을 뿐만 아니라 시장을 두 배 정도 키워놓았다. 입냄새 제거 기능의 일반적인 껌이 아니라 '충치예방'이라는 기능을 가지고 있는 자일리톨 껌의 경우 소비자가 가지고 있는 껌에 대한 인식, 즉 심심풀이로 씹거나 잔돈을 바꾸기 위해 사는 껌이라는 인식을 바꿔놓아야 하였다. 그러기 위해서는 자일리톨이 가지고 있는 효능을 어떻게 알리는가가 매우 중요한 관건이었다.

다나한 RGⅡ는 특허와 논문을 인용한 커뮤니케이션으로 신뢰성을 높이고 있다.

이때 롯데에서 활용한 방법이 바로 신뢰도 제고 마케팅이다. 충치예방 기능을 알리는 데 의사의 권위를 활용하기 위해 치과의사협회와 제휴 마케팅을 한 것이다. 인브랜드가 아닌 기능 제품에서도 기능의 신뢰성이 중요한데, 인브랜드 제품의 경우는 더 말할 나위가 없다.

앞에서 언급한 RGⅡ 화장품 사례를 보자. RGⅡ는 홍삼에서 추출한 사포닌 중 주름개선에 효과가 있는 RGⅡ 성분을 그대로 브랜드화한 것이다. 아마 소비자들은 RGⅡ라는 성분이 무엇인지 잘 모를 것이다. 그런데 세계적 권위의 SCI Science Citation Index의 인정을 받은 논문을 인용하여 RGⅡ 성분이 피부 세포의 수명을 85% 더 연장시킨다는 사실을 커뮤니케이션함으로써 소비자들이 믿고 브랜드를 구입하도록 하는 효과를 얻었다.

● ● ● ● ● ●

구매 시점에 인브랜드 특성을 강력하게 어필하라

일반적으로 브랜드에 대한 관여도와 로열티가 높지 않은 제품들이 존재한다. 제품에 대한 관여도는 높지만 브랜드에 대한 관여도가 낮은 제품의 경우 소비자 구매 시점에서 인브랜드의 특성을 명확하게 고지하여

구매 시점에서 완제품에 대한 선택기준을 제시하는 풀무원 그린써클

소비자가 그 브랜드를 선택하게 만드는 커뮤니케이션 전략이 필요하다.

식품의 경우 소비자가 평소에는 브랜드에 대한 관심과 관여가 높지 않다가 구매 시점에서는 제품 구매의 주요 요인으로 작용한다. 따라서 많은 소비자들이 찾고 있는 대형마트 같은 곳에서는 소비자의 구매접점을 활용하여 인브랜드 특성을 명확하게 어필할 수 있는 커뮤니케이션이 필요하다.

일반적으로 대형마트의 마케팅이나 프로모션의 경우 '1+1'이나 '가격할인' 같은 메시지를 통해 소비자의 시선을 이끄는 경우가 많다. 하지만 명확한 인브랜드를 가지고 있는 제품이라면 가격할인이나 프로모션 대신 인브랜드의 특성을 정확하게 커뮤니케이션함으로써 소비자의 구매를 유도할 수 있다.

풀무원의 경우 두부 선택 권장 캠페인을 진행하면서 구매 시점에서의 소비자 관여도를 높이고자 '화학 첨가물 0%의 약속'을 상징하는 그린써클 Green Circle 이라는 인브랜드를 활용하는 커뮤니케이션을 하였다. 이처럼 일반 소비자 대상 제품의 경우 브랜드가 가지고 있는 특성을 명확하게 소비자에게 커뮤니케이션하여 바로 구매로 연결시키는 장치가 필요하다.

브랜드 구성요소를 적절하게 활용하라

하나의 브랜드는 여러 가지 요소로 구성되어 있다. 브랜드 네임, 패키지, 징글, 슬로건, 캐릭터, 심벌, 로고 등 여러 가지 요소가 결합되어 하나의 브랜드를 형성한다. 물론 브랜드에 따라 이 모든 요소가 있을 수도 있고 일부는 없을 수도 있다. 그리고 일반 브랜드의 경우 구성요소들을 잘 활용하여 마케팅 활동을 효과적으로 진행하는 것을 많이 볼 수 있다.

네임이나 패키지, 로고, 슬로건 등은 브랜드 컨셉에 적합한 방향으로 개발이 필요하다. 그러나 징글이나 캐릭터의 경우에는 좀더 자유로울 수 있다. 반면에 징글과 캐릭터는 반복적인 소비자 노출로 인해 브랜드와 소비자 사이의 거리감을 없애주고 친근감을 높일 수 있는 요소로서 충분한 활용 가치가 있다.

인브랜드 커뮤니케이션에서는 징글이나 캐릭터가 아주 유용한 커뮤니케이션 수단이 될 수 있다. 특히 실체가 분명치 않은 서비스나 IT 비즈니스의 경우 소비자에게 명확한 실체를 보여주면서 커뮤니케이션하기가 쉽지 않다. 이러한 상황에서는 징글이나 캐릭터가 눈에 보이지 않는

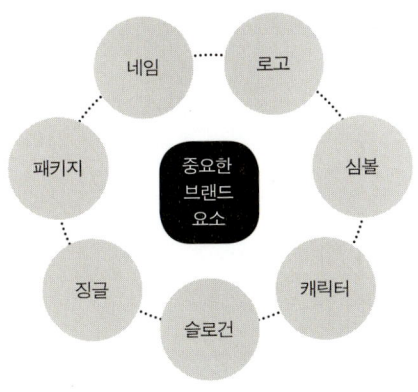

브랜드를 구성하는 브랜드 요소들

직접 체감하기 어려운 기술이나 부품 등의 인브랜드는 징글을 활용해 인식시키는 것이 좋다.

특성을 느낄 수 있게 만드는 데 중요한 역할을 한다.

예를 들어, 인텔의 '떵띠딩떵' 징글은 언제, 누가 들어도 인텔의 것임을 알 수 있다. '떵띠딩떵' 징글은 인텔 브랜드를 소비자의 기억 속에 각인시키는 데 많은 역할을 하였다. 만약 인텔이 광고에서 단순하게 인텔 인사이드 브랜드가 다른 CPU 대비 기능이 좋다는 내용만을 강조하였다고 가정할 경우 소비자와 친근한 접점을 형성하기가 어려웠을 것이다. 이렇듯 인텔의 브랜드 로고와 징글의 활용은 커뮤니케이션에 있어서의 무료함을 해결하였고 브랜드 인식의 명확성을 가져오는 효과를 얻을 수 있었다. 인텔의 4음절 징글이 브랜드 파워를 획득하는 데 미친 영향이 얼마나 컸으면 그 가치가 6백만 달러나 된다는 이야기도 있다.

인텔은 인브랜드 자체의 커뮤니케이션을 위해 인텔 인사이드 로고와 징글을 활용하였다. 그 결과는 인텔의 마이크로칩이 들어간 제품과 그렇지 않은 제품 간의 인식된 가격 차이로 이어졌으며, 인텔 칩이 들어있는가 아닌가가 컴퓨터 구매시 주요 관심사가 되었다.

최근 안드로이드의 경우는 로고나 징글 활용 수준을 넘어 초기부터 캐릭터를 활용하여 강력하게 이슈화를 진행하였다. 생각해보라. 스마트폰에 어떤 OS가 있는가가 소비자에게 과연 의미가 있을까? 일반적으로 생각해보면 얼토당토않은 이야기이다. 그러나 구글은 안드로이드라는 인브랜드 개발에 머물지 않고 캐릭터를 만들어 커뮤니케이션에 활용하

| 안드로이드 | 안드로보이 | 졸업식장의 안드로보이 |

캐릭터를 통해 인브랜드에 물성을 만드는 것도 브랜드 인식과 친숙도 향상에 도움이 된다.

였다. 초기에 발생할 수 있는 소비자와의 거리감을 줄여주는 요소로 활용한 것이다. 뿐만 아니라 관련 기업들이 기본 가이드라인을 벗어나지 않는 범위 내에서 캐릭터를 변형하여 사용할 수 있게 하였다. 원래 구글 캐릭터는 '안드로이드'이지만 SK텔레콤에서 업그레이드한 것은 '안드로보이'이다. 게다가 SK텔레콤은 수정된 안드로보이 캐릭터를 대중매체뿐만 아니라 오프라인에서도 활용함으로써 소비자와의 접점을 최대한 확대하였다.

앞에서 인브랜드를 기술, 성분, 요소 등을 활용한 브랜드라고 정의하였다. 그러나 따지고 보면 인브랜드 내에서도 여러 가지 종류가 있을 것이다. 인브랜드를 소비자에게 커뮤니케이션하는 방법 역시 어떤 인브랜드인가에 따라 다를 수 있다.

이 장에서 언급한 커뮤니케이션 전략은 주로 소비자와 직접적으로 관련이 있는 인브랜드를 중심으로 살펴보았다. 인브랜드의 중요성이 점점 더 커지고 있는 상황에서 문제는 어떻게 그것을 소비자에게 커뮤니케이션할 것인가였다. 결론은 역시 소비자였다. 아무리 인브랜드라고 해도 최종적으로 해당 브랜드를 소비하는 소비자의 관심을 이끌어내기 위한 커뮤니케이션이야 한다는 것이다.

소비자에게 차별적으로 다가가 관심을 이끌어내고 그들의 마음을 움직이는 것, 그리고 최종적으로 브랜드에 대한 인식과 이미지를 풍부하게 만드는 것이 인브랜드 커뮤니케이션의 방향이다.

 인브랜드 커뮤니케이션의 핵심은 인브랜드의 주요 특성을 소비자에게 단순하고 명확하게 전달하는 것이다. 또한 일반 브랜드와 달리 시장 진입이 매우 중요하기 때문에 초기 커뮤니케이션 성과에 따라 인브랜드의 성패가 결정된다.

STRATEGY 6 인브랜드 미디어 전략

입체적으로
소통하라

앞서 우리는 인브랜드의 전반적인 이슈화에 대한 커뮤니케이션 전략을 살펴보았다. 이러한 전략들은 대중매체를 통해 인브랜드를 대중의 화두에 띄우고 각광받게 하는 측면에서 중요한 역할을 한다.

그러나 일반 대중매체를 통한 커뮤니케이션 측면에서만 인브랜딩 방향을 논의하기엔 뭔가 부족한 느낌이 든다. 인브랜드가 광고, 스폰서십 등 최종 소비자들을 대상으로 하는 커뮤니케이션 활동에 성공을 거둔 경우도 많지만, 당장 영업적으로 가시적인 성과가 노출되지 않기 때문에 부담스런 비용을 지불하면서까지 적극적으로 커뮤니케이션할 필요성을 느끼지 못하는 경우도 많기 때문이다. 일부분 맞는 이야기일 수도 있지만, 간과하지 말아야 할 것은 지금의 미디어 환경은 인텔이 캠페인을 시작하던 시절과 크게 다르다는 사실이다. 지금은 T.G.I.F. Twitter, Google, iPhone, Facebook 와 유튜브 You tube 로 대변되는 뉴미디어의 통로가 활짝 열린 시대이다.

비즈니스닷컴 Business.com 의 2009년 미국 시장 내 소셜미디어 사용률 조사에 따르면, B2B 기업이 소셜미디어 활용에서 B2C 기업보다 양적인 측면과 적극성 측면에서 앞서 있음을 확인할 수 있다. 이는 기존의 올드 미디어가 매체 자원의 한정성이나 투자 비용의 효율성으로 인해 장기간의 미디어 커뮤니케이션 투자에 선뜻 나서기 어려웠던 B2B 기업들이 비

Most Popular Business Social Media Initiatives
Most Popular Business Social Media Initiatives – B2B vs. B2C Companies

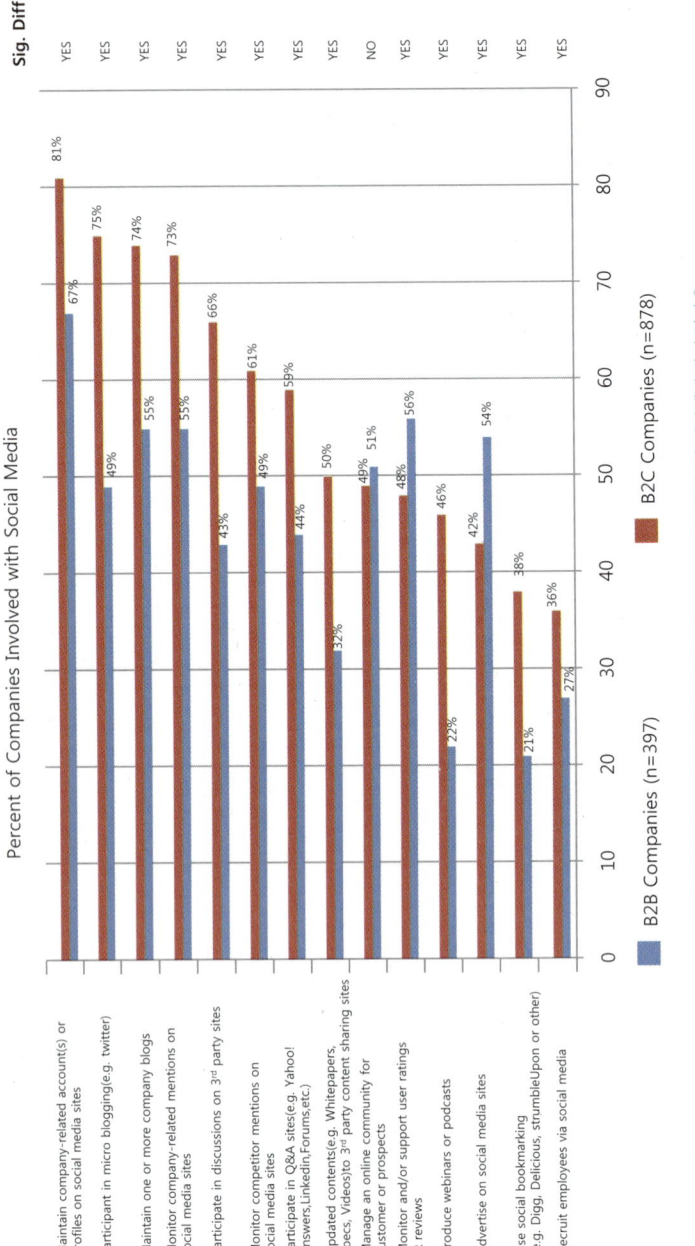

로소 최종 소비자들과 1:1로 소통하며 자신의 브랜드를 알릴 수 있는 장이 열렸음을 의미한다. 이는 인브랜드에도 적용된다. 인브랜드 역시 마케팅 비용이 부담스럽고, 어렵고 딱딱한 메시지를 쉽고 친밀하게 전달해야 하기 때문이다.

확실히 소셜미디어를 필두로 하는 뉴미디어는 인브랜드가 고객과 직접 대면하며 관계를 형성하기에 적합한 환경이다. 게다가 단순한 일방향 커뮤니케이션이 아니라 필연적으로 상호작용을 통해 브랜드 이미지를 만들어 나가야 하는 환경도 결과적으로 도움이 된다.

결국 뉴미디어를 통한 인브랜드 커뮤니케이션은 다음과 같은 방향에서 접근되었을 때, 성공을 기대할 수 있다.

첫째, 뉴미디어를 통해 단기간에 큰 효과를 기대하기보다는 장기적으로 접근하라.
둘째, 소비자들이 인브랜드를 생활 속에서 발견하게 하라.
셋째, 소비자들이 체험할 수 있는 기회를 제공하라.
넷째, 어려운 인브랜드일수록 쉽고 재미있게 전달하라.
다섯째, 고객의 피드백을 적극적으로 수용하고 반영하라.

이제 뉴미디어 환경에서 인브랜드의 미디어 전략에 대해 구체적으로 살펴보자.

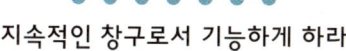
지속적인 창구로서 기능하게 하라

기본적으로 뉴미디어를 통한 마케팅에 있어서 가장 중요한 마음가짐은 단기간에 큰 효과를 누리겠다는 기대를 하지 않는 것이다. 소셜미디어는 단순히 기업이 보내는 메시지가 고객에게 도달하면 성공이라는 단순 도식이 성립하지 않는다. 한 고객과의 관계가 형성되고, 그 고객이 다시 마케터가 되어 브랜드를 회자시키는 네트워크를 만들어가는 것이 핵심이다. 관심사가 통한 고객은 그 기업에 대해 두터운 신뢰를 갖게 되고, 스스로 충성도를 높여가는 동시에 기업 활동의 참여자이자 컨텐츠 확산자가 되기 때문이다. 사실상 소셜미디어를 통한 메시지는 전달하는 것이 아니라 발견될 수 있도록 한다고 보는 것이 적합하다. 따라서 지속적으로 소통의 창구가 될 수 있도록 끊임없이 정보를 생산하고 관계를 맺으며, 참여를 유도해야 한다.

이에 대한 바람직한 사례로, 기업용 유무선 인터넷 통신 솔루션 등을 제공하는 B2B 기업 '제너시스템즈'의 소셜미디어 운용 케이스를 들 수 있다. 2010년 대한민국 블로그 산업협회 기업부문 최우수상을 수상한 제너시스템즈는 기업 블로그를 통해 주 5회 이상 끊임없이 컨텐츠를 생산해내며 양적, 질적 지속성을 유지해 왔고, 그 결과 B2B 중소기업에서 소셜네트워크를 통해 자신의 기술력을 확산시킨 소통경영의 우수사례로 발전할 수 있었다.

세상이 모두 소셜미디어를 주목하라고 하니까, 우리도 한번 만들어 보자는 식의 접근은 하지 말아야 한다. 매스미디어에 비해 상대적으로 돈이 적게 든다 하더라도, 일정량의 투자와 지속적인 관리가 없다면 단순한 자원의 낭비에 지나지 않는다. 소셜미디어 영역에서 빅뱅을 일으키려면 충분히 뜸을 들여야 한다는 사실을 반드시 염두에 두어야 할 것이다.

소비자로 하여금 생활 속에서 인브랜드를 발견하게 하라

인브랜드의 특성상, 이미 주변의 삶에 그 브랜드가 침투해 있음에도 쉽게 인지하지 못하고 지나치는 경우가 많다. 새롭게 브랜드를 인지시키는 것도 중요하지만, 본인의 삶 속에 이미 그 브랜드가 존재하고 있음을 환기시키는 것도 효과적이다.

효성의 사례를 살펴보자. 효성은 'My friend 효성'이란 슬로건과 함께 소비자에게 친근한 기업의 이미지를 기부, 봉사활동, 나눔 행사 등의 홍보 활동과 함께 전달하고 있다. 효성의 인브랜딩 활동은 이러한 기업의 홍보 활동과 맥락을 함께하며 진행되는데, 일례로 '생활 속 효성 찾기'와 같은 이벤트를 들 수 있다.

생활 전반에서 효성의 인브랜드 크레오라, 에어로쿨, 아셉시스 등를 찾아 사진을 찍고 블로그에 올린 후 댓글로 url을 남기는 이벤트를 통해 소비자들은 자칫 이해하기 힘들거나 모르고 넘어갈 수 있는 인브랜드가 어떻게 자신의 삶에 스며들어 있는지 이해하는 동시에 이러한 긍정적 감정을 자연스럽게 기업에 대한 호감으로 전이시킬 것이라고 기대할 수 있다.

생활 속 인브랜드를 인지시키기 위한 효성의 '생활 속 효성 제품, 브랜드 찾기' 이벤트

브랜드에 대한 직접적인 체험을 통해 공감할 수 있도록 유도하라

고어텍스 코리아는 소비자들이 고어텍스의 장점을 맛볼 수 있도록 하는 온·오프라인 체험 마케팅을 활발하게 전개하고 있는 브랜드이다. 온라인에서는 고어텍스 제품을 체험해보고 착용 소감을 작성하는 체험단을 연중 모집하는데, 매년 등산화, 여행화, 캐주얼화, 의류 등의 영역을 세분화하여 다양한 고객들과 커뮤니케이션한다. 뿐만 아니라 등산 전문가와의 네트워크를 통해 '마스터 클래스'라는 캠핑 캠페인도 진행하는데, 기업 차원에서 지속적인 네트워킹 활동을 통해 소비자에게 기업의 전문성을 인정받을 수 있는 기회를 얻으려는 적극적인 노력이라고 할 수 있다.

직접적인 체험을 통해서 브랜드의 가치를 느낀 소비자들은 굳이 기업이 나서지 않아도 소비자 스스로 브랜드를 홍보해주는 역할을 자청하여 기업과 끈끈한 동반자 관계를 형성할 것이다.

이러한 적극적이고 직접적인 체험 프로그램이 아니더라도 단순히 온라인 이벤트를 통해 고객이 인브랜드를 경험할 수 있도록 하는 방법도 있다. 다나한은 소비자들이 사진을 등록하고 편집을 통해 팔자 주름을 제거한 자신의 얼굴과 비교하는 이벤트를 통해 인브랜드가 가진 '주름

체험단 활동, 전문가와의 만남 등을 통해 편익을 체감하게 하고, 제품에 대한 관여도를 제고하는 고어텍스의 다양한 이벤트들

제거'라는 핵심적 효능을 소비자들에게 알리고자 하였다. 인브랜드에 대한 정보를 직접적으로 제공하고 있지는 않지만, 퀴즈나 게임과 같은 기존의 이벤트와는 달리 소비자들에게 제품의 효과를 직접 체험하도록 한 것이다. 자신의 변하는 모습을 시뮬레이션해본 소비자들은 브랜드에 대한 자세한 정보를 알 수는 없어도 적어도 RGⅡ가 '주름'을 없애는 효과를 가지고 있고, 주름을 없앤 자신의 모습이 더 낫다는 강렬한 각인을 갖게 될 것이다. 또한 소비자들이 편집툴로 없앤 주름 제거 효능을 마치 아직 구입하지도 않은 브랜드의 사용 결과로 생각하여 잠재적 구매 욕구가 상승하리라는 예상도 해볼 수 있다.

시뮬레이션을 통해 인브랜드 효과를 소비자에게 재미있게 체험시킨 소망화장품의 '팔자주름 체험' 이벤트

● ● ● ● ● ● ●
재미있고 흥미로운 방식으로 소비자에게 접근하라

소비자들은 기술적인 특성이나 효익을 설명하는 것에 어려움이나 지루함을 느끼기 쉽다. 기술의 차별성을 강조하다 보면 전문 용어나 특장점이 나열되기 쉽기 때문이다. 잠재 소비자의 자발적인 참여와 확산이 중요한 소셜미디어에서는 정보를 재미 요소나 호기심으로 버무려 접근을 유도하는 것이 효과적이다.

SK텔레콤은 안드로이드를 쉽게 이해하고 체험할 수 있도록 '안드로보이가 사는 세상'이라는 컨셉의 '안드로이드 월드'라는 마이크로 사이

유투브를 통해 안드로이드 로봇이 개발자와 직접 사용하는 영상으로 새로운 운영 체제에 대해 설명해주는 구글의 사례

트를 만들고, 소비자들을 온라인으로 초대하여 '안드로이드'라는 OS와 만나도록 한다. 이 사이트에서는 안드로보이가 자신의 세계에 놀러온 방문자들에게 매뉴얼 영상/UCC를 제공하여 쉽고 재미있는 학습을 유도하는데, 이를 통해 친근하고 장기적인 관계를 기대할 수 있다.

소비자들이 재미있고 흥미롭게 인브랜드를 경험하게 하는 또 다른 방법은 정제되지 않은 내부 개발자들의 생생한 목소리를 들려 주는 것이다. 구글은 유튜브를 통해 안드로이드의 새로운 운영체제가 출시될 때마다 개선 사항들을 안드로이드 로봇과 개발자의 목소리로 전해주고, 직접 새로운 기능을 사용하는 영상을 보여준다. 이러한 시도는 소비자들이 어렵게 느낄 수 있는 기능에 대해 관심과 흥미를 갖도록 유도한다.

소비자를 쉽게 이해시킬 수 있는 또 하나의 방법은 바로 그들의 언어로 소통하는 것이다. 어려운 기술 브랜드를 소비자의 언어로 효과적으로 전달한 LG전자의 글로벌 영상 공모전, 'Watch FOLLOW ME creations'을 살펴보자.

LG전자에서 새로 출시했던 로봇청소기의 특징은 제품에 부착된 센서가 사용자와 본체간의 간격을 인식하여 자동으로 사용자가 움직이는 대로 따라다니는 '팔로우미 FOLLOW ME' 기능을 세계 최초로 탑재한 제품이라는 점이었다. 이 기능을 소비자에게 알리기 위해 LG전자는 센서나

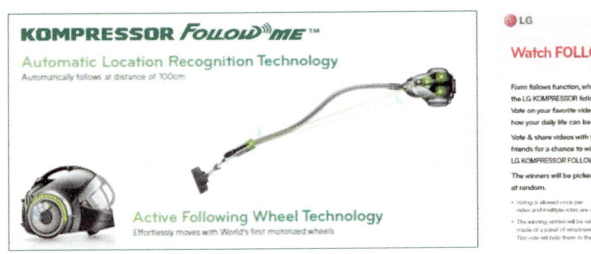

소비자의 언어로 신기술을 쉽게 알린 LG로보싸이킹의 글로벌 영상 공모전

인지 같은 어려운 용어보다 '나를 따라다니는' 같은 소비자 언어를 통해 소비자들에게 제품의 핵심을 쉽게 소구하는 전략을 사용하였다. 즉, '나의 생활을 편리하게 만들어주는 많은 것들이 나를 따라다닌다면 무슨 일이 생길까요?'라는 주제로 LG 로보싸이킹의 제품 특성을 재미있게 반영하는 영상물과 스토리보드를 공모한 것이다. 여기에 더해 온라인 공모전에 그치지 않고 소비자들이 직접 평가하도록 하여 신제품의 특징을 알리는 동시에 소비자끼리의 소통을 강화하는 마케팅 전략을 취하였다.

응모 기간 35일 동안 사이트 접속횟수가 무려 10만 회를 육박할 만큼 로보싸이킹 영상 공모전의 참여 열기가 높았고, 전 세계 30개국 208명이 총 239건의 작품을 응모하였다. 이러한 호응과 이슈화는 소비자들의 눈과 입을 통해 전개되었던 재치 있는 전략의 결과라 할 수 있다.

물론 인브랜딩를 소비자의 언어로 풀기에는 너무 어렵고 복잡하거나 기능적 의미가 잘 전달되지 않을 수도 있다. 그러나 전혀 모르는 외국어보다는 한국어가 이해하기 쉽지 않을까. 소비자의 입장에서 듣고, 보고, 이야기할 때 비로소 소통의 길이 열린다는 점을 기억해두자.

고객의 목소리에 귀 기울이고 적극적으로 반영하라

소셜미디어를 통한 마케팅의 진정한 효과는 오히려 최종 소비자와 직접 접촉할 기회가 제한된 인브랜드가 직접 소비자와 관계하며 그들을 학습할 수 있는 기회를 갖게 된다는 점에 있다. 따라서 소셜미디어의 가장 효과적인 활용은 브랜드의 성공적인 발신에 그치지 않고 소비자와의 상호작용을 통해 얻게 되는 다양한 피드백을 제품 개발과 개선에 적극적으로 수용할 때 달성된다고 볼 수 있다.

실제로 고객들은 브랜드와 직접 소통할 기회가 주어지면 자신의 의견이나 반응을 여과 없이 이야기할 것이다. 이를 통해 마케터는 일방적인 커뮤니케이션 환경에서의 인지도나 도달률 같은 수치화되고 획일화된 정보가 아닌 살아있는 고객의 목소리 Voice of Customer 와 마주하게 될 것이고, 그것을 브랜드가 더 성장하고 진화하기 위한 동력으로 활용할 수 있어야 한다.

소셜미디어를 활용한다는 것은 일정 부분 통제 불능의 공간으로 진입한다는 것을 의미한다. 소통의 창구는 고객들의 불만과 부정적인 의견을 끌어모으는 기재가 될 수도 있다. 하지만 고객의 부정적인 의견에 귀를 닫는 마케터가 어떻게 브랜드를 성장시키겠는가. 원론적인 이야기일 수도 있겠지만, 고객과의 양방향 커뮤니케이션이 큰 장점인 뉴미디어 환경에서 고객이 전해주는 피드백을 가감 없이 적극적으로 수용한다면, 분명 새로운 기회를 발견하게 될 것이다.

STRATEGY 7 인브랜드 제휴 전략

이기적으로
조합하라

　과거 브랜드 관리의 핵심은 기업이 통제할 수 없는 요인들을 최소화하는 것이었다. 낮은 통제 가능성은 곧 높은 위험성으로 인식되었고, 그로 인해 브랜드 확장이 쉽지 않았다. 신제품을 내놓거나 새로운 시장을 개척할 때 제품 적합성이나 이미지 유사성이 떨어지면 자연스레 개별 브랜드 전략이나 기업이 보증하지 않는 독립 브랜드 전략을 택하였다. 어찌 보면 합리적인 선택이지만 매우 경직된 것이기도 하였다.

　기업이 어떤 요인을 통제할 수 없다는 것은 해당 분야에 비전문가이거나 취약하다는 것을 의미한다. 누구도 통제할 수 없는 것이 아니라 '내가' 통제할 능력을 갖고 있지 않은 것이다. 이런 통제할 수 없는 요인에 대해 오늘날 기업이 취하는 전략, 더 나아가 인식의 틀은 크게 변하였다.

　지금은 사람도 기업도 강점을 강화하면서 동시에 약점도 보완하겠다고 생각하지 않는다. 강점과 약점을 제대로 파악하였다면 강점에 집중한다. 홀로 완벽해지기는 쉽지 않으며, 그럴 필요도 없다. 기업의 외부에 약점을 보완해 줄 누군가가 분명히 있기 때문이다. 그게 누구인지를 빨리 찾아내 손을 잡는 것이 더 현명하다. 연구개발Research and Development이 아니라 연계개발Connect and Develop의 시대인 것이다. 기업 내외부의 자산을 조합하는 능력, 브랜드 제휴를 통해 타 브랜드의 성과를 자산화하는 능력이 오늘날 브랜드 관리의 핵심이다.

인브랜드 제휴 전략의 뿌리: 브랜드 확장과 제휴

　인브랜드 제휴의 개념을 이해하면 인브랜드 제휴 전략이 어떻게 효과를 발휘하는지 쉽게 이해할 수 있다. 인브랜드 제휴의 가계도를 보자. 할아버지뻘 되는 자리에 브랜드 확장 전략이 있다. 우리가 알고 있는 브랜드 확장은 LG전자의 냉장고 브랜드 디오스가 김치냉장고에 적용되는 것이다. 브랜드 제휴는 브랜드 확장에서 나온다. 브랜드 확장이 기존 브랜드 하나만 사용하는 것이라면, 제휴는 확장하면서 다른 브랜드와 손을 잡는 것이다. 가령 디오스가 신제품을 출시하면서 함연주라는 디자이너 브랜드와 제휴해 '디오스 함연주 샤인'으로 확장하는 것이다.

　인브랜드 제휴는 브랜드 제휴의 결과 중 하나다. 브랜드 제휴는 두 브랜드의 관계가 동등한가 아닌가에 따라 나뉘는데, 동등한 경우를 공동 브랜드 제휴Co-branding라 하고, 그렇지 않을 경우를 인브랜드 제휴Ingredient branding라 한다. 공동 브랜드 제휴는 하나SK카드나 소니에릭슨 같은 기업 제휴의 형태를 떠올리면 이해하기 쉽다. 커피전문점과 신용카드사와의 관계처럼 견고하고 장기적인 관계가 아닌 제휴도 많다.

　공동 브랜드 제휴와 인브랜드 제휴 전략은 쉽게 구별되기도 하지만

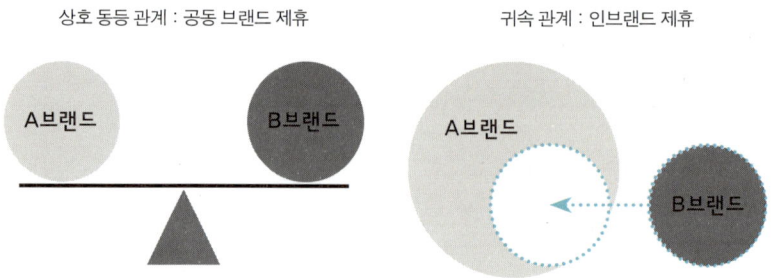

인브랜드 제휴 전략은 두 브랜드의 관계가 비대칭적이다.

앞서 예로 든 디오스 함연주 샤인처럼 구분하기 어려운 경우도 있다. 디오스와 함연주가 동등한 관계에 있다고 보면 공동 브랜드 제휴고, 기술이나 부품처럼 냉장고의 한 요소로서 디자인을 브랜드화하였다고 하면 인브랜드 제휴가 된다.

인브랜드의 제휴 전략의 기본 요건: 유사성과 보완성

가족이 DNA를 공유하듯 인브랜드 제휴 전략에는 확장 전략과 제휴 전략의 특성이 녹아있다. 확장 전략의 핵심은 유사성이다. '수제비 잘 빚는 사람이 칼국수도 잘 빚는다'고 보는 것이다. 기존 제품과 신제품의 유사성이든, 컨셉의 유사성이든 연결고리가 탄탄해야 확장 전략이 성공할 수 있다. 카메라에서 출발한 캐논이 복사기로, 안과기기로, X레이 기기로 확장할 수 있었던 이유는 광학 기술이라는 핵심 기술이 여러 제품을 관통하기 때문이다. 동일한 광학 기술의 적용이라는 유사성으로 인해 고객은 캐논 카메라뿐만 아니라 캐논 안과기기에 대해 신뢰성을 갖게 되고, 캐논은 자신의 핵심 아이덴티티가 카메라 기술이 아니라 광학 기술임을 명확하게 드러낼 수 있었다.

제휴 전략의 핵심은 보완성이다. 약점을 가진 두 가지가 결합되어 약점은 상쇄되고 강점은 부각되어 시너지를 낳는 것이다. 금융 전문가 하나금융지주와 통신, IT서비스의 전문가 SK텔레콤이 만나면 고객은 자연스레 모바일 신용카드에 대한 기대감을 갖게 된다. 하나은행이 신용카드 부문에 경쟁력이 있는지, SK텔레콤이 신용카드 사업에 경험이 있는지는 문제되지 않는다. 서로가 서로를 보완하면서 양사가 갖고 있던 경쟁력 그 이상을 창출하는 것이다.

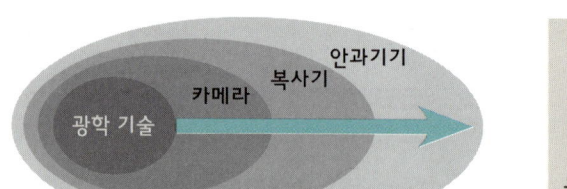
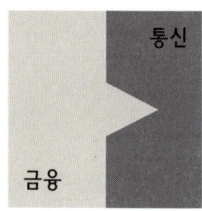

인브랜드 제휴는 브랜드 확장과 브랜드 제휴의 특성을 동시에 나타낸다.

브랜드 확장은 하나의 브랜드에 대해서만 다루기 때문에 유사성(제품 적합성, 이미지 유사성)을 가장 중요하게 여긴다. 그러나 제휴 전략에서는 두 가지 이상의 브랜드가 등장하기 때문에 이들 브랜드가 서로를 어떻게 보완하는가가 고객의 평가에 영향을 미친다.

예를 들어, 굿이어타이어가 인브랜드로 적용된 아이다스의 '굿이어레이스' 라인을 보자. 굿이어타이어의 핵심 역량이 발휘될 수 있는 부분은 쉽게 떠올리듯이 운동화의 밑창이다. 쉽게 마모되지 않는 타이어, 주행과 제동에 강한 타이어가 신발에 장착된다면 그야말로 명실상부한 레이싱 신발이 아니겠는가. 아디다스가 굿이어타이어의 디자인을 운동화에 적용한다거나 타이어 기술을 모자에 적용할 일은 없다. 브랜드 간 유사성이 떨어지기 때문이다. 일단 유사성이 갖춰지면 상호보완성이 시너지를 결정한다.

인브랜드 제휴 전략에서는 유사성보다는 보완성이 더 많이 이야기된다. 인브랜드가 태생적으로 완제품의 일부로 들어가는 것이기 때문에 유사성이 고민되는 경우는 흔치 않다.

●●●●●●●
모두가 윈윈하는 인브랜드 제휴 전략

　인브랜드 제휴 전략은 인브랜드 기업, 완제품 브랜드 기업, 그리고 고객 모두가 이득이다. 대만의 컴퓨터 제조업체 MSI는 한국에서 명성이 그다지 높지 않다. 다만 삼성, LG, HP, 소니에 비해 저렴한 가격이 강점이다. 여타 컴퓨터처럼 MSI도 인텔의 CPU를 장착한다. MSI가 생소한 고객도 노트북에 부착된 인텔코어 i7 프로세서 라벨을 확인하고 나면 노트북의 성능에 대한 의구심을 가라앉힌다. 똑같은 인텔 CPU가 부착된 삼성이나 LG의 노트북보다 저렴하기 때문에 고객은 MSI를 선택하면서 그것이 합리적이고 경제적이라 여긴다.

　MSI는 인텔 브랜드의 도움으로 낮은 인지도와 신뢰성의 장벽을 극복한다. 인텔은 매출 증대라는 실질적 이득뿐만 아니라 브랜드 노출과 로열티 강화라는 부가적 이득을 얻는다. 고객은 인텔이 장착된 MSI 노트북을 구매하며 품질에 대한 보증을 받고 비용을 절감하였으며 스스로 합리적인 선택을 하였다는 만족감까지 얻는다.

　비단 MSI와 인텔처럼 독립된 두 브랜드 간의 제휴가 아니더라도 효과는 동일하다. 리니어 4세대 기술은 디오스 냉장고에만 적용되는 자체 개발 인브랜드지만 동일한 보증 및 프리미엄 효과를 갖는다.

　인브랜드 제휴는 제휴 브랜드 모두에 이득이지만 그 중에서 더 많은

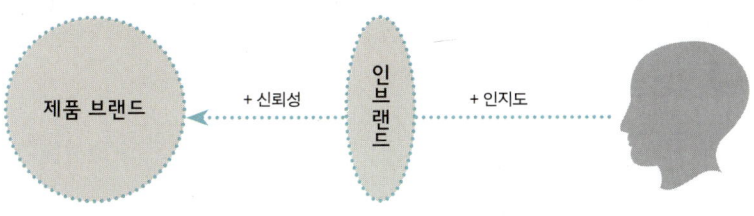

인지도가 높은 인브랜드는 제품 브랜드의 신뢰성을 높여준다.

이득을 가져가는 브랜드는 분명히 있다. 따라서 무엇을, 누구와, 어떻게 제휴해서 자사의 이익을 극대화할 것인가가 인브랜드 제휴 전략의 핵심이 된다. 구체적인 전략을 논하기에 앞서 인브랜드가 어떤 원리로 전략적 효과를 발생시키는지 살펴보자.

인브랜드 제휴 전략의 효과

　인브랜드 제휴 전략은 크게 세 가지 효과를 낳는다. 첫 번째는 환기喚起다. 완제품에 숨어 있는 특정 기술, 부품, 소재, 성분을 브랜드화함으로써 지각되고 고려요소가 된다. 어떤 기술이 인브랜드가 되었다는 것만으로 존재하지 않던 것이 존재하게 되며, 더 나아가 고려해야 할 기준으로 인식된다. 마치 신문의 헤드카피처럼 독자들에게 토픽을 제시하는 효과다. 능동형 유기발광다이오드AM OLED는 제조업자들이 주목해야 할 신기술일 뿐이지만 이를 브랜드화한 '아몰레드AMOLED'는 고객에게 디스플레이 품질을 좌우하는 핵심으로 '지각'되고, 스마트폰을 살 때 '고려해야 할' 기준이 된다. 스마트폰 시장에 '화질'이라는 토픽을 던지는 것이다.

　두 번째는 품질보증이다. 인브랜드는 제품의 품질이나 신뢰를 보증하는 단서가 된다. 인지도가 높은 인브랜드는 공공기관이나 비영리기관의 인증마크에 버금가는 강한 보증효과를 낸다. 등산, 캠핑 붐을 타고 새로운 아웃도어 브랜드들이 우후죽순처럼 나타났다. 선뜻 구매하기는 망설여지지만 K2, 노스페이스에서 보던 고어텍스 태그가 있다면 경계하고 의심하는 태도는 누그러지게 된다.

　세 번째는 이미지 전이다. 물이 위에서 아래로 흐르듯, 두 브랜드 중

파워가 높은 브랜드의 이미지가 약한 브랜드로 전이된다. 또한 이미지 속성이 다른 두 브랜드가 서로의 강점으로 서로의 약점을 희석시킨다. 인도에서 선풍을 일으킨 LG전자 베르사체폰의 경우, 베르사체는 LG에 고급스러운 이미지를 수혈한다. 또 동종업계의 제휴인 Versace for H&M의 경우, H&M은 고급스럽고 앞서가는 이미지를, 베르사체는 젊고 활기찬 이미지를 흡수한다.

누구와 무엇을 어떻게 제휴할 것인가

이제 앞서 이야기한 세 가지 효과를 어떻게 극대화할 수 있는지 살펴보자. 인브랜드 제휴 전략의 효과는 누가, 무엇을, 어떻게 제휴하는가에 따라 달라진다. 첫째로 전략의 주체가 되는 완제품 브랜드의 시장지위와 상황에 따라 효과가 다르게 나타난다. 동일한 인텔 브랜드와 제휴하는 TG삼보와 삼성전자가 갖는 이점은 다르다. 시장지위가 낮은 TG삼보가 인텔의 품질보증 효과를 더 많이 누리게 된다.

둘째로 무엇을 인브랜드화하는가도 영향을 미친다. 제품의 핵심 속성에 대해 인브랜드 제휴를 하는 것과 비핵심 속성에 대해 하는 것은 다르다. TG삼보의 에버라텍은 인텔뿐만 아니라 SRS와도 제휴하지만 인텔과의 제휴가 고객평가에 더 크게 작용한다. 대다수 고객에게 컴퓨터의 핵심은 CPU이며, 오디오 품질은 구매를 좌우할 만큼 핵심적인 속성이 아니기 때문이다. 특히 기존 제품보다 더 높은 기술이 필요하다고 인식되는 제품을 내놓을 때, 또는 제품이 달라질 때에는 핵심 속성을 인브랜

* 인브랜드 제휴 전략의 주체가 되는 완제품 브랜드 기업의 입장에서 바라본 전략임을 밝혀둔다.

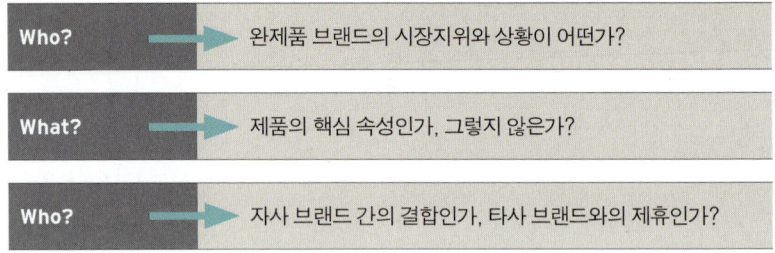

인브랜드 제휴 전략의 효과를 결정하는 3가지 요인

드화하는 것이 중요하다. 인체공학 의자 브랜드인 듀오백 DUOBACK 은 학생가방 브랜드 듀오백 DUOBAG 을 내놓으면서 두 카테고리 간의 비연관성을 '듀오백 패드기술'로 상쇄한다. 의자와 가방 모두 척추건강이 중요하게 고려되어야 하기 때문에 두 제품의 핵심 속성인 등받이 패드를 인브랜드화한 것이다.

 셋째로 어떻게 인브랜드화할 것인가다. 인브랜드 제휴에는 두 가지 종류가 있다. 하나는 완제품 브랜드가 자사 인브랜드와 결합하는 것이고 Self-branded ingredient branding, 자기 브랜드 인브랜딩, 또 하나는 타사 인브랜드와 결합하는 것이다 Co-branded ingredient branding, 공동 브랜드 인브랜딩. 시장지위가 낮은 완제품 브랜드는 타사의 인브랜드와 제휴해 그 명성을 이용하는 것이 좋다. 한편 시장지위가 높은 브랜드는 자사의 인브랜드와 제휴하는 것이 유리하다. 인브랜드 제휴를 평가할 때 고객은 보완성을 하나의 기준으로 삼는다. 따라서 핵심 속성에 대해 타사 브랜드와 제휴한다면 그것을 약점으로 인식할 우려가 있다. 가령 자동차의 핵심 속성인 엔진에 대해 체어맨이 벤츠의 엔진을 인브랜드화한 것은 긍정적일 수 있다. 그러나 벤츠가 렉서스나 BMW의 엔진을 인브랜드화한다면 고객은 어떤 평가를 내릴까?

 인브랜드 제휴가 낳는 환기, 품질보증, 이미지 전이의 효과는 제휴 주체의 시장지위, 제휴 대상, 그리고 제휴 방법에 따라 달라짐을 보았다.*

이제 제휴 효과와 그 효과에 영향을 미치는 요인들이 현실적으로 어떻게 전략화될 수 있는지 살펴보자.

인브랜드 제휴 전략 1: 명성을 활용하라

인브랜드는 품질과 신뢰를 보증하는 단서를 제공하며, 품질 보증 효과는 완제품 브랜드의 파워가 강할 때보다 약할 때 더 크게 나타난다. 이런 이유로 인브랜드 제휴 전략은 중소기업에 매우 유리하다. 인지도가 낮은 중소기업이 라이선스를 통해 인브랜드를 도입하면 그 효과를 톡톡히 누릴 수 있다. 대만의 작은 메인보드 제조업체로 출발해 컴퓨터 OEM으로 성장해온 MSI는 설립 15년 만에 자사 브랜드를 단 PC를 내놓았고, 지금은 글로벌 컴퓨터 제조업체로 자리잡았다. 똑같은 컴퓨터를 제조하고 있지만 LG 등 타사 브랜드를 부착했던 과거와 자사 브랜드로 승부하는 현재의 MSI는 같지 않다.

MSI가 PC 시장의 높은 진입장벽을 깰 수 있었던 힘 중 하나는 인텔과의 제휴다. 인텔과 제휴한 MSI는 동일한 인텔을 인브랜드로 도입한 삼성이나 LG의 경우보다 상대적으로 더 큰 효과를 누리는 데, 이들 경쟁 브랜드와 같은 선상에 놓이도록 인텔의 명성이 평준화 효과를 발휘했기 때문이다.

모든 조건이 동일하다면 인텔의 평준화 효과로 MSI는 이득을 삼성, LG는 손해를 보게 되는 격이다. 아커가 말하듯 "인브랜드 제휴는 시장

---

* 제휴의 독점성 및 제휴 대상의 성격(객관적 품질에 영향을 미치는 이성적인 속성인지, 주관적 기호에 영향을 미치는 감성적인 속성인지)에 따라서도 제휴 효과가 달라진다는 연구도 있다.

약자에게 도움을 주는 만큼 강자의 명성을 해치는 경우가 많다." 선도 브랜드들에게 인브랜드의 평준화 효과는 곧 평준화의 위험을 의미한다.

중소기업이 놓치지 말아야 할 또 하나의 핵심은 공동 브랜드 인브랜딩이 자기 브랜드 인브랜딩보다 큰 힘을 발휘한다는 점이다. 완제품을 생산하는 데 필요한 요소 중 성능을 좌우하는 핵심 부품이지만 자사의 기술력이 부족하다면 계획 단계부터 인브랜드 제휴 전략을 고려해보자. 부족한 기술력에 투자할 자원을 강점을 강화하는 데 투여할 수 있는 여력이 생길 것이다. 물론 라이선스 비용으로 인해 제품 가격이 상승할 것인지, 투자 비용 이상의 성과를 가져올 것인지에 대해서는 면밀한 판단이 필요하다.

선도 브랜드와 동등한 제품력을 갖추었지만 브랜드 파워와 마케팅 여력이 부족해 OEM 업체에 머무는 중소기업이 많다. 이들 기업에게 인브랜드의 명성은 자사 브랜드 파워를 키우는 디딤돌이 될 수 있을 것이다.

● ● ● ● ● ● ●

인브랜드 제휴 전략 2: 경쟁의 화두를 바꿔라

시장의 약자가 강자를 이길 수 있는 기술은 무얼까? 우리나라 3대 대첩의 하나인 한산도대첩. 이순신 장군은 55척의 배로 120척의 왜군을 이긴다. 전력의 차이에도 승리할 수 있었던 이유는 전력 대 전력의 싸움이 되는 너른 거제도 앞바다가 아니라 암초가 많고 길이 좁아 우리에게 유리한 한산도 앞바다로 유인해 싸웠기 때문이다. 한마디로 싸움의 판을 자신에게 유리하게 바꾼 것이다.

시장의 경쟁구도는 강자가 만든다. 자신의 장점을 화두로 자기에게 유리하게 판을 만들어 놓는다. 후발 주자나 약자는 아무리 노력해도 강자를 따라잡기 힘들다. 1등이 잘하는 종목과 2등이 잘하는 종목이 다른데 핵심 종목을 1등이 정하는 셈이다. 후발 기업이거나 만년 2등 기업이라면 경쟁구도를 바꿀만한 새로운 화두를 제시해보자.

인브랜드 제휴 전략은 선수교체 없이 판을 바꾸는 전략이다. 이브의 사과, 뉴턴의 사과에 이어 세상을 바꾼 세 번째 사과인 애플은 아이폰을 런칭하며 모바일 단말기 시장을 일거에 정리한다. 그간 노키아, 삼성 등 단말기 시장의 강자들은 디자인이나 부가기능을 바꿔가며 1년에도 몇 번씩 새로운 단말기를 출시해왔다. 그러나 아이폰이 아이튠즈라는 강력한 플랫폼을 들고 나온 순간, 알록달록한 디자인과 아기자기한 기능들은 한 순간 조악한 장난감이 되어버렸다. 그러자 단말기 진영도 이 플랫폼 경쟁에 뛰어든다. 싸움의 판이 단말기가 아니라 OS로 바뀐 것이다. 누가 누구와 손을 잡고 어떤 OS를 개발하네, 아이튠즈에 대적할 만한 OS를 독자 개발하네 하며 한동안 소란스러웠다.

그러던 중 단말기 진영은 다시 한번 싸움의 판을 바꾼다. 그들이 잘 하는 것으로 말이다. 삼성전자의 갤럭시가 아몰레드를 전면에 내세우며 '화질'이라는 화두를 제시한 것이다. 플랫폼이 어떻건 간에 결국 앱과 컨텐츠를 다운받는 이유는 게임을 하거나 영화, TV를 보기 위해서가 아닌가. 그렇다면 다시 화질이다. 삼성전자가 아몰레드라는 인브랜드 없이 안드로이드나 자체 개발 OS만으로 아이폰과 승부하려하였다면 성과는 크지 않았을 것이다.

인스턴트 커피시장에서 불변의 1등은 동서식품이다. 그런데 2010년 12월 후발 중 후발로 등장한 남양유업이 단숨에 2위로 등극하며 동서식품을 위협하는 상황이 전개되었다. 남양유업은 카제인나트륨이라는 인스턴트 커피의 성분을 화두로 제시하였다. 인브랜드 전략이기는 한데 '있어서 말한 것이 아니라 없어서 제시한' 화두란 점이 독특하다. 남양

'유업'답게 커피믹스의 핵심인 '커피'가 아니라 '크리머프림'를 화두로 꺼냈다. 오랜 연구 끝에 카제인나트륨 없이 무지방 우유만 사용해 만든 크리머를 넣었다는 것이다프렌치카페 카페믹스. 카제인나트륨이 없다고 자랑하니 갑자기 인스턴트 커피의 주요 성분으로 카제인나트륨이 '환기'되기 시작하고 제품 판단의 '기준'이 되어버렸다. 카제인이 실제로 유해한가에 대해서는 동서식품과 공방이 오갔으나 그 논란이 정리되기도 전에 남양유업은 전년 대비 1764억원 많은 매출을 올렸고, 시장진출 1년 만에 한국네슬레를 밀어내고 시장점유율 2위를 차지하였다.*

후발 주자라면, 만년 2등 또는 선두 그룹에도 끼지 못했던 브랜드라면 기업의 강점을 발휘할 수 있는 인브랜드를 내세워 경쟁구도를 바꾸어보자. 화두로서 제시된 인브랜드의 효과는 일시적이지 않다. 긍정적인 이미지가 완제품 브랜드로 전이되어 인브랜드 그 자체는 단명할지라도 기업의 브랜드 자산은 강화되기 때문이다. 강자를 이기려 한다면 신규 브랜드를 런칭하거나 대대적인 광고 캠페인을 벌이는 것만 생각하지 말고 인브랜드 제휴 전략을 고민해보자. 때로는 전자의 방법보다 더 적은 노력으로 더 크고 장기적인 효과를 누릴 수 있을 것이다.

● ● ● ● ● ● ●
인브랜드 제휴 전략 3: 활력을 흡수하라

차별화가 쉬운 시장도 없겠지만 성숙기에 들어선 시장은 차별화가 더 어려운 것이 사실이다. 기술, 성능이 평준화되고 고객의 니즈도 포화 충족된 시장이기 때문이다. 흔히 가전 시장이나 섬유/패션 시장을 이야기

* 컨슈머타임즈. '남양유업, 커피믹스 시장 판도 확 바꿔!' (2012. 4. 23)
  헤럴드경제, '카제인나트륨 뺀 커피믹스 새 강자' (2012. 4. 23)

하는데, 냉장고나 세탁기 같은 가전제품, 또 신사복, 여성복 같은 정장을 떠올리면 이해가 쉬울 것이다. 정체되어 차별화가 어려운 시장도 있지만 제품 자체의 특성이나 시장상황 때문에 차별화가 어려운 시장도 있다. 패션산업의 돌파구가 된 SPA 시장이 그렇다.

SPA Specialty store retailer of Private label Apparel** 브랜드는 저렴한 가격으로 유행을 좇을 수 있도록 도와준다. 두고두고 오래 입겠다는 생각보다는 한철을 멋지게 나겠다는 맘으로 구입하며, 그렇게 하는 게 아깝지 않을 만큼의 가격대로 고객을 유혹한다.

짧은 시기의 트렌드를 반영하기 때문에 SPA 브랜드마다 비슷한 디자인이 등장하기도 하며, 플레이어가 워낙 많기 때문에 서로가 서로를 쉽게 대체한다. 지오다노 매장에 맘에 드는 옷이 없으면, H&M이나 유니클로 매장으로 쉽게 발길을 돌린다. 현재 SPA 시장은 자라, H&M, 유니클로를 비롯해, 에잇세컨즈, 갭, 바나나리퍼블릭, 코데즈컴바인, 스파이스칼라, 르샵, 퍼스트올로 같은 많은 국내외 브랜드들이 각축을 벌이고 있다. 자기만의 스타일이나 시즌 디자인으로 승부를 보기에는 모두가 월등하거나 비슷한 상황이다. 이렇게 차별화가 어려운 시장에서는 인브랜드 제휴 전략이 대안으로 고려된다.

인브랜드 제휴 전략을 활용하는 대표적인 SPA 브랜드로 유니클로와 H&M이 있는데, 그 중에서 더 활발히 제휴하고 있는 H&M을 보자. H&M은 거의 연속적으로 세계적인 명품 브랜드 및 유명 디자이너와 제휴 라인을 내놓고 있다. 2004년 칼 라거펠트와의 제휴를 시작으로 로베르토 카발리, 스텔라 맥카트니, 빅터앤롤프, 꼼 데 가르송의 레이 가와쿠보, 지미 추, 매튜 윌리엄슨, 소니아 리키엘, 랑방의 알버 엘바즈, 베르사

** 자사의 기획 브랜드 상품을 직접 제조하고 유통까지 하는 전문 소매점

체 등 세계적인 디자이너와 협업해왔다.

2012년 봄시즌 상품으로 마르니와의 제휴 라인을 선보였는데, 'Marni at H&M'의 컬렉션이 판매되는 첫날 압구정, 명동, 인천, 신도림점 앞에서 1,600여 명의 고객이 개점을 기다리며 장사진을 이루기도 하였다. 통상 타사 브랜드와의 제휴 전략이 일시적이고 불규칙적인 데 비해 H&M은 제휴 자체가 자신의 아이콘이 될 만큼 꾸준히 추진해왔다. 매번 어떤 브랜드와 제휴할지가 사람들의 관심을 끄는 상황이 되었다.

H&M의 제휴 전략은 H&M이 다른 SPA 브랜드보다 트렌드에 선도적이라는 이미지를 부여한다. 그리고 패스트 패션 브랜드에 걸맞는 역동적이고 활기찬 이미지를 수혈한다. 베르사체는 비단 H&M뿐만 아니라 휴대폰, 냉장고, 주얼리, 가구 분야의 다양한 기업들과 제휴해오고 있다. 가령 2010년 LG전자는 베르사체와 제휴해 인도 시장에서 베르사체폰을 런칭하였다. 이러한 이업종 간 제휴는 다소 막연한 고급 이미지를 수혈하며, 그 효과도 단발적인 경우가 많다. 그러나 'Versace for H&M'의 제휴 효과는 다르다. 같은 패션산업에서 타깃이 다르기 때문에 제휴 라인에 대한 고객의 기대가 크고 구체적이다. 베르사체폰과 같이 기술의 LG, 디자인의 베르사체가 아니라 하나의 상품으로 구현된 H&M과 베르사체이기 때문에 그 경험의 구체성과 이미지 전이의 효과가 더 크다.

또한 H&M의 제휴 전략은 대상을 바꿔가며 꾸준히 이루어지고 있기 때문에 강한 인브랜드와의 제휴가 가져올 수 있는 부작용, 즉 주객이 전도되는 상황이 발생하지 않는다. 종종 인브랜드의 명성이 완제품 브랜드의 명성을 가리기도 하는데, 이럴 경우 이미지 전이가 일어날 확률은 높지 않다. 고객이 보완성으로 인브랜드 제휴를 평가하기보다는 명성 있는 인브랜드를 갖기 위한 단순한 통로로 완제품을 바라보기 때문이다. 때로는 단지 베르사체이기 때문에, 지미 추이기 때문에 H&M을 선택하기도 할 것이다. 그러나 이 과정이 반복되면서 H&M은 명품 브랜드를 체험할 수 있는 가장 빠르고 낮은 문턱이자, 이런 축제를 총괄하는 가장 선도적이고 유능하며, 트렌디하고, 믿을 수 있는 기획자의 얼굴을 갖게 된다.

시장뿐만 아니라 브랜드 이미지가 정체되거나 노후화되었을 때에도 인브랜드 제휴 전략은 활력소가 된다. 지금도 정글이 떠오르는 한일자동펌프로 유명한 한일전기는 1964년 창립 후 60여 년 동안 꾸준히 성장을 거듭해 지금은 종합 생활가전 업체로 그 외양이 확대되었다. 그러나 고객에게는 여전히 한일자동펌프와 한일선풍기 정도로 '기억되는' 기업이다. 브랜드도 고객도 함께 나이 들어 이미지가 정체된 브랜드 노후화의 전형적인 사례다. 그러나 2009년 한일전기는 헬로키티를 인브랜드화하여 브랜드 재활성화를 도모한다. 헬로키티 라인은 커피메이커, 전기주전자, 가습기 등 다양한 제품으로 구성되어 있는데, 대다수가 소형이다. 아직 가정을 꾸리지 않았거나 2~3인의 소가족을 꾸린 키덜트족을 겨냥한 것이다.

국내에 선보인 지 20여 년 된 헬로키티는 30대 중후반 세대가 어린 시절을 함께 보낸 대표 캐릭터다. 한일전기가 인브랜드로 제휴한 헬로키티는 한일과 젊은 고객층의 가교 역할을 한다. 30대 중후반이지만 생활가전을 스스로 구입하기 시작하는 연령을 고려한다면 그리 많은 나이가 아니다. 앞세대를 통해 어렴풋이 기억하는 브랜드, 부모세대가 친숙하게 생각했기에 신뢰는 있지만 직접적인 관계는 없던 브랜드인 한일에 그들이 조금 더 쉽게 다가갈 수 있었던 이유는 한일과 헬로키티 간 인브랜드 제휴의 힘이라 하겠다.

인브랜드 제휴 전략 4: 자산을 극대화하라

인브랜드 제휴 전략은 중소기업, 후발 주자, 그리고 노후화된 브랜드처럼 약하거나 문제가 있는 경우에만 유효한 전략인가? 물론 아니다. 환기, 품질보증, 이미지 전이가 필요하지 않은 상황은 없다. 브랜드, 경쟁사, 시장, 고객은 늘 변화하기 때문이다. 더욱이 우리가 잘 알고 있는 인브랜드들은 대부분 시장의 강자들이 내놓은 것이다. 아몰레드, 안드로이드, 스와로브스키 엘리먼츠, 4세대 리니어 등이 대표적이다. 부품, 소재를 전문적으로 생산하는 인텔이나 고어텍스 같은 인브랜드 기업의 이야기가 아니다. 스마트폰, TV, 세제, 음료 분야의 완제품 기업에게도 인브랜드 제휴 전략은 또 다른 기회를 선사한다.

인브랜드 제휴 전략의 효과인 환기, 품질보증, 이미지 전이는 비단 타사의 인브랜드를 도입했을 때만 나타나는 것이 아니다. 오히려 핵심 기술이나 부품의 경우 자사의 인브랜드를 개발해 적용하는 것이 효과적일 수 있다. LG전자 TV의 화질기술인 XD엔진이나, 냉장고의 컴프레서 기술인 4세대 리니어는 각각 LG TV와 냉장고만의 강력한 차별화 요인으로 자리잡았다. 시장지위가 낮은 브랜드가 타사의 인브랜드를 도입했을 때 효과가 더 크게 나타나는 것과 반대로, 시장지위가 높은 브랜드는 자사만의 인브랜드를 개발하는 것이 더 효과적일 수 있다. 자사만의 핵심 기술이라는 '독점성'을 지니기 때문이다.

인지도가 높은 브랜드를 완제품이 아닌 인브랜드로 활용해 자산을 극대화할 수도 있다. P&G가 자사 섬유탈취제 브랜드인 페브리즈를 인브랜드화해 섬유유연제 다우니에 적용한 사례를 보자. 'Downy with Febreze fresh scent'에서 고객은 이미 체감된 페브리즈의 성능과 효과를 기대하게 된다. 그 향을 고객의 후각이 기억하기 때문에 페브리즈의 보증 효과는 더욱 커진다. 애플의 아이팟이 아이폰 속으로 들어가 인브랜드가 된 사례도 마찬가지다. 기기와 기술의 컨버전스로 아이팟 제품은 점점 더 필요 없어지고 있지만 제품보다 질긴 브랜드의 생명력으로 아이폰 속에서 제 역할을 다하고 있다.

다우니 속의 페브리즈나 아이폰 속의 아이팟과 같이 완제품 브랜드를 인브랜드로 활용하는 전략은 상상력이 필요하다. 락앤락은 반찬통일 뿐인가? 밀폐와 밀봉이 중요한 식품이나 음료의 용기에 기술 브랜드로 적용하면 어떨까? 크리넥스는 화장 티슈일 뿐인가? 아예 인브랜드가 되어 화장품 제조사에서 내놓는 클린징 티슈 속으로 들어가면 어떨까? 완제품 생산기업이 자사 제품의 겉이 아니라 속을 들여다 본다면 제품 경쟁력의 본질에 관한 새로운 아이디어를 얻을 수 있을 것이다.

PART 3

Story
핫
인브랜드의
탄생

STORY 1   안드로이드(Google)
오픈 브랜드로 승부하다

STORY 2   아몰레드(Samsung)
경쟁의 화두를 바꾸다

STORY 3   마이크로밴(Microban)
글로벌 인브랜드 전도사

STORY 4   스와로브스키 엘리먼츠(Swarovski)
눈부신 콜래보레이션

STORY 5   히트텍(Uniqlo)
패션에 기술을 수혈하다

STORY 6   고릴라글래스(Corning)
인브랜드가 강렬하게 기억되는 방법

Story

성공 브랜드의 스토리는 통찰과 영감의 원천이다. 특히 인브랜드 사례는 흔하지 않기에 더 가치 있다. 다만 어떤 브랜드를 '성공'하였다고 판단할 수 있는가는 논쟁의 여지가 있다. 그러나 모든 불필요한 논쟁은 접어두고, 우리는 단순하고 명확한 기준으로 사례를 선별하였다. 수치로 판단하지 않았다. 어차피 다양한 산업군에서 선별했기에 수치로 판단할 수도 없다. 국내외에 일반적으로 잘 알려져 있으면서 남들과 다른 방식으로 지금의 입지를 이룬 인브랜드, 이것이 우리의 기준이었다.

Part 3에서 다루는 6개의 핫 인브랜드는 모두 남다른 전략을 하나씩 가지고 있다. 이들은 크고 작은 영역에서 인브랜드의 전형성, 인브랜드 전략의 고정관념을 타파하였다. 이제는 자연스럽게 여겨지는 일들이 이들 인브랜드 이전에는 생각할 수 없었던 일이라는 뜻이다. 이들 덕분에 기업들은 전략적 선택의 가짓수를 하나씩 더 추가할 수 있었고, 누구도 하지 않은 새로운 방식을 시도할 용기와 아이디어를 얻었다. 각 장에 대한 소개는 이들이 깬 전형을 상기할 수 있는 간략한 질문들로 갈음한다.

- 안드로이드 이전에 스스로를 캐릭터화하고 사용권을 개방한 인브랜드가 있었던가?
- 아몰레드 이전에 완제품 브랜드로 런칭한 인브랜드가 있었던가?
- 마이크로밴 이전에 시장마다 하나의 완제품 브랜드와 배타적인 파트너십을 맺은 인브랜드가 있었던가?
- 스와로브스키 엘리먼츠 이전에 패션, 가전, 자동차에서 화폐에 이르기까지 이렇게 방대한 콜래보레이션을 진행한 인브랜드가 있었던가?
- 유니클로 히트텍 이전에 일상복에서 고기능성 섬유 브랜드를 커뮤니케이션의 중심에 놓은 사례가 있었던가?
- 고릴라글래스 이전에 부정 연상을 지닌 명칭을 과감하고 유머러스하게 활용한 인브랜드가 있었던가?

STORY 1 안드로이드(Google)

오픈 브랜드로
승부하다

앞으로 IT분야의 성공적인 인브랜딩 사례를 이야기할 때 인텔에 앞서 구글Google의 모바일 OS인 안드로이드Android를 언급하게 될 것이다. 그만큼 안드로이드는 그 어떤 인브랜드보다 대중적으로 빠른 파급력을 보여주었으며, 브랜딩 효과에 있어서도 소비 촉매의 역할을 넘어 안드로이드를 품은 브랜드들의 위상을 넘어서는 정도의 위력을 발휘하였다. '브랜드 안에 품어진 또 하나의 브랜드'라는 태생적 한계를 극복하고 비상한 안드로이드. 그 성공 요인은 무엇인지 살펴보자.

숨길 수 없는 캐릭터의 존재감

검색 시장에서 세계적인 리딩 브랜드인 구글은 '국가간 경계가 없는 정보를 조직화하여 모든 이가 쉽게 접근하고 유용하게 사용할 수 있도록 한다'는 자사의 미션에 따라 다양한 분야에 투자하고 있다. 향후 모바일 OS 시장의 가능성을 높게 생각한 구글은 2005년 안드로이드를 인수하며 안드로이드 모바일 OS의 개발, 배포에 박차를 가하였고 이러한 계획과 진행상황 등은 대외적으로 공개되어 관련 전문가, 파워블로거, 비즈니스 파트너들의 지속적인 관심을 끌어왔다. 여기까지는 브랜딩 관점에서 다른 모바일 OS들과 다를 게 없는 행보이다.

안드로이드라는 소스 개방형 모바일 OS는 제조사에게는 유의미하겠지만 일반 소비자는 몰라도 상관 없을, 잘 알려지 않은 중간재 브랜드가 되었을지 모른다. 혹은 마이크로소프트의 PC용 윈도우처럼 막강한 보급력으로 계속 쓰여지다가 어느새 인지되는 정도의 성공은 가능했을지도 모른다. 하지만 스스로 강한 구매력을 가지고 적극적으로 소비되는 존재로서의 브랜드 위상은 기대하기 어려웠을 것이다. 아이폰 4G는 알아도 아이폰 OS라고 하면 갸우뚱하는 대부분의 소비자들처럼 말이다.

하지만 구글은 그 동안 우리가 많이 보아왔던 기술 지향의 마케팅들과는 다른 행동을 보여주었다. 안드로이드는 단지 기술이나 모바일 플랫폼으로서가 아닌 귀여운 캐릭터를 통해 자신의 존재를 적극적으로 어필하기 시작한 것이다. 구글의 행보를 늘 유심히 지켜보고 있던 팔로워들은 안드로이드라는 새로운 캐릭터를 부지런히 타전하였고, 그 후 많은 사람들이 모바일 OS라는 생소한 중간재로서가 아닌 캐릭터라는, 시각적 경험에서 비롯된 총체적 브랜드 이미지로 안드로이드를 인지하기 시작하였다. 단지 B2B 차원의 열광이 아니라, 최종 소비자들에게까지 그 존재감을 명확히 드러내어 모바일 시장의 총아가 되겠다는 구글의 의지가 보이는 장면이다.

그렇다면 왜 캐릭터였을까? 그간의 인브랜드들은 주로 도형화된 심벌이나 워드마크로 자신의 존재를 알려왔다. 또한 그 접점이 매우 제한적이었다. 호스트 브랜드의 위상을 해치지 않고 보조하거나 견인하는 역할을 해야 하는 인브랜드의 어쩔 수 없는 한계이다. 주로 패키지의 구석이나 제품의 태그, 광고의 말미에서 인브랜드의 로고나 심벌을 보게 되는 이유이다. 최종 소비재의 마케팅 전장에서 조연일 수밖에 없다면, 소비자와의 제한된 접점에서나마 자신의 존재를 최대한 각인시켜야 할

구글의 안드로이드 로봇 캐릭터

필요성이 있다. 캐릭터는 이러한 존재감을 극대화할 수 있는 요소이다.

대체로 사람들은 자신과 닮은 존재 혹은 생명이 깃든 대상에 대해 보다 친근감을 느낀다. 캐릭터의 친근감은 감정 이입의 대상이 되고 감성 소비를 용이하게 한다. 또한 소비자가 경험하게 되는 캐릭터의 외적 요소외양과 행동나 내적 요소성격과 개성는 자연스럽게 브랜드 이미지로 자리잡는다. 이렇듯 제품에 생명력을 부여하여 캐릭터 브랜딩을 하는 것, 브랜드를 의인화하는 것은 짧은 시간에 소비자의 호감도를 이끌어내고 감성을 자극함으로써 AIDMA* 과정을 가속화한다. 일반 소비자가 모바일 OS라는 무관심 영역에 관심을 기울이게 만드는 기재로서 단순한 로고나 심벌보다 캐릭터가 효과적일 수 있는 이유이다.

게다가 일반 소비자에게 모바일 OS라는 제품 카테고리는 생소할 뿐만 아니라 너무 어렵다. 모바일이란 환경 자체도 익숙하지 않은데, OS라는 말까지 더해지면 갑작스런 테크노포비아가 일어난다. 공부해야 할 무엇으로 느껴진다면 브랜드의 대중적 확산은 기대하기 어렵다. 구글의 입장에서 안드로이드를 세상에 내놓을 때, CPU나 테더링, 멀티태스킹처럼 딱딱한 기술명이어서는 곤란하였다. 이는 마치 일반인에게 컴퓨터 공학 강의를 들어보라는 부담스러운 미션으로 다가갈 것이다. 결국 구글은 '안드로이드 로봇 스토리'라는 제목의 애니메이션 느낌으로 쉽고 재미있으며 부담 없는 모습으로 다가섰다. 반응은 성공적이었다. 소비

---

* 광고에 주목(attention)하고, 흥미(interest)를 일으키고, 다시 욕망(Desire)을 일으켜 상품명을 기억(memory)시킴으로써 구매 행동(action)으로 옮아가게 한다는 광고효과의 심리적 단계.

구글의 디자이너인 앤드류 벨(Andrew Bell)이 제작한 안드로이드 로봇 피규어

자들은 이 생동감 넘치는 캐릭터에 이내 관심을 보이고 흥미로워하였으며, 적극적으로 수용하기 시작하였다.

 이 지점에서 캐릭터의 존재감이란 말을 다시 상기해보자. 캐릭터의 존재감은 '눈에 띄는' 대상일 뿐만 아니라 '소비할 수 있는' 대상이 되었음을 의미한다. 이해하기 어렵기에 외면 받고, 봐도 인지되지 않는 선택적 인지 기술 브랜드의 난맥을 캐릭터를 통해 이해시키지 않고도 인지시킬 수 있게 된 것이다. 사람들은 안드로이드를 알지만, 구태여 '안드로이드가 모바일 기기를 구동시키는 운영체제 프로그램으로서 멀티태스킹이 가능하고… 등등'을 이해해야 하는 부담에서 해방되었다. 그저 모바일 라이프를 즐김에 있어 만만하고 귀여운 동반자로서의 안드로이드 로봇을 소비하면 되는 것이다.

 가장 생소한 첨단의 IT 영역에 속하는 모바일 OS가 일반 소비자의 인식에 파고들기 위해 기능이 아닌 이미지로, 이성이 아닌 감성의 얼굴로 다가서기로 한 브랜딩 전략! 누구나 할 수 있었지만 이전까지 누구도 하지 않았던 전략이기에 구글 안드로이드의 귀여운 캐릭터가 시장에서 높은 평가를 받으면서 큰 힘을 발휘하고 있는 것이다.

오픈 브랜드가 되다

우리는 안드로이드라는 브랜드의 확산을 누가 주도하고 있는지 주목할 필요가 있다. 스마트폰의 전성시대가 열리면서, 애플에 주도권을 뺏기지 않으려는 제조사들이 안드로이드로 대동단결하는 형국이다. 이동통신사 역시 애플과의 독점 계약을 맺은 경쟁사에 밀리지 않기 위해 안드로이드 카드를 꺼내 들고 있다. 이 때문에 많은 소비자들은 안드로이드 로봇 캐릭터가 등장하는 상업광고를 무수히 보게 된다. 재미있는 것은 이 광고들의 광고주가 구글이 아닌 제조사와 이동통신사들이라는 점이다. 구글의 입장에서는 큰돈 들이지 않고 자사의 브랜드를 소비자들에게 각인시키고 있는 것이다.

왜 이런 현상이 발생하고 있는 것일까? 시장상황이나 제품특성을 보면 이해하기 쉽다. 현재 스마트폰 시장의 절대 강자는 단연 아이폰이다. 아이폰은 하드웨어와 소프트웨어의 완성도에 있어 경쟁사를 압도하고 있으며 소비자 반응 역시 이와 다르지 않다. 당장 뛰어난 기능의 모바일 OS를 독자적으로 개발하기 어렵거나 투자 효율성을 생각할 수밖에 없는 경쟁사의 경우 오픈 소스 형태로 제공되고 제조사의 입맛대로 커스터마이징할 수 있는 안드로이드가 매력적일 수밖에 없다. 더욱이 구글이라는 모브랜드의 보증 효과는 애플에 견줘도 모자람이 없다. 실제 제품 자체의 기술적 완성도도 뛰어나다. 제조사 입장에서는 안드로이드라

SK텔레콤의 안드로이드폰 티징 광고(2010)

는 모바일 OS를 수혈하는 것으로 애플 아이폰에 대항할 수 있는 기술적 경쟁력을 얻는 것이다.

하지만 이러한 이유들만으로 제조사와 이동통신사의 광고에 녹색 로봇이 가득 채워진 상황을 다 설명할 수는 없다. 오히려 더욱 중요한 요인은 안드로이드의 오픈 브랜드 정책에 있다. 구글이 공시한 안드로이드 캐릭터에 대한 브랜드 가이드라인을 보자.

> **BRAND GUIDELIE - Android Robot**
> Can be used, reproduced, and modified freely in marketing communications. Our standard color value for print is PMS 376C. Our online hex color is #A4C639. When using the Android Robot or any modification of it, proper attribution is required under the terms of the Creative Commons Attribution license.

이는 구글이 개발한 안드로이드 로봇이란 캐릭터에 대해 마케팅 커뮤니케이션을 포함한 일반적인 자유 이용을 허락한다는 내용이다. 원저작자 표기를 조건으로 하는 크리에이티브 커먼스 라이선스^{CCL*}를 적용하고 있으며, 이에 따라 사용 및 재생산, 필요에 따른 변형도 허락하고 있다. 이렇듯 구글은 안드로이드라는 브랜드의 라이선스 정책에 있어 기본적으로 오픈 정책을 펼치고 있다.

이는 마치 제품 자체가 오픈 소스로 공개되는 것과도 유사하다. 간단한 절차의 구글 인증만 있으면 누구나 안드로이드 캐릭터를 자사의 제품 홍보에 활용할 수 있으며, 또한 깐깐한 가이드라인에 제한을 받기보다는 각 사의 마케팅에 유리한 형태로 유연하게 변형하거나 최적화할 수 있는 여건도 마련해주고 있는 것이다. 2010년 SK텔레콤이 안드로이드 라인의 스마트폰 마케팅을 강화하고자 전격 공개했던 T안드로보이 역시 구글의 안드로이드 로봇 캐릭터를 자사의 구미에 맞게 수정한 것이었다.

브랜드 라이선스를 개방한 결과는 우리가 이미 TV CF 등으로 익히 보아온 바와 같다. 물론 안드로이드가 폐쇄적인 브랜드 정책을 수립했더라도 제조사나 이통사는 개별적으로 브랜드에 대한 라이선스 권리를 부여받고 활용했을 수도 있다. 하지만 기본적으로 브랜드를 누구나 쉽게 사용할 수 있도록 하고, 필요에 의해 개량하거나 독창적인 아이디어를 자유롭게 추가할 수 있도록 사전에 허가한 것이 실질적으로 파트너사의 마케터들에게 영향을 준 것도 사실이다. 재료가 있다고 누구나 요리를 하는 것은 아니다. 하지만 밥상이 차려져 있다면 숟가락은 자연스럽게 올라오는 법이다.

---

* CCL (Creative Commons License) : 자신의 창작물에 대하여 일정한 조건 하에 모든 이의 자유이용을 허락하는 개방적인 라이선스 방식이다.

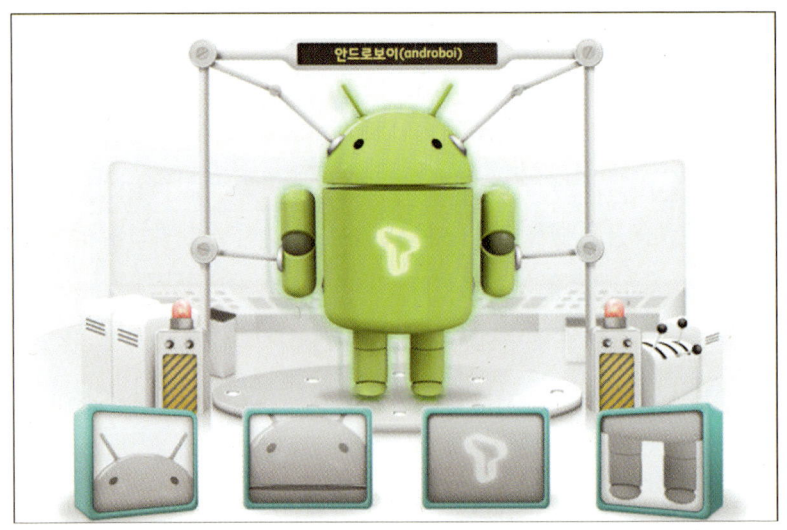

SK텔레콤이 자사의 안드로이드 라인업에 적용하기 위해 디자인을 개량한 안드로보이

　자사의 브랜드를 독점적으로 보호해야 하는 수많은 브랜드 관리자들의 사명과 반대로, 안드로이드는 브랜드마저 오픈함으로써 오히려 그 브랜드의 확산력을 강화시킬 수 있는 토대를 마련하였으니 이 역시 적절한 브랜딩의 묘가 아닐 수 없다.

● ● ● ● ● ● ●
공동 브랜드를 꿈꾸다

　다시 시장의 모습을 돌아보자. 애플은 뛰어난 퍼포먼스와 UI, 유려한 디자인, 방대한 앱스토어로 무장하고 단숨에 '스마트폰=아이폰'이라는 인식을 만들어냈다. 그들의 강력한 독주에 개별 스마트폰 브랜드로 맞상대하기엔 역부족이었고, 결국 경쟁 제조사는 '아이폰 VS 안드로이드폰'이라는 경쟁 구도의 틀에서 기회를 찾고자 하였다. 아이폰이라는 강렬한 인상이 소비자의 인식에 단단한 문을 만들어버렸고, 제조사들은 이 문을 부수기 위해 안드로이드라는 통나무로 힘을 모아 두드리고 있는 형국이다.

여기서 한가지 흥미로운 점이 발견된다. 인브랜드에 불과한 안드로이드가 마치 공동 브랜드로 격상된 듯한 위상의 변화를 보이는 것이다. 공동 브랜드란 여러 기업이나 생산 주체들이 공동의 영리 목적을 위해 사용하는 하나의 브랜드를 말한다. 미국 캘리포니아 오렌지 재배업자들의 공동 브랜드인 썬키스트 Sunkist 나 국내 가죽제품의 공동 브랜드인 가파치 CAPACCI 가 대표적인 예다. 양사간의 전략적인 제휴를 통한 공동 브랜드의 사용도 있다. 이러한 정의에 따르면 안드로이드를 성급하게 공동 브랜드라고 말하기는 어렵다. 하지만 실제로 공동 브랜드로서의 기능이 각 개발사의 브랜드 포트폴리오에서가 아니라 시장에서의 소비자 인식에서 현상적으로 나타나고 있다.

안드로이드폰은 단순히 안드로이드를 OS로 채택한 스마트폰들의 집합체이지만 시장에서는 그 자체로 브랜드화되어 수용되고 있다. 타 모바일 OS인 윈도우폰이나 심비안 등은 올라서지 못한 영역이다. 물론 MS 윈도우폰의 가세로 시장의 역학관계는 변화할 것으로 보인다. 소비자들은 갤럭시S나 모토로이와 같은 개별 브랜드를 소비하는 것과 동시적으로 또는 선행하여 안드로이드폰이라는 브랜드를 소비하고 있는 것이다.

제조사들 역시 안드로이드가 쌓아놓은 브랜드 자산을 적극적으로 차용하고 있다. 그들은 구글의 모바일 OS로서 안드로이드의 인지도와 신뢰도를 바탕으로 마케팅 투자의 효율성을 높이는 한편, 커뮤니케이션에 있어서도 안드로이드 마켓의 수많은 앱이나 구글 음성 검색 기능 등 퍼포먼스에 대한 다양한 정보를 안드로이드라는 브랜드에 응축시켜 전달하고 있다. 무엇보다 애플에 비해 시장지위가 확고하지 못한 상황에서

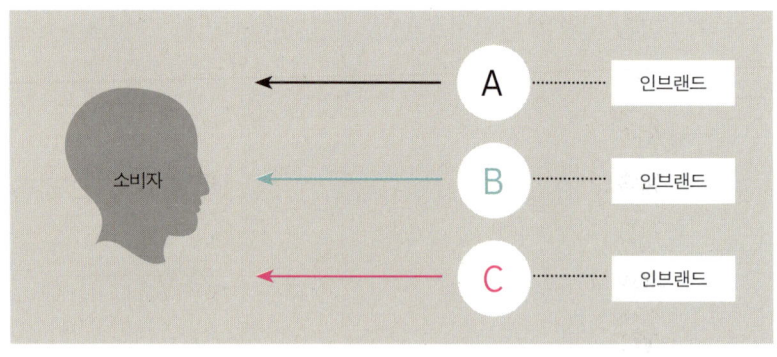

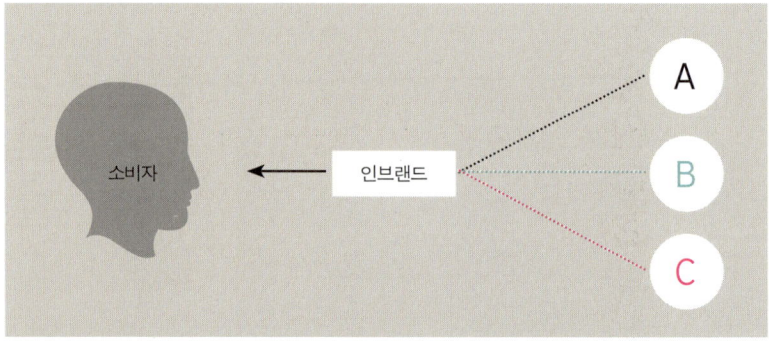

안드로이드는 시장에서 인브랜드가 각 개별 브랜드들보다 우선적으로 인식되는 구조를 만들어냈다.

안드로이드가 경쟁력 확보의 지렛대 역할을 해주고 있다. 이는 마치 중소업체들이 시장지위를 강화하기 위해 하나로 뭉쳐 공동 브랜드를 사용하는 상황과도 유사하다.

그럼에도 안드로이드는 기존 공동 브랜드들과는 다른 양상을 보이기도 한다. 특정 지역에 귀속되거나 군소 생산자들 중심으로 개발된 공동 브랜드의 주체는 생산자들에게 있다. 하지만 안드로이드폰이란 브랜드를 수혈하는 조건은 단지 스마트폰의 OS로 안드로이드를 채택하는 것뿐이다. 공동 브랜드로의 진입이 자유롭고, 공동 브랜드의 활용 여부도 각자의 상황에 따라 결정하면 된다. 진입이 자유로운 만큼 탈퇴도 자유롭다. 여기서 탈퇴란 안드로이드라는 브랜드 자산을 활용할 필요가 없어지는 시점, 즉 개별 브랜드의 경쟁력이 충분해지거나 강화해야 하는 상황에서 안드로이드라는 브랜드의 우산을 걷어내는 것이다. 이는 각 스마트폰 제조사들이 초기 진입 단계를 지나 점차 라인업을 늘려가고 입지를 강화해가는 시점에서 바로 확인되는 현상이다.

어쨌거나 명목상의 공동 브랜드는 아니더라도, 인브랜드가 역할상으로 공동 브랜드의 위상에 다다를 수 있음을 안드로이드는 보여준다. 이러한 케이스는 핵심 기술이나 부품을 보유한 제조사들에게 인브랜드를 개발하고 적극적으로 키워나가야 할 필요성을 새롭게 역설한다. 경쟁력 있는 기술이나 중간재가 있고 이를 브랜드화하여 키워나갈 경우, 그 브랜드가 시장 상황에 따라 호스트 브랜드의 그림자가 아니라 가장 높은 위상을 차지할 가능성도 존재하는 것이다.

예를 들어 A사가 전자파를 완전히 차단할 수 있는 획기적인 기술을 개발하고 '안티웨이브'라는 이름으로 브랜딩을 진행한다고 하자. 지속적인 투자로 안티웨이브는 시장에서 소비자의 각광을 받기 시작하며 브랜드에 대한 인지도와 충성도를 점차 강화해간다. 동시에 이 브랜드의 라이선스를 제조사가 쉽게 사용할 수 있는 정책을 수립한다. 이 기술을 적용하고자 하는 군소 제조사들은 자사의 브랜드로 시장에 나갈 수도 있겠지만, 당장의 브랜드 경쟁력이 시장에서의 우위를 점하기 어렵다면 라이선스 계약을 통해 안티웨이브라는 이름을 전면에 내세울 수 있다. 안티웨이브 전기장판, 안티웨이브 전기난로, 안티웨이브 모니터, 안티웨이브 임산부용 앞치마 등처럼 말이다.

결과적으로 A사는 최종재를 직접 생산하지 않고도 안티웨이브라는 공동 브랜드 하에 제품 라인업을 채워갈 수 있다. 이 과정에서 안티웨이브라는 브랜드 인지도는 시장 내에 보다 넓게 확산되고 그에 따라 라이선스 사용을 원하는 제조사도 늘어나는 순환 구조를 만들어낸다. 각 군소 제조사 입장에서도 이미 확보되어있는 브랜드 인지도와 신뢰도를 활용해 효과적으로 커뮤니케이션 비용을 절감할 수 있게 된다.

예시로 들었던 위 상황이 실현되기 위해서는 단계별로 충족되어야 할 조건들이 많다. 기본적으로 기술이나 중간재의 성능이 매우 탁월하여 시장 경쟁력이 뛰어나야 한다. 또한 초기부터 적극적인 브랜딩을 통해 B2C 시장에서의 인지도를 일정 수준 이상으로 높여야 한다. 공동 브랜드화에 성공한 이후에도 일부 제조사의 제품 하자로 인해 전체 브랜드의 이미지가 추락하는 상황을 막기 위해 품질 검증 등의 사용 요건을 철저히 관리해야 한다.

하지만 이 모든 것에 선행되어야 할 것이 있다. 바로 용기 있는 시도다. 아무것도 준비되어 있지 않은 상황에서는 아무런 변화도 기대할 수 없다. 잘 계획되고 공들여 키운 인브랜드는 호스트 브랜드의 위상으로까지 도약할 수 있지만, 기존 위상에 만족하고 시도조차 하지 않는다면 그 가능성은 제로일 뿐이다. 업계에서 누구도 하지 않았던 시도로 빛나는 성과를 보여준 안드로이드가 그 증거이다.

● ● ● ● ● ● ●
맛있는 로봇?

안드로이드의 브랜딩에는 또 한가지 주목할 것이 있다. 알다시피 안드로이드는 운영체제 프로그램이다. 대개의 프로그램들이 그러하듯 안드로이드 역시 각각의 버전이 있다. 일반적으로는 버전의 표기를 숫자나 알파벳으로 표현하는 경우가 대부분이다. 때로는 MS의 윈도우처럼 XP나 VISTA 같은 이니셜이나 단어로 차별화하는 경우도 있다. 어쨌거

1.5 컵케익
(Cup Cake)

1.6 도넛
(Donut)

2.1 에클레어
(Eclair)

2.2 프로요
(Froyo)

3.0 진저브레드
(Ginger Bread)

나 버전 자체에 큰 개성을 주는 케이스는 그리 많지 않다. 너무 튀거나 화려한 버전 이름은 브랜드의 인상을 가리거나 흐릴 수 있기 때문이다. 그렇다면 안드로이드의 경우는 어떠할까? 그들은 특이하게도 각 버전에 컵케익이나 도넛과 같이 일상에서 쉽게 볼 수 있는 디저트의 이름을 붙여나가고 있다.

게다가 아무런 규칙 없이 그저 맛있어 보이는 디저트 이름을 붙이는 것도 아니다. 각 버전에 해당하는 이름을 죽 나열해보면 첫 알파벳이 C, D, E, F, G 순서인 것도 알 수 있다. 이러한 안드로이드 버전의 발랄한 이름들과 그 네이밍에 숨겨진 비밀 아닌 비밀을 듣게 되면 소비자들은 누구나 재미를 느끼게 된다. 사람들은 브랜드에 담긴 이러한 이야기를 흥미로워하고 좋아한다.

과연 누가 이런 재치 있는 이름을 짓기 시작한 것인지, 왜 A부터 시작하지 않고 C부터 시작했는지도 궁금하다. 그 다음 이름이 무엇일지 상상해보고 나서는 다음 버전에 대한 기다림도 시작된다. 음식을 먹지도 못하는 로봇에 왜 디저트 이름을 붙였는지를 이성적으로 따지려는 시도는 무의미하다. 철저히 감성에 기반하여 그저 느끼고 재미있어 하면 될 뿐이다. 하지만 이 이름들은 그저 재미있어 보이기 위한 재치에 불과한 것일까? 그렇지 않다. 브랜딩에 있어 분명한 목적과 자기 역할이 있다.

 사실 모바일 OS를 비롯해 대부분의 프로그램들은 버전별 생명력이 짧다. 특히 스마트폰 시장처럼 몇 년 혹은 몇 달 간격으로 기술 변화가 빠르게 진행되는 경우라면 새로운 버전에 대한 신선함은 빠르게 휘발되고 만다. 더구나 앞으로도 계속 업그레이드될 수밖에 없다는 것은 바로 지금 이순간 완벽하지 못하다는 의미이기도 하다. 운명적으로 부족한 부분을 보완하고 새로운 기술이 추가되는 작업들이 계속되어야 하는 것이다. 이러한 속성은 시간이 지남에 따라 브랜드의 노후화에 직접적 영향을 준다. 따라서 안드로이드는 잠자코 앉아서 언제까지나 안드로이드로만 있어서는 곤란하다. 바로 지금 이 순간, 동 시간대의 최신 안드로이드가 무엇인지를 어떻게든 알려줘야 하는 것이다.

 그런데 어떻게 알려야 할까? 안드로이드는 그간의 브랜드 아이덴티티를 일관되게 유지하는 똑똑한 선택을 한다. 단순한 숫자나 의미를 알 수 없는 이니셜이 아니라 안드로이드라는 캐릭터가 사용자들에게 각광을 받을 수 있었던 기본적인 톤을 살려 버전 이름에도 친근함과 재미를 담은 것이다. 누구나 알 수 있는 디저트 이름으로 친근하게! 그리고 숨겨진 알파벳 배열의 로직으로 재미있게! 이로써 안드로이드는 사람들로 하여금 별 관심도 가지지 않았을 버전 이름에 집중하게 하였으며, 새로운 버전이 나올 때마다 관심을 환기시키며 브랜드를 재활성화할 수 있는 기틀을 마련하였다. 또한 소비자들에게 안드로이드는 친근하며 재미있는 것이라는 브랜드 이미지를 보다 선명하게 새길 수 있었다.

● ● ● ● ● ● ●
가능성은 크게 열려있다

　안드로이드는 브랜딩에 있어 여러 가지 새로운 시도들을 성공으로 이끌어냈다. 인브랜드로서 누릴 수 있는 최고의 성공이 어떤 것인지를 보여주는 과정이기도 하였다. 본질적으로 구상화되지 않고 형체가 없는 기술 브랜드가 스마트폰 시장을 지배하던 아이폰과 동등한 위치에서 대결 구도를 만들어낸 것은 참으로 대단하다. 하지만 그렇게 하기 위한 최초의 결정과 시도들이 있었을 것이다. 그 시도가 없었고, 그로 인해 안드로이드라는 브랜드가 로봇 캐릭터와 함께 세상으로 나오지 않았다면 모바일 OS라는 것은 여전히 일반 소비자에겐 전혀 보이지 않는 영역이었을 것이다.

　인브랜드는 지금까지 보여진 성공 사례보다 앞으로 우리가 확인할 수 있는 미래의 성공 사례들이 더 많을 것이다. 보이지 않는 기술들이 구체화된 형상으로 사람들 앞에 보여짐으로써 시장의 새로운 자극이 되고, 새로운 성공 사례를 만들어갈 것이다. 못한다기보다는 안 했기 때문에 다다르지 못한 영역이 더 많다. 우리는 그런 것을 기회가 열려있다라고 말한다. 이제 관건은 명확해졌다. 먼저 하느냐 아무것도 하지 않고 그대로 머무느냐, 그것이 문제다. To do or not to do, that is the question!

STORY 2 아몰레드(Samsung)

경쟁의 화두를 바꾸다

삼성모바일디스플레이 SMD 의 화질기술 브랜드 '아몰레드 AMOLED'는 2009년 삼성전자의 터치폰 '햅틱 아몰레드'로 세상에 처음 나왔다. 짧은 기간 아몰레드는 휴대폰의 펫네임에서 스마트폰, MP3플레이어, 카메라에 탑재되는 기술 브랜드를 거쳐, 오늘날 슈퍼 아몰레드로 진화하였다. AM OLED Active Matrix Organic Light-Emitting Diode 능동형 유기발광 다이오드, 에이엠오엘이디 가 아직까지는 누구나 대량 생산할 수 있는 제품이 아니듯, AM OLED의 기술 브랜드 아몰레드 역시 그 성공을 논하기에는 이르다. 그러나 지금까지 보여준 행보는 아몰레드의 성공 여부를 떠나 인브랜드를 개발·관리하는 데 새로운 가능성을 보여준다. 한마디로 '인브랜드의 고정관념을 깬' 아몰레드의 시도들을 살펴보자.

● ● ● ● ● ● ●
적들의 언어를 빼앗다

풀터치 휴대폰 브랜드 햅틱은 2008년 4월 첫 출시 이후, 햅틱 2, 햅틱온 로모폰으로 알려짐, 햅틱빔 모바일 빔프로젝터 탑재, 햅틱8M 800만 화소, 햅틱팝 꽃남폰으로 불림, 연아의 햅틱, 울트라 햅틱까지 출시되었다. 삼성전자는 2009년 6월을 목표로 새로운 햅틱의 런칭을 준비하게 되었는데, 기존 햅틱과 다른 명확한 한 가지는 바로 TFT-LCD가 아닌 AM OLED라는 새로운 디스플레이 소재를 적용하였다는 것이다.

AM OLED는 백라이트가 필요한 LCD와 달리 자체에서 빛을 발하는 디스플레이 소재로 TFT-LCD에 비해 동영상 응답속도가 1000배 이상 빠르고, 색 재현력과 명암비가 크게 개선되었다. 화질에 민감한 사용자라면 영상이 선명해지고, 시야각이 자유로워졌다는 것을 체감할 수 있고, 그렇지 않은 사용자라도 햅틱 시리즈의 경우 일단 기존 2.8인치에서 3.5인치로 디스플레이가 커졌기 때문에, 그 편익을 실감할 수 있다.

햅틱 광고를 담당한 제일기획은 새로운 햅틱의 펫네임을 개발하기로 한다. 해외에 먼저 출시된 같은 제품의 이름인 제트폰, 고객 입장에서 체감할 수 있는 편익을 표현한 여러 이름들을 놓고 고민했지만 결국은 고민의 출발점으로 되돌아온다. AM OLED라는 기술용어를 그대로 펫네임화하기로 한 것이다. 기술 자체가 혁신적이라고 판단했기 때문이다.

다만 'AM OLED 에이엠 오엘이디'가 너무 길고 어렵기 때문에 한 단어로 만들고 'AMOLED', 발음도 '아몰레드'로 정리한다. '아몰레드'는 누구나 쓸 수 있는 기술용어와 나만이 쓸 수 있는 브랜드라는 경계선 위에 묘하게 자리잡은 이름이다. 브랜드를 개발할 때부터 이러한 효과를 의도하는 경우는 있다. 특정 카테고리 지칭어처럼 개발해, 카테고리 대표 브랜드로 키우겠다는 전략이다. 햇반이나 딤채, 트롬 같은 사례가 그렇다. 그러나 아몰레드는 전략이라고 하기에도 뭣한, 의도인지 우연인지도 구분하기 어려운 묘한 지점에 있다.

기술용어를 다만 붙이고 다르게 읽어냈을 뿐 한 자도 더하거나 빼지 않았기 때문이다. 상표법률적 측면에서도 애매하다. AM OLED는 기술 소재를 지칭하는 일반용어이기 때문에 어느 한 회사에 독점적 사용권을 줄 수는 없다. AMOLED로 붙였다 해도 마찬가지다. 그러나 에이엠 오

AM OLED VS

아몰레드는 기술 명칭에 한 자도 더하거나 빼지 않은 채 '붙이고 새롭게 읽어준' 브랜드 네임이다.
상표로서 독점배타적인 사용권리를 인정해줘야 할까?

엘이디를 아몰레드로 읽어낸 것은 일반 기술용어로 단정하기도 뭣하다. 누구도 그렇게 읽어오지 않았기 때문이다. 아무튼 현재까지 특허청은 AMOLED든, 아몰레드든 삼성에게만 독점적 사용권을 인정하지 않는 입장이다. 삼성이 출원한 상표 아몰레드, AMOLED는 모두 거절된 상태로, 햅틱아몰레드나, iAMOLED 등 아몰레드에 식별요소가 첨가된 상표만이 상표권을 획득하였다.

   이 애매한 이름 때문에 기자들 역시 애매한 표현을 하게 된다. 삼성모바일디스플레이나 삼성전자와 관련한 보도에서는 '아몰레드 AMOLED'로, LG디스플레이나 LG전자가 언급된 기사에서는 '능동형 유기발광다이오드 AM OLED'로 표현한다. 두 회사가 함께 등장하는 기사에서는 AM과 OLED를 띠었다 붙였다 하는 웃지 못할 일도 벌어진다.

   이러한 해프닝이 시사하는 바는 삼성이 아몰레드라는 이름으로 매우 큰 효과를 얻었다는 것이다. 한마디로 하자면 '적들의 언어를 빼앗았다'고나 할까. 아버지를 아버지라 부르지 못하는 홍길동마냥 애매한 상황에 LG가 놓여있다. 일반 기술용어인데도 마음껏 쓰지 못하는 것이다. 쓰면 쓸수록 경쟁사 상표 광고해주는 격이니 말이다. 삼성과 LG가 비숫한 시기에 능동형 유기발광다이오드를 탑재한 제품을 런칭하였다 하더라도 LCD나 PDP TV 때와는 싸움의 구도가 달랐을 것이다. 기술 대 기술의 경쟁이 아니라 기술 대 브랜드의 경쟁이기 때문이다. LG는 AM OLED라는 기술만을 가졌지만 삼성은 아몰레드라는 브랜드와 기술 모두를 가졌다.

B2C 브랜드로 런칭되다

사실 햅틱 아몰레드가 AM OLED가 탑재된 첫 제품은 아니다. 2008년 2월 LG전자는 'AM OLED폰'으로 불린 휴대폰모델명 LG-SH150A을 앞서 출시한 바 있고, 노키아 역시 삼성에 앞서 2.6인치 AM OLED 패널을 적용한 슬라이드폰 N86을 런칭하였다. 제품 출시 전부터 AM OLED는 '꿈의 디스플레이', '디스플레이의 미래'로 이슈가 되어왔기 때문에, 이들 제품 역시 핵심 소구점은 AM OLED였다. 다만 햅틱 아몰레드와 달리 이들 선 출시 제품들은 AM OLED를 브랜드화하지 않았을 뿐이다.[*]

이쯤에서 다소 헷갈리는 대목을 짚고 넘어가자. 아몰레드는 휴대폰 브랜드인가, 아니면 디스플레이 소재 브랜드인가? 다시 말해 갤럭시, 옵티머스, 아이폰 같은 완제품 브랜드인가, 아니면 인텔, 라이크라처럼 별도로 구매·체험이 불가능한 인브랜드인가? 결론적으로 아몰레드는 둘 다에 해당한다.

아몰레드는 맨 처음 휴대폰 브랜드로 런칭되었고, 이후에는 애니콜

---

[*] 국내에서 AM OLED를 탑재한 첫 휴대폰은 삼성전자 애니콜 SPH-W2400으로, 천대 한정판으로 2007년 11월 출시되었다. 한정판이 아닌 제품으로는 LG전자 싸이언 LG-SH150A가 2008년 2월 출시되었고, 2008년 말에도 AM OLED가 탑재된 프랭클린 터치폰(LG-SU100)이 출시되었다.

햅틱 외에 여러 제품에 인브랜드로 적용되었다. 햅틱 아몰레드의 경쟁상대는 뉴초콜릿폰이나 아레나폰이지만, 인브랜드로서의 아몰레드의 경쟁상대는 레티나Retina, 고릴라글래스Gorilla Glass 같은 브랜드화된 디스플레이 소재나 향후 AMOLED를 상용화할 LG디스플레이 등일 것이다.

인브랜드를 완제품 브랜드, B2C 브랜드로 런칭하였다는 데에 아몰레드 사례의 두 번째 시사점이 있다. 기술은 숨고 브랜드가 전면에

아몰레드는 완제품 브랜드(휴대폰)로 런칭된 인브랜드(화질기술)다. 삼성이기에 가능했던, 가장 빠르고 효과적인 런칭 전략이 아닐까?

나선것이다. 아몰레드는 인브랜드가 B2C 브랜드로 런칭된 유례 없는 사례다. 인텔Intel 이나 라이크라Lycra 같은 세계적인 브랜드라 할지라도, 그 시작을 기억하는 이는 많지 않을 것이다. 완제품에 오랜 기간 자사 로고를 노출한 끝에 고객에게 인식이 되었고, 이러한 성공마저도 쉽고 흔한 것이 아니다. 성분, 소재, 기술이 눈에 보이지 않는 것처럼 인브랜드 역시 전면에 드러나지 않기 때문이다.

물론 아몰레드의 성공은 삼성이기에 가능했을 거라는 단서가 붙는다. 아몰레드는 삼성모바일디스플레이SMD 에서, 휴대폰·스마트폰은 삼성전자에서 생산하지만 결국 삼성이라는 큰 우산 아래 소재에서 완제품까지 풀라인을 가졌기 때문에 가능하였다는 말이다. 두 기업이 달랐다면 어느 한 쪽이 로열티를 제공해야 하거나 브랜드 적용에 제약이 따르는 등, 복잡한 문제 때문에 이 전략은 성립하기 어려웠을 것이다.

모든 B2B 기업이 이 전략을 활용할 수는 없다. 그러나 아몰레드 사례는 인브랜드의 커뮤니케이션과 완제품 브랜드의 커뮤니케이션에 각각 정해진 매체와 범주가 따로 있는 것은 아니라는 새로운 시각을 던져준다. 인브랜드는 해당 기술이나 성분이 탑재된 완제품 브랜드의 커뮤니케이션에 '종속'될 수밖에 없다는 시각을 탈피한다면 또 다른 새로운 길이 보일 것이다.

광고는 단순하게

능동형 유기발광다이오드가 꿈의 디스플레이라 불리는 까닭은 여러 가지가 있다. 대다수 휴대 단말기에 적용되어 왔던 TFT LCD에 비해 응답속도가 1000배 이상 빨라 동영상 잔상이 줄어든다. 발광소자가 자체 발광하기 때문에 백라이트 유닛이 필요 없어 완제품의 두께와 무게를 TFT-LCD 대비 1/3으로 줄일 수 있고 여유 공간을 배터리 용량을 늘리는 데 활용할 수 있다. 또 색 재현이 우수하고, 밝기나 각도에 따라 명암비가 달라지지 않는다. 쉽게 말해 밝은 조명 아래에서도 선명한 색상을 보이고 시야각도 넓어진다.

하지만 이러한 구구절절한 설명을 듣기에 고객은 너무 바쁘고, 골치 아픈 이야기에는 질색하며, 크게 관심도 없다. 그래서 택한 커뮤니케이션 전략이 후크송Hook Song이었다. 후크송이란 짧은 후렴구에 반복된 가사를 특징으로 하는 음악을 일컫는다. 한번 들어도 쉽게 기억되며 입가에 맴도는 중독성을 노린다. 원더걸스의 Tell me나 Nobody, 슈퍼주니어의 Sorry sorry, 소녀시대의 Gee처럼 말이다.

삼성은 후크송을 통해 일단 '아몰레드'라는 브랜드를 젊은 타깃층의

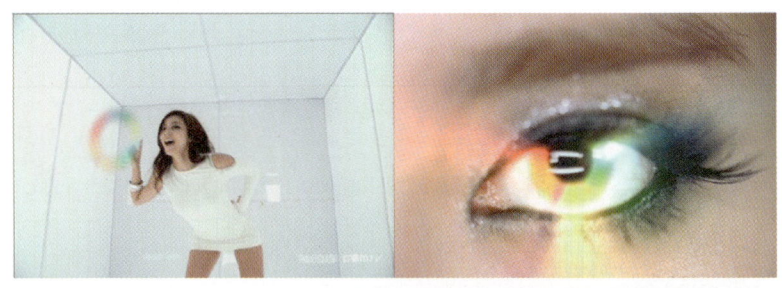

아몰레드 광고는 설명을 생략하고 후크송을 활용해 고객의 뇌리에 맴도는 중독성을 노렸다. '일단' 각인시키는 것, 이해되지 않더라도 가장 핫한 기술로 인식되는 것에 초점을 맞췄다.

입가에, 뇌리에 맴도는 이름으로 남기겠다는 목표로 여성댄스가수 손담비, 걸그룹 애프터스쿨과 함께 아몰레드 송의 뮤직비디오와 CF를 제작하였다. 작사작곡은 손담비의 '미쳤어', 빅뱅의 '거짓말' 등을 통해 이미 후크송의 대가로 알려진 '용감한 형제' 브레이브 엔터테인먼트가 맡았다. 전체 가사는 크게 신경 쓰지 않고 후렴구 아몰레드 아몰레 몰레 몰레 아몰레드에만 집중하였다는 후문이다.

뮤직비디오에서는 지속적으로 햅틱 아몰레드 제품과 아몰레드 로고가 노출되며, 배경은 강렬한 색채감을 뿜어낸다. 주인공인 손담비의 의상과 눈동자의 그래픽 처리를 통해서 자체발광, 선명한 화질을 표현하고 있다. 뮤직비디오를 각색한 햅틱 아몰레드 광고는 한국 CM전략연구소가 2009년 8월 실시한 TV 광고 호감도 조사에서 9.59%로 1위를 차지하기도 하였다. '볼수록 빠져든다, 자체발광 햅틱 아몰레드'라는 카

휴대폰 브랜드로 런칭했지만 실체는 화질기술 브랜드임을 알리는 햅틱 아몰레드 극장 광고

피로 2009년 7월 24일 공중파 광고를 집행한지 한달 만에 얻은 성과다. 2009년 7월 7일부터 집행했던 1차 햅틱 아몰레드 광고 '손담비 요즘 너무 밝힌다' 편이 큰 반향을 얻지 못했던 것과 상반된 결과로 후크송 전략이 유효했음을 추측할 수 있다.

2009년 말부터 아몰레드가 옴니아 등 타 단말기에 탑재되면서 삼성모바일디스플레이는 '아몰레드=휴대폰'으로 고정된 인식을 '아몰레드=디스플레이'로 확장전환하기 위해 새로운 커뮤니케이션을 시작한다. 극장 광고로 집행된 CF에서는 지금까지의 아몰레드와 앞으로의 아몰레드를 보여준다. 앞으로 만나게 될 아몰레드는 휘어지고 펼쳐지고 3D까지 구현될 것이라는 설명과 함께 손목에 휘어져 감기는 시계, 접혔다 펼쳐진 화면, 화면을 박차고 떠오른 보더 Boarder 를 차례로 보여준다. 영상에서 설명되지는 않지만 각각은 플렉시블 Flexible , 폴더블 Foldable , 3D 디스플레이를 뜻한다. 이 CF는 인브랜드로서 아몰레드가 집행한 첫 광고로 완제품 없이 아몰레드와 삼성모바일디스플레이만 노출되었다. 인텔이나 윈도 7, 안드로이드 같은 인브랜드가 완제품 브랜드 광고에 짤막하게 삽입되는 일은 종종 있지만 인브랜드가 주인공이 된 영상 광고는 매우 드문 사례다.

스마트폰의 경쟁구도를 바꾸다

2008년 6월 아이폰 3G의 등장은 '휴대폰'시대의 종결과 동시에 '스마트폰' 시대의 서막을 열었다. 아이팟 ipod 의 아이튠즈 itunes 는 다만 폐쇄적으로 여겨졌지만 아이폰의 앱스토어 appstore 는 매력적인 배타성을 지닌, 폰을 정말 스마트하게 만드는 핵심이었다. 100명의 고객이 가진 아이폰은 100개의 다른 아이폰이라 말할 수 있을 만큼 어플리케이션을 통해 폰의 용도를 고객이 직접 정의하는 그야말로 스마트한 시대가 열린 것이다.

철마다 등장했던 삼성과 LG의 단말기들은 그 매력을 일시에 잃고 말았다. 아이폰이 트랜스포머라면 여타의 단말기들은 변신 불가능한, 그래서 매 시기 새로운 모델이 필요한 마징가제트나 메칸더브이 수준이었다. 트랜스포밍이 가능했던 요체, 앱스토어는 누구나 단시간에 구축할 수 있는 플랫폼이 아니었다. 따라서 자연스레 시장은 아이폰 대 안드로이드폰 진영이라는 경쟁구도로 일시에 재정리되었다.

삼성과 LG, 팬택뿐만 아니라 HTC, 모토롤라, 즉 아이폰을 제외한 거의 모든 단말기 업체에게는 선택권이 없었다. 그저 누구에게나 개방된 안드로이드의 존재에 감사하며, 일명 안드로이드폰 진영의 일원이 될 수밖에 없었다. 재미있는 것은 통신사와 단말기 제조업체 모두가 안드로이드를 구원수처럼 여기면서 누가 무엇을 광고해도 결론은 안드로이드로 귀결되는 이상한 상황이었다.

모토로라 MOTO QRTY

HTC

LG전자 Optimus

삼성전자 GalaxyS

대다수 단말기 제조업체들이 제품보다 운영체제를 앞세운 광고를 펼치는 가운데
갤럭시S는 아몰레드를 내세워 '화질'이라는 새로운 화두를 제시한다.

모토로라는 안드로이드폰 모토로이 MOTOROI를 런칭하고, 팬택은 Androians Weapon이라 명명한 베가Vega와 Androians Gate라는 시리우스Sirius를 출시한다. LG는 옵티머스 시리즈에 안드로이드 캐릭터를 노출시키다 옵티머스 Z에 이르러서는 안드로이드를 쾌걸조로화해 제트보이라 불렀다. SK텔레콤은 T안드로보이라는 캐릭터를 내놓고 안드로이드 OS를 자사화한 플랫폼인 T안드로이드 월드를 오픈한다. 특히 SK텔레콤은 안드로이드에 대한 독점배타적 상표사용권리, 즉 상표권을 갖고 있기 때문에 더더욱 안드로이드를 알리는 광고에 집중하였다. 그러나 이 싸움의 승자는 결국 누구일까? 모토로라? LG나 팬택, 아니면 SK텔레콤? 바로 안드로이드다. 돈 한푼 안들이고 실컷 광고를 '당한' 안드로이드 말이다.

안드로이드폰 진영은 있으되 그 진영은 누가 이끌고 있는지, 서로 무엇이 다른지 보이지 않았다. '안드로이드도 괜찮다'는 인식은 형성했을 지언정 안드로이드폰 중 왜 딱히 옵티머스여야 하는지, 왜 베가를 선택해야 하는지는 알 수 없었다. 하지만 갤럭시S를 선택하였다면 그 이유를 말할 수 있었다. 슈퍼아몰레드이기 때문이라고. 삼성 갤럭시S는 스마트폰의 새로운 선택기준 즉, 화질을 제시하였다. HTC, 옵티머스가 구글음성검색, SNS 서비스를 광고할 때 갤럭시S는 슈퍼 아몰레드를 이야기하였다. 삼성은 필요 조건과 차별화 조건을 구분하였고, 차별화는 당연히도 단말기 제조업체로서 자신들이 가장 잘 할 수 있는 것, 즉 운영체제가 아니라 단말기의 품질과 성능이기에 가능하였다.

아이폰 대 안드로이드폰 진영이라는 스마트폰의 경쟁구도를 아몰레드가 바꾸었다고 말할 수는 없다. 다만 새로운 경쟁을 알리는 신호탄이 되었을 뿐이다. 전선을 위해 깃발을 내렸던 단말기 업체들은 아몰레드를 선두로 자신의 강점을 드러내기 시작한다. 안드로이드 진영 안에서도 다양한 화두를 쏟아내며 결국 아이폰 대 안드로이드라는 하나의 전선은 여러 개로 다변화된다. 아몰레드 이후 화질뿐만 아니라 속도, N스크린, NFC Near Field Communication 근거리 무선통신 등 기능과 성능에 특화된 단말기들이 등장한 것이다.

아몰레드 사례에서 보듯, 인브랜드는 경쟁의 새로운 화두를 제시하는 하나의 방식이다. 인텔이 컴퓨터 선택의 기준으로 자리잡았듯이, 디오스 Dios 가 리니어 드라이브로 '무소음'이라는 냉장고 선택의 새로운 기

햅틱 아몰레드　　옙　　갤럭시S　　올림푸스　　소니NGP　　노키아

자사 휴대폰에서 타사 카메라, 게임기, 스마트폰까지 지속적으로 확장

휴대폰에서 출발한 아몰레드는 삼성전자뿐만 아니라 타 기업의 다양한 제품에까지 적용되고 있다.

준을 제시했듯이, 인브랜드는 경쟁구도를 유리하게 바꿀 수 있는 전략이다. 그것은 광고카피나 시즌 캠페인보다 장기적이고 보유 가능한 자산이기에 더욱 효과적이다.

• • • • • • • •

'최고의 화질'이 필요한 모든 제품에 적용되다

아몰레드는 휴대폰 브랜드로 런칭되었다. 그러나 빠른 속도로 다양한 제품에 적용되어온 덕인지 아몰레드=휴대폰이라는 고정관념은 오래지 않아 깨진다. 휴대폰뿐만 아니라 스마트폰과 패드, MP3플레이어, 카메라 등 화질이 중요한 다양한 제품에 적용되었기 때문이다. 삼성 MP3플레이어 옙Yepp AMOLED M1, 삼성의 디지털 카메라 블루EX1 등에 아몰레드가 탑재되었다. 삼성전자뿐만 아니라 소니의 모바일 게임기 NGP, 올림푸스의 디지털카메라 XZ-1, 노키아의 스마트폰 N9, E7 등에도 아몰레드가 장착되었다. 이런 추세라면 인텔이 컴퓨터 제조사에 관계 없이 컴퓨터를 선택하는 주요 기준이 되었듯, 아몰레드가 화질이 중요한 제품의 핵심 구매요인이 될지도 모른다.

　개발과 런칭, 커뮤니케이션까지 브랜드 관리의 각 단계에서 아몰레드는 여러 시사점을 남긴다. 브랜드 개발에 있어서는 기술을 갖는 것과 브랜드화된 기술을 갖는 것의 차이를 극명하게 보여주었다. 고객 입장에서 기술을 가진 자와 그렇지 않은 자로 또는 기술의 선도자와 후발 주자로 인식되는 그 효과 말이다. 기술 경쟁이 치열한 만큼 평준화의 속도 역시 빠른 IT·전자업계에서는 더더욱 인브랜드의 효과에 주목해야 할 것이다. 시장의 화두와 경쟁의 구도를 바꾸고자 할 때에도 인브랜드는 강력한 전략적 대안이 된다.

　B2C 브랜드의 그것과 크게 다르지 않았던 아몰레드의 런칭과 커뮤니케이션도 중요한 시사점을 준다. 'B2B 브랜드를 B2C 브랜드로 런칭하라'라는 것은 아니다. 누구나 취할 수 있는 전략도 아니며 커뮤니케이션 비용도 만만치 않다. 다만 B2B 브랜드가 할 수 있는, 또는 해야 하는 커뮤니케이션의 틀과 한계를 깼다는 것 자체가 하나의 시사점을 던진다. 인브랜드는 1차 고객인 기업을 대상으로 커뮤니케이션한다는 고정관념을 인텔이 깼다면, 소재가 완제품의 일부일 뿐이듯, 인브랜드의 커뮤니케이션은 완제품 브랜드의 커뮤니케이션에 종속된다는 고정관념에 아몰레드가 틈을 낸 것이다.

　성공하는 인브랜드의 메커니즘은 모두 같다. 인브랜드의 1차 고객인 기업에 대한 푸쉬 전략이 아니라 2차 고객인 완제품 고객에게 어필해 1차 고객에게 영향력을 행사하는 풀 전략을 구사하는 것이다. 그러나 풀 전략을 펼치는 방법은 보다 다채로워지고 있다. 기업 고객에게 광고 보조금을 주고 로고를 노출하는 인텔의 방법이 다가 아니다. 아몰레드의 사례가 B2B 기업들에게 또 다른 아이디어의 촉진제가 되기를 바란다.

STORY 3 마이크로밴(Microban)

글로벌 인브랜드 전도사

2009년 대한민국 사회와 전 세계를 가장 뜨겁게 달궜던 뉴스는 신종플루의 확산이었다. 독감 증세와 유사한 신종플루는 치사율이 계절 독감에 비해 상대적으로 높아 모든 사람을 공포에 떨게 하였다. 그리고 이러한 신종플루의 확산으로 외출 후 손 씻기 운동이 국가 차원에서 권장되기 시작하였다. 각종 관공서와 사람들의 출입이 잦은 공공 장소 및 대형 건물에는 손 세정제가 비치되었고 TV와 신문 매체에서는 손 씻기를 강조하는 공익 광고가 등장하였다. 그리고 이와 같은 사회적 움직임은 자연스럽게 일반인들이 '손씻기'뿐만 아니라 살균 제품에도 관심을 갖게 만들었다. 실제로 인터넷 쇼핑몰 옥션의 2009년 11월 판매량을 보면, 락스 등 살균소독세제는 전년 동기 대비 무려 324%나 팔려나갔고, 같은 기간 동안 욕실세제는 240%, 욕실청소용품은 100%, 밀대 등 일반청소용품도 241%나 판매량이 급증하였다.

한편 국내에서 생소한 브랜드였던 마이크로밴Microban에 대한 관심이 주부들을 중심으로 높아지기 시작하였다. 마이크로밴은 항균 기술을 연구개발·판매하는 회사이면서 균의 서식을 방지하고 죽이는 데 탁월한 효과를 인정 받고 있는 항균 기술 브랜드이기도 하다. 현재 마이크로밴은 전 세계의 150여 개의 파트너사에 기술을 납품하고 있고, 750여 개의 제품에 적용되고 있다.

마이크로밴은 최근 미국에서 41%의 높은 보조 인지도를 보이고 영국에서는 27%의 주부들이 마이크로밴 제품 구매를 선호하는 것으로 조사되는 등, 해외에서는 이미 확고한 포지셔닝을 가진 브랜드이다. 국내에서도 최근 꾸준히 관련 제품이 출시되며 인지도를 높여가고 있는 데, 주로 주방, 컴퓨터, 침구, 팬시, 사무, 유아 관련 용품 등에 적용되고 있다. 특히 젊은 주부들 사이에서 입소문을 타면서 주방 관련 용품들이 많이 런칭되고 있다.

마이크로밴의 과거와 오늘

마이크로밴은 윌리엄 L 모리슨 Willian L. Morrison 이 한 물리학자와 나눈 전화통화에서 시작되었다. 물리학자는 모리슨에게 일회용 의학용품을 오랫동안 청결한 상태로 유지하는 방법에 관해 전화로 논의하였다. 이들은 의학 분야에서뿐만 아니라 공중전화와 같은 일상 용품에서도 항균 상태를 유지할 방법에 대해 논의하였고, 이것이 의학계와 일반 소비 시장을 타깃으로 한 첫 항균 고분자 제품의 개발로 이어졌다. 그리고 1994년 모리슨의 아이디어를 심화시킨 3명의 생의학자가 마이크로밴을 설립하였다. 그리고 이들은 이미 시장에서 성공한 라이크라 Lycra, 테프론 Teflon 과 같은 초기 인브랜드의 마케팅 기법을 도입해 1996년부터 비즈니스 활동을 전개하기 시작하였다. 마이크로밴은 미국에서 사업을 시작했지만 영국, 캐나다, 프랑스, 호주, 독일, 멕시코 등 전 세계에 지사를 두며 글로벌 브랜드로 성장하였다.

마이크로밴은 항균 효과를 극대화하기 위해 고객사의 각 제품에 맞춤화된 항균 재료를 공급할 뿐만 아니라 제품 생산 공정에도 적극 참여하여 그들의 전문 지식과 제조 노하우를 공유한다. 마이크로밴의 항균 재료는 제품의 폴리머 polymer 구조 안에 섞이도록 제조되어, 제품 표면에 접촉한 박테리아의 성장을 저지하고 살균한다. 또한 내부에서 항균제가 지속적으로 표출되어 경쟁 재료에 비해 영구적인 항균 효과를 보인다.

인브랜드의 전도사

마이크로밴은 자사의 웹사이트와 여러 매체를 통해 공공연하게 자신들의 적극적인 인브랜드 마케팅을 홍보한다. 심지어는 'ingredient branding'이라는 웹사이트*를 구축하고 인브랜드의 효과와 유명 사례를 소개한 전자책을 서비스하고 있다. 이들의 활동은 서울우유의 '밀크 매니아', '하루 세번' 광고 캠페인을 연상시킨다. 서울우유는 2004년 우유 소비가 점차 감소하는 시장 상황에 주목하고, 리딩 브랜드로서 전체 시장의 규모를 유지하고 키우기 위한 우유 소비 촉진 캠페인을 런칭하였다. 서울우유는 '공공성'이 부각된 캠페인을 통해 시장의 리더로서 자사의 위상을 소비자에게 보다 명확히 인지시켰고 간접적으로는 전체 시장의 규모를 유지하고 키움으로써 자사의 매출 감소를 방어하는 효과를 얻었다.

이와 동일하게, 마이크로밴은 인브랜드에 대한 일반 소비자와 기업 고객들의 인식을 확대시킴으로써 항균 기술을 대표하는 인브랜드로서 자신의 정체성을 명확히 심어주었다. 동시에 기업 고객에게 자사와의 파트너십을 통해 얻게 되는 편익을 설득력 있게 커뮤니케이션하는 효과를 보았다. 마이크로밴은 자사 기술의 탁월한 항균 효과뿐만 아니라 인

* www.ingredientbrands.com

마이크로밴의 'Ingredient Branding' 웹사이트

브랜드로서 마이크로밴이 주는 가격적 이득, 마케팅 효과 등을 상세하게 커뮤니케이션함으로써 고객사가 그들을 선택할 수밖에 없는 이유를 보여준 것이다. 또한 항균의 중요성을 역설함으로써 전체 항균 시장의 규모를 확대하는 결과까지 가져왔다.

'우리는 당신들의 파트너 입니다'

마이크로밴은 고객사에게 제품의 특장점 이외에 4가지 편익을 명확하게 제시한다. 첫 번째는 가격 경쟁력으로 마이크로밴을 활용함으로써 시장에서 경쟁사 대비 가격 프리미엄 효과를 누릴 수 있음을 강조한다. 두 번째는 배타적 독점권을 통해 시장 리더는 시장에서의 위상을 더욱 공고히 할 수 있고, 후발 주자는 시장 점유율을 더 높일 수 있다고 약속한다. 세 번째는 제품 판매를 촉진함으로써 기업의 제품 믹스를 개선할 수 있음을 강조한다. 마지막으로 마이크로밴은 고객사가 새로운 유통망을 개척하고 기존 유통망에서 효과적인 판매 공간을 확보할 수 있게 해줄 것임을 약속한다.

그리고 이와 같은 명시적인 편익과 함께 마이크로밴은 고객사를 고객 Customer 이 아니라 파트너 Partner 라고 부르며 항균 성분 제공 이상의 폭 넓은 지원을 내세우고 있다. 두 용어의 차이는 그들의 제품 전략에서 명확히 보여진다. 마이크로밴은 기술 지원, 상표권 보호, 규제 관리 Regulatory Support, 대 고객 마케팅 지원, 마이크로밴 브랜드 제공 등 총 5가지에 걸친 지원을 약속하고 있다. 이와 같은 지원은 마이크로밴이 고객사를 일회적인 거래처가 아니라 지속적인 협력 관계 속에서 동반 성장하는 파트너로 생각하고 있음을 말해준다.

특히 마이크로밴은 고객사의 대 소비자 마케팅까지 지원하고 있는데, 다양한 마케팅 리서치를 통해 제품 패키지 상에서 마이크로밴이 호스트 브랜드 host brand 와 조화롭게 노출되는 방법과 PR, 광고 등에서 효과적으로 마이크로밴 브랜드를 커뮤니케이션하는 가이드를 고객사에게 제공하고 있다. 마이크로밴은 여타의 인브랜드들보다 더 적극적으로 자신의 브랜드를 고객사 제품에 활용할 것으로 권장한다. 광고 상에서도 고객사 제품 브랜드와 동등한 위상을 가지고, 심지어 제품 라벨 역시 전면에 표기되도록 한다. 이는 어떤 경쟁 브랜드보다 이미 입증된 마이크로밴의 강력한 브랜드 인지도와 신뢰성 때문이다.

마이크로밴의 이러한 대 소비자 마케팅 지원은 자사의 모든 항균 기술에 기업 브랜드를 적용하는 집중화된 브랜드 육성 전략과 선순환 구조를 형성하면서 마이크로밴의 브랜드 자산을 강화하고 있다. 마이크로

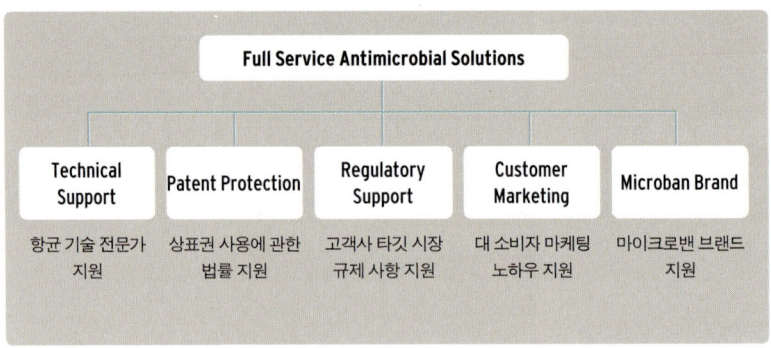

마이크로밴의 지원 서비스

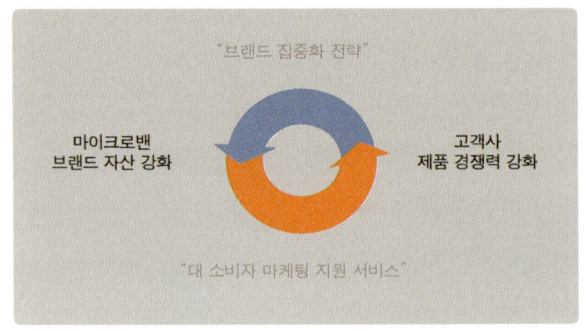

마이크로밴 성공의 순환 구조

밴은 '마이크로밴® 3G Silver Technology', '마이크로밴® Antimicrobial Technology', '마이크로밴® Zinc Antimicrobial Technology' 같이 개별 기술들의 명칭을 '마이크로밴 OOO' 형태로 유지하면서, 브랜드를 커뮤니케이션할 때는 기업 브랜드만을 노출시킨다. 이와 같은 집중화된 노력은 궁극적으로 마이크로밴이 비교적 단기간에 높은 브랜드 자산을 쌓을 수 있도록 하였고, 그럼으로써 고객사 브랜드에 종속되지 않는 자신만의 목소리를 또렷이 낼 수 있게 하였다.

한편 브랜드 집중화 전략으로 강화된 마이크로밴의 브랜드 자산은 대소비자 마케팅 지원 서비스의 효과를 극대화시켜 고객사의 제품 경쟁력

  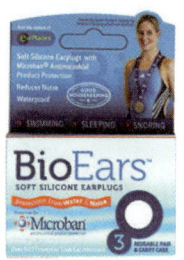
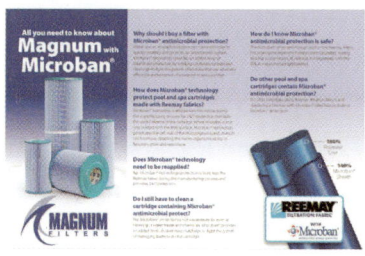 

마이크로밴의 대 소비자 마케팅 지원 활동

을 강화시키게 된다. 아울러 고객사의 제품이 널리 유통되고 소비자에게 폭넓게 소비됨에 따라 마이크로밴이라는 기업 브랜드는 고객들에게 집중적으로 각인되고, 이는 다시 마이크로밴 브랜드 자산의 강화로 이어지고 있다.

 정리하자면, 마이크로밴의 대 소비자 마케팅 지원 서비스와 브랜드 집중화 전략은 마이크로밴의 브랜드 자산 강화와 고객사의 제품 경쟁력 강화 간의 순환 구조를 만들어냈다. 결국 마이크로밴의 파트너십은 단순히 용어에 그치는 것이 아니라 그들의 서비스를 통해 실현되고 있으며, 마이크로밴을 가장 강력한 항균 성분 브랜드로 자리매김할 수 있도록 하였다.

● ● ● ● ●
하나의 시장에는 하나의 고객사만 있다

앞서 살펴본 순환 구조는 마이크로밴이 내세우고 있는 '배타적 독점권'이라는 제휴 방식으로 한층 더 탄탄해진다. 마이크로밴의 전략은 인텔이나 고어텍스의 인브랜드 전략과는 조금 다르다. 현재 마이크로밴은 광범위한 영역에서 활용되고 있고, 다양한 고객사와 관계를 맺고 있다. 그러나 마이크로밴은 각 카테고리의 영역에서 자사 브랜드 가치를 높이기 위해 '선택적 제휴'를 한다. 즉, 마이크로밴과 손을 잡은 고객사는 특정 시장에서 마이크로밴을 사용하는 경쟁사를 만나지 못하고, 당연히 뚜렷한 차별성을 가지게 된다.

우리는 컴퓨터를 살 때 거의 모든 PC에서 인텔 칩을 만날 수 있다. 그리고 등산복을 살 때 모든 브랜드에서 고어텍스를 만날 수 있다. 보통 인브랜드를 보유한 기업은 브랜드 가치를 높이기 위해 되도록 많은 제품에 자신의 인브랜드를 적용시키려 한다. 더 많은 고객사가 선택할수록 시장에서의 힘이 더욱 강해지기 때문이다. 그러나 이런 상황이 인브랜드를 사용하는 완제품 기업에게도 이득일까? 그리고 인브랜드 보유 기업에게도 항상 이득일까?

답부터 말하자면, 인브랜드가 완제품에서 핵심 요소가 아닌 부수적 요소일 경우 단지 많은 제품들에 적용되는 것은 득보다 실이 클 수 있다. 인브랜드의 핵심 기능은 차별화다. 등산복 시장은 고어텍스로 만든 제품과 아닌 제품으로 구분되지만, 등산화 시장은 다르다. 소비자들은 등산화를 구매할 때 등산화의 재질보다는 좋은 착용감과 쿠션감, 그리고 발목을 잡아주는 신발 구조를 더 중요시한다. 그렇기 때문에 고어텍스에서 고기능성을 커뮤니케이션하더라도 등산화 제조업체에서 굳이 '비싼' 고어텍스를 사용할 필요를 못 느끼지 못한다. 즉, 완제품의 가치에 핵심적 역할을 하는 인브랜드는 자신을 선택하는 것을 '당연하게' 만들고 시장을 점유해야 하지만, 부수적 역할을 하는 인브랜드는 '당연시' 되기보다는 고객사 제품을 차별화하는 요소가 되어야 한다.

최근 전 세계적으로 웰빙이란 사회적 트렌드가 유행함에 따라 '항균'은 꽤 주목 받은 가치가 되었다. 그러나 모든 제품군에서 '항균'이 핵심 성분이 될 수는 없다. 아시아 지역에서 유통되는 테바^{Teva} 샌들의 경우 마이크로밴 기술을 깔창에 적용하고 있고, 이를 주요 특징으로 커뮤니케이션한다. 샌들에서 항균 기능이 필수적이지는 않은 상황에서 마이크로밴이 굳이 모든 샌들에 적용될 수 있게 한다면 스스로의 몸값만 낮추는 결과를 가져올 것이다.

그 대신 테바와 같은 특정 회사와 전략적 제휴를 맺고 샌들 시장에서 '항균'을 차별화된 가치로 만드는 것이 고객사나 마이크로밴 입장에서 보다 효과적일 것이다. 마이크로밴의 항균 기술이 샌들을 구매하는 데 있어 결정적인 요소는 아니지만 그 제품만의 특장점으로 인식시킬 수 있고, 소비자가 생각하지 못한 니즈를 만족시켜줌으로써 선택의 틀을 바꾸는 효과를 가져올 수 있다.

물론 '배타적 독점권'을 통해 선택적으로 파트너십을 맺는 것이 장점만 있는 것은 아니다. 마이크로밴과 고객사의 제품 간 연계성이 높아질수록 완제품의 결함으로 인해 발생하는 부정적 인식이 마이크로밴에 영향을 미칠 가능성 또한 높아진다. 아울러 한정적인 제품과 시장에 적용됨에 따라 소비자에게 폭넓게 마이크로밴 브랜드를 알리는 데 제약이 따른다.

그러나 이와 같은 단점에도 불구하고 '배타적 독점권'은 파트너사와 강력한 유대 관계를 형성할 수 있게 하고, 마이크로밴의 항균 기술을 다양한 시장에서 매력적인 차별화 요소로 인지시키는 효과가 있다.

마이크로밴의 커뮤니케이션

마이크로밴은 자신의 항균 효과를 아주 쉽게 커뮤니케이션한다. 우선 마이크로밴이라는 명칭 자체가 'Microbial 세균의'과 'Ban 금지하다, 막다'을 결합한 것으로 전달하려는 메시지가 분명하다. 심벌은 페트리접시 petri-dish*의 중앙에 마이크로밴 성분을 놓았을 때 그 주변에는 세균이 번식하지 않는 모습을 형상화한 것이다. 그리고 실제로 항균 효과를 소개하는 자료에서는 그것을 실제로 구현한 이미지 두 장을 꼭 활용한다.

마이크로밴의 기술은 사실 소비자가 쉽게 인지하거나 이해하기 어렵다. 브랜드가 주는 편익 역시 직접적으로 느끼기 어렵다. 그러나 두 장의 이미지는 그것을 명쾌하게 설명해준다. 적용 제품이 다양하고 그만큼 커뮤니케이션 대상의 연령 폭이 넓다는 점에서 이와 같은 단순 명료한 방식이 효과적이다.

마이크로밴은 자사의 브랜드 가치를 꾸준히 측정해 커뮤니케이션할 뿐만 아니라 고객사의 매출 변화 역시 생생하게 커뮤니케이션한다. 일례로 세인스버리 Sainsbury's의 플라스틱 도마는 마이크로밴을 도입한 이후 5만 개에서 30만 개로 매출이 신장되었고, US배스 US baths 욕조는 30% 판매량 증가를 보였다고 한다. 홈페이지에서는 고객사 브랜드를 'Our Valued Partner'라는 이름으로 지속적으로 노출함으로써 고객사와의 유대 관계를 강조한다. 또한 전람회, 무역박람회, 영업 교육 등과 같은 홍보 활동을 통해서도 적극적인 고객사 지원에 나서고 있다.

마이크로밴은 커뮤니케이션을 단독으로 수행하기보다는 고객사와 함께 함으로써 미래의 고객사들에게 마이크로밴과 함께 하는 비즈니스

---

* 세균 배양에 쓰이는 둥글고 넓적한 작은 접시

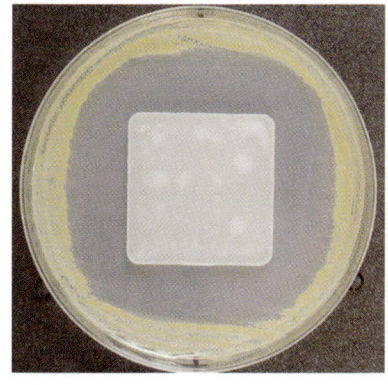 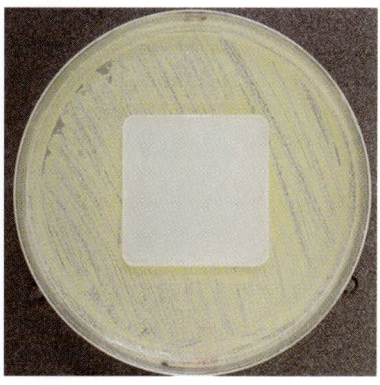

페트리접시를 형상화한 마이크로밴의 심벌 및 항균효과를 설명하는 이미지

의 상을 제시하는 등 커뮤니케이션 효과를 극대화한다.

마이크로밴 인브랜드 전략의 시사점

인브랜드로서 마이크로밴은 우리에게 두 가지 시사점을 준다. 첫째, B2B 기업에 있어 고객사와의 관계가 얼마나 중요한지를 보여준다. 마이크로밴은 고객사를 파트너로 여기고 장기적 관계를 맺음으로써 상호 윈윈할 수 있는 순환 구조를 만들어냈다. 즉, 고객사가 잘 되면 마이크로밴도 잘 되고, 이것이 다시 고객사에 이득이 되는 것이다. 최근 B2B 시장에서 CS Customer Satisfaction 고객만족 활동이 점점 중요해지는 것도 같은 맥락이다.

둘째, 기업이 생산하는 중간재의 특성을 고려한 전략적 제휴가 중요하다는 점을 보여준다. 마이크로밴은 선택적인 파트너십을 통해 고객사가 경쟁사와 뚜렷한 차별화 포인트를 만들 수 있도록 돕는다. 하나의 시장에서는 하나의 고객사만을 갖는 전략을 통해 고객사를 만족시키고 자사의 위상을 높이는 결과를 가져왔다. 누구나 인텔이나 고어텍스 같은 방법으로 성공할 수는 없다. 인브랜드를 보유한 기업은 자신의 제품이나 서비스의 특성에 맞는 전략을 찾아내야 한다.

　마이크로밴이 적용될 수 있는 제품은 무궁무진하다. 국내에서도 앞으로 더 많은 마이크로밴 제품을 만나게 될 것이다. 또한 국내기업이 해외시장을 개척할 때에도 이미 높은 인지도를 지닌 마이크로밴을 지렛대로 활용해 볼 수 있을 것이다.

STORY 4 스와로브스키 엘리먼츠(Swarovski)

눈부신 콜래보레이션

To enchant reality and everyday life with the poetry of crystal – this is Swarovski's vision, and also the goal it has set for the new product brand CRYSTALLIZED™ – Swarovski Elements.

가장 좋은 품질의, 가장 탁월한 커팅 기술의 크리스털 전문기업 스와로브스키 Swarovski 는 효과적이고 성공적인 인브랜드 기업으로 대표되면서 그들의 비전 역시 변화하게 된다. '우리의 일상적 삶과 현실이 크리스털의 마법으로 빛나고 아름다워지게 만드는 것'이 바로 그들의 새로운 비전이다.

스와로브스키: B2C와 B2B를 겸하다

1895년 보헤미안 발명가 다니엘 스와로브스키 Daniel Swarovski 가 창립한 이래 100년이 훌쩍 넘도록 탁월함 excellence, 혁신 innovation, 그리고 인간본위 humanistic 의 가치를 지켜온 스와로브스키 Swarovski 는 패션, 주얼리, 조명, 건축, 인테리어 등 세계 디자인 시장에서 없어서는 안될 중요한 주얼리 기업이다. 스와로브스키의 사업은 크리스털로 완성된 액세

서리, 장식품, 보석류 등의 디자인 '완제품 부문'과 다양한 산업에 크리스털 원재료를 공급하는 '크리스털 컴포넌트 사업' 두 부문으로 분류된다. 스와로브스키의 제품들은 전 세계 1800여 개의 스와로브스키 매장과 주요 패션도시의 리테일에서 만나볼 수 있다. 스와로브스키의 커뮤니티인 SCS Swarovski Crystal Society 규모도 점점 확대되어 전 세계 40만 명의 회원과 열렬한 크리스털 피규어 콜렉터들의 꾸준한 지지를 얻고 있다.

더 나아가 스와로브스키는 100주년을 기리기 위해 1995년 오스트리아 바텐스 Wattens 에 크리스털 박물관 Swarovski Kristallwelten 을 건립하면서 브랜드를 알리고 전 세계 소비자들에게 감동을 선사하는 또 하나의 관문을 갖게 되었다. 이 크리스털 박물관은 전설 속 알프스의 수호신이 지배하는 지하 세계를 모티브로 2만 5000여 평의 공간을 모두 크리스털로 꾸몄다. 이 곳은 단순한 홍보관을 뛰어넘어 크리스털로 만들어 낼 수 있는 최고의 판타지를 보여주는 곳이 되었다. 이처럼 완제품 주얼리였던 스와로브스키는 인브랜드로 영역을 넓히면서 생활용품, 패션, 자동차, 필기구 브랜드들과의 끝도 없는 협업을 통해 우리의 생활을 마술처럼 빛나게 만들고 있다. 뿐만 아니라 매장, 홍보관, 컨셉 스토어에 이르기까지 공간 브랜딩의 가장 스마트한 선도자로서 우리와 함께하고 있다.

서로 이질적인 아이템들 간의 협업을 통해 상호 장점을 극대화하는 콜래보레이션 Collaboration 의 가장 진화된, 가장 세련된 케이스로 주목받는 스와로브스키, 그 빛나는 세계로 들어가 보자.

CRYSTALLIZED™: 카테고리를 장악하다

2007년 스와로브스키는 인브랜드 영역인 '크리스털 컴포넌트 사업'의 브랜드로서 크리스털라이즈드CRYSTALLIZED™ -Swarovski elements를 본격적으로 런칭한다. 패션, 인테리어, 조명 등 다양한 비즈니스의 제품에 '들어가는' 크리스털 제품이라는 의도와 의미가 너무나도 분명한 브랜드이다. 수동태를 취하고 카테고리를 강하게 대표할 수 있는 '크리스털'을 활용한 이 브랜드는 인텔Intel 의 '인텔 인사이드intel inside'를 떠올리게 한다. 인텔이 인텔 인사이드를 통해 '인브랜드다움'을 대놓고 선포했듯이 스와로브스키는 수동태와 카테고리명을 그대로 활용하면서 '크리스털화된'이라는 또 다른 형태의 인브랜드 대표성을 확보하게 된다. 세상의 수많은 제품들 혹은 거대한 세상 그 자체와 크리스털로 하나되었다는 의미를 이처럼 단순하고도 명확하게 전달하기는 쉽지 않을 것이다.

'크리스털'이라는 카테고리명을 직접적으로 쓴 전략은 그 누구도 아닌 스와로브스키가 활용했기에 더욱 강력하였다. 크리스털라이즈드CRYSTALLIZED가 보여준 브랜드 네임의 톤앤매너는 향후 언브라이들드 UNBRIDALED - 컨템포러리 꾸뛰르 웨딩 프로젝트, 인라이튼드ENLIGHTENED™ 프로젝트

크리스털라이즈드 로고

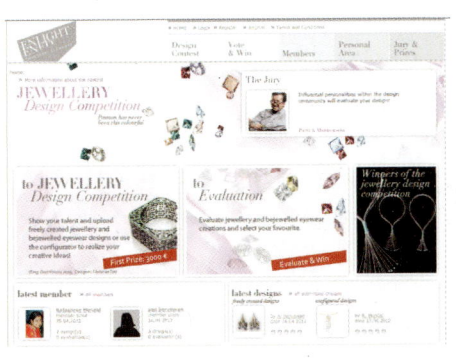

인라이튼드 홈페이지

명로 이어진다. 가장 솔직하고 직설적인 화법으로 브랜드는 역설적이게도 가장 세련되고 특징이 뚜렷한 브랜드가 된다. 자신이 가진 강점이 무엇인지 정확히 알고 이를 극대화하여 목소리를 높이는 것의 가치를 제대로 보여준 것이다.

● ● ● ● ● ● ●
스와로브스키 엘리먼츠로의 리브랜딩

이미 언급하였다시피 크리스털라이즈드 브랜드의 최대 장점은 '크리스털'이라는 카테고리와 인브랜드로서의 상황을 수동태로 가장 심플하고 강력하게 표현하였다는 점에 있었다. 그러나 시간이 지나면서 스와로브스키의 '크리스털 대표성'은 브랜드에 크리스털이라는 카테고리를 굳이 강조하지 않아도 될 정도로 '크리스털=스와로브스키'라는 인식이 공고해지고 있었다. 점점 그들의 브랜드에서 포인트가 크리스털보다는 '스와로브스키'로 이동하는 것이다. 따라서 기존 톤앤매너를 유지하되, 브랜드의 중심은 크리스털이 아닌 스와로브스키로 대체되도록 브랜드의 재탄생이 감행된다.

리브랜딩된 브랜드는 '스와로브스키 엘리먼츠Made with Swarovski elements'이다. '스와로브스키'라는 브랜드가 풍기는 독점배타적 아우라와 대표 주자의 이미지를 가장 강력하게 가져가 궁극적으로 '스와로브스키'라는 기업 브랜드 자산을 더욱 굳건히 하는 결과를 낳는다. 그들은 '최고의 크리스털 기업이다'라는 정의의 범위를 확대시켜 다양한 산업에 대한 장악력, 디자이너 브랜드와의 협업을 대표하는 브랜드로 자리 잡게 된다.

스와로브스키 엘리먼츠의 리브랜딩은 인브랜드 전략을 고민하는 많

리브랜딩된 브랜드 '스와로브스키 엘리먼츠'

은 기업들에게 적지 않은 시사점을 던져준다. 스와로브스키는 단계적 전략을 활용하여 초기 '크리스털'에 집중한 브랜드 네임을 통해 카테고리를 장악하는 효과를 누렸고, 이후 스와로브스키에 집중하는 방향으로 리브랜딩하여 궁극적으로 기업 브랜드를 '최고의 크리스털 파트너'의 상징적 위상으로 인식되기에 이른다.

● ● ● ● ● ● ●

명품 디자이너들과의 콜래보레이션

냉장고와 앙드레 김은 어떤 연관성이 있을까? 와인이 지춘희, 스티브&요니 Steve J and Yoni P 등 34명의 디자이너를 만나게 되면 어떤 변화가 생길까? 경차 피아트 500 Fiat500이 명품 구찌 Gucci 와 만나 여성고객을 공략하겠다는 것은 어떤 의미일까?

일반적으로 '협력', 마케팅 관점에서는 '합작'이라는 의미를 가진 '콜래보레이션 Collaboration 은 의미 있는 융합을 통해 시너지를 창출하는 마케팅 활동으로 이미 활발히 추진되고 있다. 콜래보레이션의 효과를 제대로 누리려면 협업하는 양자의 합이 단순히 '1+1=2'이 되어서는 안 된다. 콜래보레이션의 핵심은 협업 당사자의 강점이 최대한 발휘되고, 또 그 강점들이 서로를 잘 부각시켜줄 수 있어야 한다는 것이다. 협업은 궁극적으로 소비자들이 서로 호기심을 가질 만한 무언가를 만들어내야 한다는 과제를 갖는다. 마케팅적으로 콜래보레이션의 장점은 기존에 갖고 있지 않았던 새로운 이미지를 흡수하여 목표하는 이미지를 만들어낸다는 데 있다.

바로 그런 점에서 패션, 주얼리, 액세서리, 인테리어, 플라워, 문구, 건축 등의 럭셔리 분야에 몸담고 있는 선도적인 디자이너들은 '크리스털라이즈드 Crystalized'라는 모토 하에 보여지는 다양한 협업 쇼 Collaboration show 와 프로젝트에 초대받아 함께 창작작업을 하는 것에 열광하게 된다. 이미 패션업계에서 브랜드들 간 다양한 형태의 협업이 이루어지고 있는 상황이지만 그 대상이 '스와로브스키'일 때는 이야기가 달라진다. '크리스털'이라는 소재의 고급감과 화려함이 디자이너들로 하여금 무한한 상상력을 발휘할 수 있는 기회를 주기 때문이다. 이러한 디자이너들과의 협업 시도들이 거듭되면서 크리스털의 효과는 다양한 방면으로 넓어지게 되고 디자이너들 역시 크리스털로 가능한 창작의 새로운 표현방식을 탐구하기에 이른다.

스와로브스키는 이브닝 가운, 신발, 수영복, 란제리 등처럼 패션 분야에서도 선뜻 크리스털의 적용을 생각하지 못했던 분야까지도 확대되어 그 영역의 한계를 넘어서고 있다. 스와로브스키가 보여주는 디자인 기반의 신선한 협업 프로젝트들 중에서 좀더 특별한 의미로 패션 역사에 기록된 사례를 보자. '크리스털로 블랙을 말하는 22가지 방법 Crystalized

크리스털라이즈드 LBD: 조르지오 아르마니

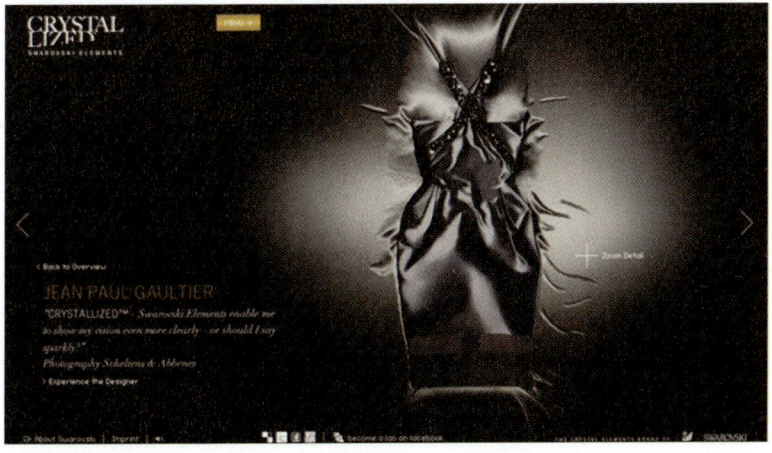

크리스털라이즈드 LBD: 장 폴 고티에

ways to say black' 프로젝트가 그것이다. 패션 여성의 필수 아이템, 이른바 LBD Little Black Dress 라 불리는 블랙드레스가 있다. 스와로브스키는 가장 스타일 분명한 22명의 꾸뛰르 디자이너들을 선정하고 그들이 제안하는 크리스털라이즈드 LBD를 기획한다.

지안프랑코 페레 Gianfranco Ferré , 3.1 필립 림 3.1 philip lim, 랑방 Lanvin, 알

베르타 페레티 Alberta Ferretti, 도나카란앤조르지오 아르마니 프리베 Donna Karan and Giorgio Armani Privé, 비비안 웨스트우드 Vivienne Westwood 까지 세계 유수의 디자이너들은 그들 각자의 방식으로 크리스털을 해석하고 이용하여 고유 개성을 발휘한 블랙드레스를 선보인다. 이들의 22벌의 드레스 작품들은 모두 수작업으로 제작되고 단 하나뿐인 드레스로 남는다. 스와로브스키 크리스털의 탁월한 아름다움과 디자이너들의 창의적 영감이 만나 세계 하나뿐인 작품을 만들어낸 이들의 화보는 갤러리의 작품들을 능가하는 특별함과 품격을 남기게 된다.

● ● ● ● ● ● ●

스와로브스키 엘리먼츠: 콜래보레이션의 종결자

스와로브스키 엘리먼츠의 적용 무대는 패션을 넘어서서 크리스마스 트리, 침대보, TV, 냉장고, 휴대폰, 핸드백, 식기, 구두 등으로 지금도 무한히 확장되고 있다. 이처럼 빠른 속도로 넓어지는 협업의 영역은 스와로브스키 엘리먼츠의 권위를 증명해 준다. 크리스털을 활용한 아이템들이 확대된다는 것은 다소 밋밋했던 우리의 일상이 조금 더 특별하고 환상적으로 변화하는 것을 의미한다.

크리스털이 우리의 식탁에 등장한 경우를 살펴보자. '프라우나 Prouna'는 한국도자기의 명품 식기 브랜드로, 영국 해롯 Harrods 백화점에 입점하는 등 해외에서도 명품 식기로 인정받고 있다. 프라우나의 주얼리 라인은 스와로브스키 원석을 세공해 만들어지며 크리스털 부분은 모두 수작업으로 이루어져 그 가치와 희소성이 높다. 크리스털의 특별함에 장인정신의 이미지가 더해져 그 진가를 더욱 높이고 있는 것이다. 인도 철강왕 미탈의 부인이 영국 해롯 백화점에서 스와로브스키 엘리먼츠 라인

스와로브스키 엘리먼츠가 적용된 프라우나의 주얼리 라인

제품을 한번에 1억 3천만 원어치 구입하면서 화제가 되기도 하였다. 실제로 식기에 스와로브스키 엘리먼츠가 적용되었다는 사실만으로 세계 부호들 사이에 입소문이 퍼지면서 주문이 쏟아지고 있다고 한다. 스와로브스키 엘리먼츠는 이처럼 일상의 아이템에서는 누릴 수 없는 특별함을 창출하고자 하는 경우 그 아이템이 무엇이든 간에 가장 손쉽게, 가장 큰 효과를 누리는 콜래보레이션 대상으로 자리잡게 된다.

스와로브스키 엘리먼츠가 인테리어 분야에 적용되면 어떤 일이 생길까? 2011년 리빙디자인페어에서 전개된 인테리어와 스와로브스키 엘리먼츠의 만남을 스케치해보자.

"스와로브스키 엘리먼츠는 '내추럴 해피니스'라는 컨셉 아래, 패브릭 아이템과 크리스털을 소재로 한 창조적인 공간을 선보였다. 특히 이날 선보인 작품은 국내 인테리어 5개 톱 브랜드의 수석 디자이너가 각각 맡아 주목 받았다. 이브자리 한지원 디자이너는 '클래식'을 테마로 한 침구 'Earth'를 선보였다. '로맨틱'을 테마로 장웅복 디자이너는 'Chalk'를 공개하였다. 또한 패브릭과 크리스털이 보여주는 상이한 질감 대비

스와로브스키 엘리먼츠가 적용된 인테리어, 2011 리빙디자인페어

로 현대적인 로맨티시즘을 표현하였다. 어둡고 무게감 있는 'Rocks'는 다우닝의 설재병 디자이너가 작업을 맡아 '프로그레시브' 테마를 나타냈다. 바오밥의 김학빈 디자이너는 국내 브랜드로서는 처음으로 윌럭스와 함께 스와로브스키 엘리먼츠를 적용한 카펫을 선보였다. '하모니'를 주제로한 작품 'Sand'는 바람에 의해 물결무늬가 나타나는 사막의 모래를 형상화하기 위해, 조금씩 높이와 두께의 조절을 준 실들로 카펫을 짰다. 또한 그 사이사이 보일 듯 말 듯 옅은 황색의 크리스털로 모래빛을 디자인하였다. '글래머'를 테마로 잡은 신한벽지 소희 디자이너는 'Precious metal'을 고급스러우면서도 강한 느낌으로 해석하였다. 기존의 여성스러운 벽지 디자인 스타일에서 벗어나 자칫 클래식할 수도 있는 말 모양을 골드 빛 크리스털로 단순 패턴화시켜, 현대적이고 모던한 요소를 가지도록 하였다."*

한복과 만난 스와로브스키 엘리먼츠는 어떤 모습일까? 한 갤러리에서는 '韓, 스와로브스키 엘리먼츠를 만나다'란 주제로 한복 디자이너

---

* 한경닷컴 bnt 뉴스, '스와로브스키 엘리먼츠, 국내 톱 디자이너들과 손잡다! "패브릭과 크리스털의 만남"'(2011. 3. 25)

6인의 작품이 전시되었는데 그 동안 주로 서양복식의 장식 소재로 사용된 스와로브스키 엘리먼츠가 대례복, 웨딩복, 파티복에 이르기까지 한복과 어울리는 새로운 시도를 함으로써 무한한 스와로브스키 엘리먼츠의 작품성과 가능성을 보여주었다. 한복과의 만남을 스케치해 본다.

"특히 이번 행사는 Vogue 전속 스타일리스트 서영희씨가 크리에이티브 디렉터로 참가해 스와로브스키 엘리먼츠와 한복 디자이너의 협업을 추진, 패션 큐레이터라는 새로운 시도를 했고, 한복 업계도 기존 자수에 의존해 오던 장식성을 대신해 스와로브스키 크리스털을 새로운 소재로 받아들였다는 점에서 가능성을 제시하였다. 이번 행사에 참여한 윤의 한복, 전통한복 연구가 김영석, 차이 김영진, 한국의상 백옥수, 한복린, 효재 등의 디자이너들은 한국 여인들의 손맛을 느낄수 있는 새, 목단, 壽와 福과 같은 전통의 문양 위에 스와로브스키를 배치해 화려한 색감과 빛을 재해석하는 작업으로 호응을 얻었다."**

이런 협업 프로젝트 활동들이 스와로브스키 엘리먼츠에 주는 영향은 어떤 것일까? 언젠가 필자는 스와로브스키 엘리먼츠가 가죽 소재와의 매칭을 홍보하면서 만든 판촉물에 써있는 의미심장한 문구를 보게 되었다. 그 문구는 'Crystal loves leather'였다. 크리스털이 사랑하는 것은 비단 가죽뿐만은 아닐 것이다. 'Crystal loves furniture', 'Crystal loves fabric', 'Crystal loves plastic', 'Crystal loves glasses', 'Crystal loves ceramic'일 것이다. 그 어떤 산업이든, 그 어떤 소재든 크리스털과 만나면 아름다움과 고급스러움의 대명사가 된다는 인식을 만들어낸 것이다. 그 대상이 무엇

** 패션저널, '스와로브스키 엘리먼츠, 한복과 만나다' (2011.1.13)

이든 간에, 오히려 연관성이 많이 떨어지는 아이템과 만나도 스와로브스키 엘리먼츠의 강렬한 정체성으로 인해 그 조합이나 그 협업의 시도가 더욱 돋보이고 의미 있어지는 경지에 이르렀다.

다양하게 펼쳐지는 콜래보레이션의 결과로 스와로브스키 엘리먼츠는 비교적 저렴한 주얼리 소재였던 크리스털이 최고급 품질과 명성을 대표할 수 있는 가능성을 보여 주었다. 완제품을 구성하는 요소의 존재로 인해 완제품에 대한 신뢰와 확신이 높아지게 하는 것이 인브랜드의 최상의 목표라면, 스와로브스키 엘리먼츠는 의미 있는 협업 프로젝트를 통해 자신이 가지고 있는 훌륭한 가치와 잠재력을 무한 확장시키는 효과를 맛보게 된 것이다.

스와로브스키 엘리먼츠: 스페이스 브랜딩의 고수

어떤 제품이나 서비스를 느끼는 데 직접 만나는 것만큼 좋은 방법은 없을 것이다. 브랜드를 눈으로 보고 손으로 만져보고 선택할 수 있는 곳이 될 테니 말이다. 스와로브스키가 전 세계 주요도시에 1800개 이상의 리테일을 운영하고 있다는 것은 잘 알려진 사실이다. 어느 도시를 가든 공항의 면세점에서 스와로브스키를 보지 못한 적이 없다. 완제품으로서 스와로브스키를 만날 수 있는 매장은 소비자들이 브랜드를 직접 체험할 수 있는 공간을 제공한다. 그러나 인브랜드로서의 스와로브스키는 어떻게 만나야 할까? 이는 스와로브스키뿐만 아니라 많은 인브랜드 기업들의 고민일 것이다. 브랜드를 경험할 수 있는 계획된 공간을 갖기 힘든 면이 인브랜드로서는 존재하기 때문이다. 그 자체로 직접 판매가 이루어지는 것이 아닌데 매장이 있을 리 만무하고, 그렇다고 인브랜드로 적용

오스트리아 바텐스의 크리스털 박물관

된 완제품들을 모아 매장을 만들 수도 없는 노릇이다.

스와로브스키 엘리먼츠의 선택은 영리하였다. 스와로브스키 엘리먼츠는 인브랜드 기업이 스페이스 브랜딩으로 보여줄 수 있는 최고의 전략을 모두 구사하였다.

그 첫 번째는 설립 100주년을 기념하면서 1995년에 지은 크리스털 박물관이다. 세계에서 가장 큰 매장이자 갤러리인 이곳은 스와로브스키 철학의 심장이며 고객들이 브랜드와 사랑에 빠지는 공간이다. 이 박물관은 다분히 스와로브스키라는 기업의 홍보관 역할을 하고 있지만 동시에 오스트리아 바텐스 지역의 관광명소이기도 하다. 크리스털 눈을 가진 독특한 거인이 입에서 물을 내뿜고 있는 매혹적인 모습은 오스트리아 대표 작가 앙드레 헬러 Andre Heller 의 작품이다. 1000년 전의 전설에 등

스와로브스키 엘리먼츠의 뉴컨셉 스토어

장하는 신을 형상화한 이 작품은 크리스털 수호신 정도가 될 것이다.

  천 년의 신비로움을 가진 박물관의 입구에서부터 맞게 되는 경험은 '아트로서의 크리스털'을 기대하게 만든다. 모두 12개의 방으로 구성된 크리스털 박물관은 세계에서 가장 작은 0.7mm 크리스털에서부터 30만 캐럿의 대형 크리스털에 이르기까지 크리스털의 모든 것을 보여준다. 또한 예술로 승화된 크리스털의 모습은 살바토르 달리 Salvador Dali 와 같은 유명 화가의 작품을 연상시킨다. 신비로운 빛으로 가득한 크리스털 돔은 5감을 통해 전달되는 크리스털의 매력을 느끼게 한다.

  스와로브스키 엘리먼츠가 공간 브랜딩의 야심찬 전략을 펼친 두 번째 장소는 뉴욕이다. 스와로브스키 엘리먼츠는 2009년 뉴욕 브로드웨이가에 '뉴컨셉 스토어 New concept store'를 연다. 일종의 플래그십 매장 Flagship store인 이곳은 무엇보다도 혁신적이고 실험적이다. '크리스털을 통한 모든 것'을 보여주는 곳이니만큼 바닥에서부터 천장까지 크리스털로 뒤덮여 있다. 이곳은 스와로브스키의 완제품 매장과는 완전히 차별화된다. 크리스털 그 자체에 대한 매장으로서 모든 것을 보여준다. 다양한 형태, 커팅, 컬러, 크기의 크리스털들이 한쪽 벽면 가득 작고 투명한 아크릴 박스 속에 전시되어 있는 모습은 마치 데미안 허스트Damien Hirst의 설치작품을 보는 것 같은 착각을 불러일으킨다.

'당신 자신을 표현하라Express yourself'라는 캐치프레이즈 아래 이 공간에서 이루어지는 활동들은 고객 맞춤형으로 진행된다. 고객들은 2000종 이상의 제품들을 보면서 선호하는 크리스털의 커팅, 컬러, 모양을 직접 선택할 수 있다. 자신의 디자인 취향을 발견하고 세상에 하나뿐인 제품을 직접 만들어 보는 것이다. 맞춤형 스타일리스트의 도움을 받아 자신에게 가장 잘 맞는 크리스털을 추천받거나 제작과정을 직접 볼 수 있는 특별함을 주는 이 신개념 매장은 크리스털라이즈드 과정을 직접 체험하면서 창조의 재미를 발견할 수 있게 한다.

이뿐만이 아니다. 'Unlimited'라는 슬로건 하에 제공되는 멤버십 서비스는 인브랜드 스와로브스키의 성격과 철학을 그대로 보여준다. 스와로브스키의 멤버십 서비스는 끝없는 협업과 프로젝트로 활동을 넓혀가는 스와로브스키 엘리먼츠의 행보를 함께할 수 있는 기회를 제공한다. 패션이나 창조성에 관심 있는 고객들에게 멤버십을 부여하여 스와로브스키 엘리먼츠의 다양한 패션 이벤트와 프로모션에 초청하고 그에 따른 혜택을 제공하는 것이다. 스와로브스키 엘리먼츠 입장에서는 매 프로젝트에 함께할 수 있는 일종의 추종군을 거느리는 효과를 거두고 있다.

1800여 개의 주얼리 매장, 크리스털 박물관에 이어 뉴컨셉 스토어까지 선보이게 되면서 스와로브스키 엘리먼츠의 크리스털은 이제 완제품에 얌전히 박혀있는 소극적인 중간재의 차원을 훌쩍 뛰어넘은 가장 역동적인 브랜드가 되었다.

● ● ● ● ● ● ●
스와로브스키 엘리먼츠: 브랜딩의 미래

사실 여건으로만 비교해 보아도 스와로브스키 엘리먼츠는 여느 인브랜드와는 다른 출발점을 갖고 있었다. 그것은 바로 완제품 스와로브스키가 대대적으로 마케팅 활동을 하고 있다는 것인데, 이 점은 스와로브스키 엘리먼츠가 인브랜드의 활동을 펼치기에 여러 면에서 유리하게 작용하였다. 완제품의 일부로 존재하는 숙명을 뛰어넘을 수 있는 자신감과 역동성을 보유하게 된 것도 완제품/인그리디언트 양자를 겸하는 이점을 잘 활용한 결과일 것이다. 이는 완제품 브랜드이지만 인브랜드 진출의 가능성이 있는 기업, 또는 인브랜드이지만 완제품의 가능성을 타진하는 기업에게 적지 않은 시사점을 던져준다.

스와로브스키 엘리먼츠는 소재가 적용될 수 있는 상식적인 범위를 뛰어넘어 확장되는 영광을 누렸다. 그것도 모자라 인브랜드 자체 매장까지 연 마당에 스와로브스키 엘리먼츠가 더 나아갈 수 있는 방향은 대체 어떤 것일까? 스와로브스키 엘리먼츠는 이번엔 기업들의 무형자산인 CI Corporate Identity 기업아이덴티티 장식에 나선다. 크리스털이 적용된 기업의 마크는 기존 금박표현의 CI 마크보다 훨씬 더 가치 있고 특별한 기업 이미지를 표현할 수 있을 것이다.

여기 도요타 Toyota 의 CI 규정을 보자. 도요타와 렉서스 Lexus 의 로고를 크리스털로 작업할 때의 배경 컬러와 재질에 대한 가이드라인을 표현한 매뉴얼이다. 이처럼 브랜드 이미지와 크리스털 이미지가 서로 적합하다

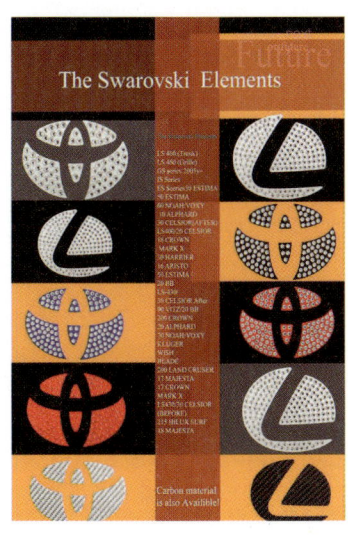

크리스털로 장식된 도요타/렉서스 로고와
캐나다의 20달러 짜리 기념주화

고 판단된다면 크리스털을 적용했을 때 효과를 볼 수 있는 매체를 신중히 선택하여 자사 CI나 제품을 좀더 특별하게 만드는 방식으로 활용할 수 있을 것이다.

스와로브스키 엘리먼츠의 도전은 여기에서 끝나지 않는다. 2010년 캐나다에서 20달러 짜리 기념 주화를 만들면서 스와로브스키 엘리먼츠 3개를 적용시켜 세계적으로 화제가 되기도 하였다. 순은 바탕에 스와로브스키 엘리먼츠의 크리스털을 넣은 이 동전은 인브랜드 가치의 최고 정점을 보여준 사례이기도 하다.

완제품/인그리디언트 양자를 겸한 기업으로서의 최대 시너지를 보여준 스와로브스키 엘리먼츠는 가장 현대화되고 고도화된 마케팅 기법을 구사하면서 인브랜드 마케팅을 넘어 브랜딩의 미래지향적 모습과 역동성을 모두 펼쳐 보인 브랜드가 되었다. 앞으로 스와로브스키 엘리먼츠가 또 어떤 영역과의 협업으로 새로운 가능성을 보여줄지, 어떤 공간에서 어떤 프로젝트로 어떻게 우리를 놀라게 할지 그 행보가 기대된다.

Story 5 히트텍(Uniqlo)

패션에 기술을 수혈하다

소니는 잊혀진 이름이 되어가고 있다. 닌텐도는 스마트폰과의 싸움에 허덕이고 있고, 도요타도 리콜 사태로 치명타를 입고 휘청거린다. 이들의 뒤를 이어 '메이드 인 재팬Made in Japan'의 간판 자리를 자처할 다음 주자는 어떤 브랜드일까? 스포트라이트는 지금 유니클로Uniclo를 조명하고 있다.

일본의 캐주얼 의류 브랜드인 유니클로는 '언제 어디서나 누구나 입을 수 있는, 패션 감각의 고품질 베이직 캐주얼을 시장 최저 가격으로 공급한다'는 모토로 1984년 일본에서 설립되었다. 2001년부터는 영국 런던을 시작으로 글로벌화에 박차를 가하며 뉴욕에서 'Uniqloness'라는 신조어까지 만들어내는 등 큰 반향을 일으키고 있다. 전 세계 2000개가 넘는 매장과 11조 원을 훌쩍 넘는 연 매출액, 이것이 일본 최고의 부자가 된 야나이 다다시 회장이 이끌고 있는 유니클로의 2011년 현재 성적표이다.

유니클로는 시장의 두 가지 선입견을 간단히 뒤집어 버렸다. 하나는 의류산업이 사양산업이라는 인식이고, 또 다른 하나는 싼 게 비지떡이라는 인식이다. 가격은 저렴하지만 뛰어난 품질과 앞선 서비스를 제공함으로써 유니클로는 장기불황 속에서도 의류시장에 파란을 일으키며 가파른 성장 곡선을 이어가고 있다. 이를 뒷받침하는 것은 유니클로의

의류 브랜드 유니클로

60초 서비스 60 Seconds Service, 6개 기본문형 6 Standard Phrases*과 같은 독창적인 기업문화, 생산/유통 단가를 낮추는 SPA Specialty store retailer of Private label Apparel 구조다. 하지만 이것이 전부는 아니다. 유니클로는 효과적인 인브랜딩을 통해 욕심 많은 소비자들의 눈높이를 끊임없이 맞춰왔다. 자신들의 부족한 브랜드 이미지를 효과적으로 채우고, 소비자의 기대를 한발 앞서 충족시키는 그들의 매력 만점 인브랜드 전략들을 살펴보도록 하자.

● ● ● ● ● ● ●

도레이와 히트텍: 브랜드 이미지에 기술력을 입히다

21세기를 살아가는 젊은이들에게 내복은 촌스러움과 동음이의어다 군인을 제외하고 말이다. 패션을 목숨만큼 중요시하는 이들은 아무리 추워도 내복 따위는 입지 않는다. 그만큼 젊은 세대들에게 내복을 판다는 것은 에스키모에게 에어컨을 파는 것만큼이나 불가능한 미션이다.

하지만 어느 날 패셔니스타들이 시크한 표정으로 내복을 착용하고 있는 모습이 등장하며 머스트해브 아이템 목록에 내복 한 벌이 업데이트되었다. 매해 겨울 완판 Sold out 기록을 이어가고 있는 이 내복의 이름은 바로 히트텍 Heat tech 이다.

히트텍은 몸에서 발생한 수증기가 섬유에 흡착해 소재 자체에서 열이

* 유니클로에서는 손님이 옷을 찾거나 무슨 일을 부탁을 할 때 그 결과를 60초 내에 내놓아야 한다(60초 서비스). 또한 직원이 손님을 응대할 때는 6개 기본 문형을 활용해 응대 시간을 최대한 줄여야 한다(6개 기본 문형).

히트텍의 광고모델인 공효진과 올랜도 블룸

발생하도록 하는 발열 기능성 섬유소재 브랜드다. 해마다 개선된 기능과 디자인으로 업그레이드되며 전 세계 누적 판매량 1억 장을 돌파하였다. 국내에서도 출시와 동시에 품절되어 버렸을 정도로 인기 상품이다.

히트텍이 그야말로 초히트를 기록할 수 있는 것은 '드러냄의 미학'을 필두로 한 마케팅에 크게 기인한다. 그간의 내복들과는 달리 숨기지 말고 과감하게 드러내라고 이야기하며 히트텍을 입은 배우들의 멋진 모습을 보여준다. '내복을 입는다'가 촌스러움의 대명사였다면 '유니클로의 히트텍을 입는다'는 것은 멋스러움이라고 말하고 있는 것이다. 이러한 마케팅은 히트텍을 내복이 아닌 캐주얼 이너웨어로 포지셔닝시키며 젊은 층의 숨은 니즈를 절묘하게 충족시켰다.

하지만 '드러냄의 미학'은 히트텍의 마케팅 커뮤니케이션에 국한되지 않는다. 그것은 그들의 브랜드 전략의 핵심이기도 하다. 유니클로는 세계적인 섬유업체인 도레이 Torey 와 손을 잡고 기능성 섬유소재인 히트텍을 개발하였다. 오랜 시간 개발에 공들인 이 소재의 기능이 아무리 끝내 준다 할지라도 소비자가 모르면 아무 소용이 없다. 그간의 사례를 보더라도 유사한 고기능성 소재들이 존재했지만 타깃층이 한정되어 있어 일반인들에게는 잘 알려지지 않았다. 하지만 유니클로는 현명하게도 수면 아래로 숨어버릴 수도 있는 마치 내복처럼 이 소재 자체를 주목하고 대대적인 마케팅을 통해 그것을 드러냄으로써 마침내 유니클로의 대표적인 소재 브랜드로 자리매김시켰다.

    유니클로가 히트텍이라는 소재 브랜드를 자신의 자산으로 만든 것은 단순히 히트 상품 라인을 하나 구축하였다는 것 이상의 의미를 가진다. 그간 유니클로가 지닌 강점은 매우 싼 가격에도 좋은 품질의 옷을 제공한다는 것이었는데, 이 품질이라는 것이 도드라진 강점이 되기가 도통

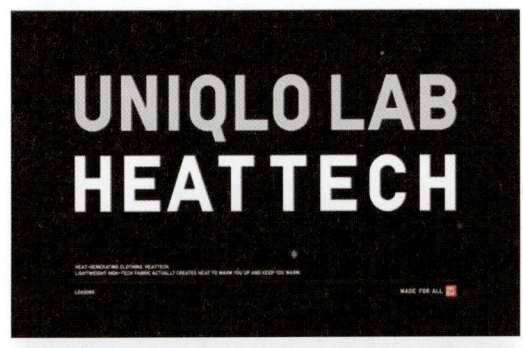

히트텍을 소개하고 있는
유니클로랩 웹페이지

쉽지 않다. 잘 안 찢어지거나 색이 잘 빠지지 않는다는 등의 1차원적인 품질 경쟁력은 20세기에나 유효한 일이다. 유니클로는 오히려 품질에서 기술로 한발 더 나아가는 것으로 그 문제를 해결하고자 하였다. 그리고 그 결실이 바로 히트텍이다.

결국 히트텍 성공의 가장 큰 의미는 유니클로에 기술력이라는 날개를 달아준 것이다. 히트텍 덕분에 유니클로는 단순히 값싼 옷이라는 브랜드 이미지에서 안전하게 탈피할 수 있었고, 더 나아가 뛰어난 기술력을 가진 의류 브랜드라는 인식을 소비자에게 심어 줄 수 있게 되었다.

히트텍의 성공 이후 유니클로는 그와 유사한 기능성 섬유 소재 라인인 사라화인과 UV컷을 연속적으로 출시하면서 마케팅을 강화하고 있다. 기술 브랜드로 스스로를 새롭게 포지셔닝하고 싶은 유니클로의 기대는 유니클로랩Unialo Lab으로 명명된 히트텍 프로모션 페이지에서도 잘 드러나고 있다.

질 샌더와 +J: 브랜드에 새로운 감각을 더하다

유니클로의 브랜드 슬로건은 'Made for all'이다. 영아부터 60대까지 누구나 입을 수 있는 베이직 캐주얼을 추구한다. 티셔츠, 바지, 재킷 등의 가장 기본적인 아이템들을 마치 조립 완구처럼 조합해 입을 수 있도록 하는 것이 유니클로 패션의 핵심 컨셉이다. 그러나 경쟁 SPA 브랜드인 H&M나 자라ZARA와 비교해볼 때도 유니클로의 라인업은 매우 한정되어 있다. 실제로 유니클로는 판매 아이템을 해마다 크게 변화시키지 않으며 소재나 디자인을 조금씩 달리하는 소품종 대량판매를 고집해 왔다. 이런 방식이 개발비나 재고 처리에는 유리한 면이 있지만, 반면에 쉽게 질리는, 뻔한 디자인이라는 인식을 줄 수도 있다. 이러한 소비자 인식은 패션 브랜드로서는 수명을 단축시키는 시한부 선고나 다름 없다.

실제로 유니클로의 성장이 언제나 상승곡선을 그린 것은 아니었다. 그 주요 요인 중에 하나가 그들의 진부한 디자인에 있었다. 일본을 넘어 글로벌 브랜드로서 경쟁력을 가속화해야 하는 시점에 디자인은 유니클로의 발목을 잡는 족쇄가 될 수도 있었다. 하지만 디자인 경쟁력을 자사의 디자인팀을 통해 단숨에 높이는 것은 비용적으로도 시간적으로도 문제였다.

소비자들이 유니클로의 식상함에 질려버리기 전에 유니클로는 위기 탈출의 기회를 외부에서 찾았다. 극도의 미니멀리즘으로 유명한 독일 디자이너인 질 샌더와 손을 잡은 것이다. 질 샌더는 쓰러져가던, 아니 거의 쓰러져 누워있던 푸마 Puma 라는 브랜드를 가장 핫한 패션아이템으로 재탄생시킨 주역으로도 유명하다. 그간 프라다 그룹과의 갈등으로 한동안 패션계를 떠나 은퇴에 가까운 생활을 해왔던 그녀가 유니클로의 디자인을 진두지휘하게 된다는 소식은 그 자체로 화제를 일으키는 사건이었다.

질 샌더와의 협업 프로젝트로 탄생한 것이 바로 +J라는 제품 라인이다. 불필요한 장식과 디테일을 철저히 배재하고 모던함과 심플함을 강조한 질 샌더의 디자인 스타일은 유니클로의 심플한 베이직 스타일과도 매우 잘 어울렸다. 덕분에 그간 심심한 디자인이란 악평을 받아왔던 유니클로는 품격 있는 모더니티 감각이라는 새로운 평을 획득할 수 있게 되었다. 게다가 낮은 가격으로 유명디자이너의 제품을 손쉽게 사 입을 수 있게 된 횡재에 대해 소비자들의 관심과 열광이 따라온 것은 자명한 일이다.

주목해 볼 것은 유니클로가 +J라는 인브랜드를 통해 질 샌더의 높은

독일의 패션디자이너 질 샌더

+J의 라벨

인지도와 디자인 감성을 브랜드 이미지에 주입해가는 과정이 도레이와 히트텍을 공동 개발한 과정과 매우 유사하다는 점이다. 브랜드 이미지 관리에 있어 비용을 절감하고 빠른 시간에 효율적으로 대응하기 위해 유니클로는 외부와의 협업을 효과적으로 활용하고 있음을 볼 수 있다. 이는 다음 사례를 통해서도 확인된다.

유고 나카무라와 유니클락: 브랜드의 새로운 언어를 얻다

브랜드가 소비자와 소통하는 언어에는 기본적으로 브랜드 네임과 슬로건, 매스미디어를 통한 광고 카피와 비주얼, 매장에서의 디스플레이 등이 있다. 이에 더해 유니클로는 온라인이라는 새로운 매체를 활용한 마케팅 전략을 수립한다. 업체가 스스로 발신하는 광고나 홍보보다 구전을 통해 회자되고 확산되는 온라인 상의 바이럴 효과가 파급력이 더 클 것이라 예측했기 때문이다.

그 예측은 바로 적중하였다. 유니클로가 온라인 마케팅을 위해 선보인 위젯이자 스크린세이버인 유니클락 Uniqlock 은 폭발적인 관심을 이끌어내며 2008년 깐느 국제 광고제에서 사이버 부문과 티타늄 부문에서

유고 나카무라의 유니클락(Uniqlock)

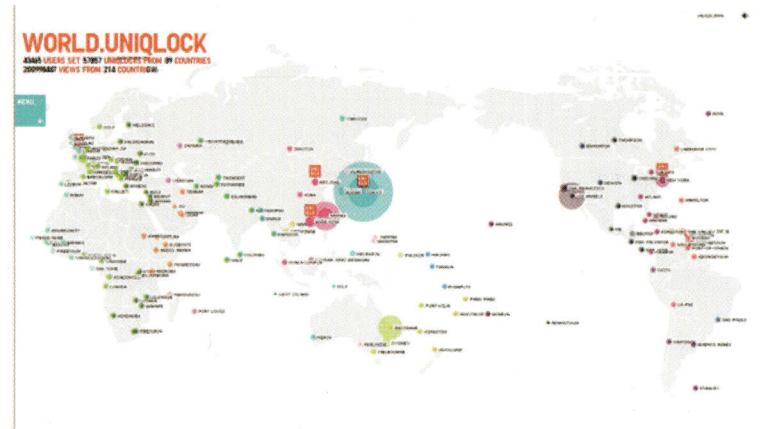

전 세계 사람들이 유니클락을 설치하고 있음을 보여준다.

그랑프리를 차지하는 기염을 토한다. 그리고 이를 주도한 이가 바로 웹 인터렉티브 디자인계의 슈퍼스타인 유고 나카무라다.

사실 유고 나카무라는 유니클락이 센세이션을 일으키기 그 전부터 매우 유명한 디자이너였다. 100개의 이메일 메시지가 보내질 때마다 호주 남부 캥거루섬에 유칼립투스 나무 한 그루를 심는 '에코토노하www.eco-tonoha.com' 온라인 캠페인의 인터렉티브 웹 디자인으로 전 세계적인 관심을 받고 있었다. 온라인 마케팅을 통해 트렌디한 브랜드 이미지를 구축하고자 했던 유니클로에게 유고 나카무라의 기발하고도 오묘한 디자인 세계야 말로 가장 취하고 싶은 대상이었다.

유고 나카무라를 통해 탄생한 유니클락은 단 세가지 언어로 구성되어 있다. 음악, 춤, 시계다. 그 심플함조차도 기존의 유니클로와 닮아있다. 시부야계 음악을 배경으로 약 5초 간격으로 유니클로의 옷을 입고 춤을 추는 소녀들의 모습은 매우 신선하고 재미있으며 묘한 중독성까지 있다. 게다가 이 반복되는 음악과 율동은 그 어떤 국경의 장벽도 단숨에 넘어버리는 만국 공용의 언어이기도 하였다. 글로벌 브랜드로의 입지를

트위터를 활용한 유니클로의 온라인 캠페인, 유트윗(Utweet)

확고히 하고자 했던 유니클로는 이 효과적인 온라인 마케팅을 통해 수많은 국가의 다양한 잠재 소비자들의 관심과 인지도를 한층 더 끌어 모으는 데 성공할 수 있었다.

더불어 이러한 획기적인 시도는 그 자체로 유니클로의 세련되고 트렌디한 브랜드 이미지를 확고히 하는 데 도움을 주었다. 브랜드 이미지는 단순히 제품의 품질이나 디자인만으로 만들어지는 것이 아니다. 유니클락의 성공에 고무된 유니클로는 유고 나카무라와 함께 유니클로 캘린더나 SNS에 기반한 유트윗Utweet 등 후속 온라인 캠페인을 지속적으로 선보이며, 새롭고 신선한 것을 기대하는 소비자들의 눈을 계속하여 사로잡고 있다.

유니클로 방식: 외부 자산을 인브랜드화하라

지금까지 단순히 '값싼 옷' 아니라 '멋지고 실용적이며 심지어 값도 싼 옷'이라는 브랜드 이미지를 만들기 위한 유니클로의 부단한 노력들을 살펴 보았다. 낮은 생산/유통 원가를 유지하면서 동시에 욕심 많은 소비자들이 원하는 다양한 브랜드 이미지를 만들고 충족시키는 것은 기회비용을 따져 보았을 때도 결코 쉬운 일이 아니다.

앞서 이야기한 바와 같이 유니클로는 모든 것을 내부의 인력과 투자를 통해 해결하려고 하기보다는 필요한 경우 외부의 네임밸류 있는 인물이나 회사로부터 기술과 디자인, 인지도를 적극적으로 아웃소싱하는 방식을 취하고 있다. 하지만 이에 그치는 것이 아니라 아웃소싱된 자산을 자기 브랜드화하고 그 규모를 키워 외부로 확산시키는 적극적인 인브랜딩 전략을 취하고 있다. 히트텍과 같은 기능성 소재 브랜드를 통해 기술지향의 이미지를, +J와 같은 유명 디자이너와의 협업 프로젝트를 통해 감각적 이미지를, 유니클락과 같은 일련의 온라인 브랜드 캠페인을 통해 트렌디한 이미지를 만들어 내고 있는 것이다. 아웃소싱에서 인브랜딩으로 이어지는 효율적인 브랜드 관리가 바로 유니클로의 강점이라고 할 수 있다.

이제 선택과 집중을 위해 외부 자산과의 효과적인 연대와 연계를 꾀하는 것은 이 시대 모든 기업들의 공통 화두이다. 다만 단순한 파트너십에 그친다면 마치 물에 소금을 넣어 소금물이 되는 것처럼 심심하고도 뻔한 물리적 결합에 그칠 것이다. 브랜드 담당자라면 물에 칼륨을 넣어 강렬한 스파크를 만드는 것과 같이 브랜드 관점에서 새로운 화학적 결과물을 고민하고 용기 있게 시도해야 할 것이다. 유니클로처럼 말이다.

STORY 6 고릴라글래스(Corning)

인브랜드가 강렬하게 기억되는 방법

당신의 그 작은 스마트폰에도, 나의 가벼운 노트북에도 고릴라가 살고 있다. 코닝의 강화유리 고릴라가 말이다. 아무리 강화유리라도 그렇지 나름 스마트 기기에 적용되는 부품인데 무식하게 고릴라가 웬 말인가. 귀엽고 앙증맞은 안드로이드, 최첨단 기술에 걸맞게 세련된 이미지를 자랑하는 아몰레드나 레티나 디스플레이처럼 최소한 작거나 아니면 똑똑해야 하는 것 아닌가. 이 무식하고 육중한 고릴라가 어디 손바닥만한 스마트폰으로 비집고 들어오겠다는 것인지, 자동차 앞유리에나 꽉 박히면 모를까.

2007년 태어난 다섯 살 바기 고릴라는 이미 세계에서 가장 많이 쓰이는 강화유리가 되었다. 현재 33개 이상의 제조사가 570개 제품에 적용하였으며 대다수 스마트폰과 태블릿PC, 노트북이다. 이들을 통해 세계적으로 7억 5천만대 이상 팔려나갔다고 한다. 그리고 2012년 CES^{The International Consumer Electronics Show}*에서 고릴라글래스2^{Gorilla Glass 2}가 모습을 드러냈다. 내구성이 개선되고 스크래치엔 더 강해졌지만, 두께는 최대 20% 이상 얇아진 새로운 모습으로 말이다.

고릴라글래스는 강화유리 브랜드로서, 아니 인브랜드로서 어떻게 그

---

* 미국 라스베이거스에서 해마다 열리는 세계 최대의 전자제품 박람회

터프한 존재감을 강렬하게 각인시키는 강화유리, 고릴라글래스

숨겨진 존재감을 강렬하게 각인시킬 것인가에 대한 몇 가지 아이디어를 던진다. 모바일 운영체제인 안드로이드가 캐릭터를 통해 기억되는 것과는 다른 이야기다. 또한 아몰레드처럼 트리거Trigger를 활용해 습관처럼 기억되는 것과도 다른 이야기다. 결론부터 말하자면 인브랜드는 강렬함이 핵심이고, 강렬해지려면 과감해져야 한다는 것이다. 유머러스한 광고, 놀라운 제품력에 대한 바이럴은 오히려 부차적인 이야기다.

인브랜드는 까메오다

인브랜드는 조연이다. 유명배우가 맡은 조연, 까메오일 뿐이다. 까메오는 주인공을 돋보이게 하는 존재이며, 주인공을 압도하는 까메오는 결코 훌륭한 까메오가 아니다. 주인공이 스포트라이트를 받는 이유와 까메오가 주목을 받는 이유는 다르다. 주인공이 복잡다단한 심리와 끊임없이 발견되는 다양한 면모로 시청자를 사로잡는다면, 까메오는 단순한 캐릭터로, 단 하나의 특징으로 스포트라이트를 받는다. 입체적인 캐릭터를 가진 까메오는 강렬하기 어렵고, 따라서 기억될 수 없다.

cameo

[kæmioʊ]

1. 카메오 유명 배우의 단역 출연
2. 짧은 명문 사람·사물 등에 대해 정확한 묘사를 한 글

인브랜드가 완제품을 빛내는 조연이라는 사실을 기억한다면, 인브랜드는 하나의 메시지를 강렬하게 각인시키는 데 집중해야 한다. 무엇보다 까메오의 사전적 의미처럼 '사물에 대해 정확하게 묘사한 짧은' 이름이 필요하다. 이런 의미에서 코닝의 고릴라글래스는 하나를 강렬히 기억시키는 현명함을 보였다.

생각해보자. 강화유리는 내구성이 뛰어나야 하고 스크래치에 강해야 하며 잘 휘어지고 또 얇고 가벼워야 한다. 그리고 스마트 기기에 적용되려면 이들과 어울릴 만한 스마트함 또는 세련된 면모가 필요하다. 더욱이 160년의 기술이 축적된 강화유리다. 금쪽 같은 자식에게 '김수한무 거북이와 두루미…' 같은 이름을 주고 싶지 않겠는가. 그러나 코닝은 자사 강화유리가 까메오로서의 역할을 잘해낼 수 있도록 가장 핵심적이고 가장 본질적인 것 하나만 갖기로 한다. 그래서 채택된 이름이 바로 '고릴라'다.

크고 무식한 놈, 앞뒤 안 가리고 덤빌 것 같은 놈, 심드렁한 표정의 게

갤럭시3를 비롯해 전 세계적으로
7억 5천만 대 이상의 모바일 기기에
고릴라글래스가 탑재되어 있다.

으른 놈, 때로는 잡아먹을 듯 노려보는 헤비급 복서의 이미지를 가진 고릴라는 똑똑하다 못해 얄밉기까지 한 원숭이와는 달리 털끝만큼의 스마트함도 보이지 않는다. 얇거나 가벼운 구석은 찾을래야 찾아볼 수 없다. 그러나 단 하나 '강인함'을 말하기에 전혀 부족함이 없다.

고릴라는 한 가지만을 말한다. 갤럭시나 옵티머스처럼 원한다면 언제든 다양한 의미를 부여할 수 있는 이름이 아니다. 더욱이 불리한 연상도 따라온다. 강인함에 딸려오는 무식함, 육중함, 거침 등의 이미지 말이다. 그러나 하나의 강렬한 메시지가 있다면 다른 부수적인 목소리들은 차라리 끌어안는 과감함이 보인다.

많은 브랜드매니저들이 완벽한 브랜드 네임을 원한다. 단 하나의 부정연상도 없는 긍정적인 연상만 주렁주렁 달린 이름 말이다. 그러나 그런 이름은 세상에 없다. 불가능한 완벽성을 위해 불필요한 노력을 쏟아붓는 안타까움만 있을 뿐이다.

원 컨셉의 명료함 외에 인브랜드 네임으로서 고릴라가 갖는 강점은 또 있다. 고릴라가 주는 강한 물성이다. 인브랜드를 인지시키는 네이밍 전략은 다양하다. 그러나 강렬하게 인지시키는 방법은 많지 않은 것 같다. 강화유리의 강인함을 고릴라가 아니라 가령, 파워글래스Power Glass나 듀라글래스Duraglass로 표현하였다면 원 컨셉의 명료함은 가질지언정 강렬하지는 못했을 것이다. 눈에 보이지 않는 기술, 완제품에 스며들어 독자적으로 체험할 수 없는 부품의 한계를 돌파하려면 인브랜드가 강한 물성을 가지는 게 좋다. 그 물성이 안드로이드와 같은 캐릭터일 수도 있고, 고릴라와 같이 상징물을 차용하는 방법일 수도 있다. 고릴라 하면 떠오르는 육중한 느낌이 거대한 존재감으로 다가오지 않는가.

고릴라의 의외성도 브랜드의 강렬함을 배가한다. 무언가 미스매치되었다는 느낌, 딱 정합되지 않고 약간 엇나갔다는 느낌은 시선을 사로잡거나 마음을 한번 더 쓰게 하는 요인이 된다. 쁘아종이라는 이름의 향수처럼 아예 반어법을 구사할 수도 있고, 모토로라의 레이저RAZR나 라커(ROKR)처럼 의도적인 철자의 누락일 수도 있다. 그리고 고릴라처럼 제품 이미지와 브랜드 이미지의 미스매치도 활용해볼 수 있다.

유머가 필요해!

고릴라글래스는 그 이름만큼이나 독특한 광고 커뮤니케이션을 한다. 브랜드 네임이 '강인함' 하나만을 전달하였다면 광고를 통해 '아름다움', '정교함', 심지어 '스마트함'을 이야기한다. 어울리지 않는 이미지의 조합을 통해 유머를 자아내면서 말이다.

'Channel surfing' 편에서는 디지털TV에 적용된 고릴라글래스를 통해

> **'Tough, yet sophisticated'**
> 'Channel surfing' 편
> **'Tough, yet tasteful'**
> 'Cooking up tomorrow's kitchen' 편
> **'Tough, yet smart'**
> 'King of the office?' 편
>
> 소구점을 일관되고 유머러스하게
> 전달하는 고릴라글래스
> 광고카피

선명한 화질을 경험하라고 말한다. 고릴라는 무료하게 채널을 돌리다가 TV에 등장한 암컷 고릴라에게 시선을 빼앗긴다(고릴라는 수컷이었다). 카피는 'Tough, yet sophisticated'.

'Cooking up tomorrow's kitchen' 편은 TV가 내장된 냉장고의 강화유리를 보여준다. 고릴라는 요리 프로를 보며 바나나 수플레를 만들기 시작한다. 그 제어 불가능한 힘 때문에 살짝 쥔 계란은 으깨지고, 역시 힘 조절에 실패해 반죽 칼을 TV에 날리기도 한다. 물론 TV 화면은 조금의 스크래치도 없으며, 한번의 걸레질로 깨끗이 닦인다. 카피는 'Tough, yet tasteful'(Tasteful은 진한 풍미를 의미하지만 고상함, 우아함을 뜻하기도 한다).

'King of the office?' 편은 스마트폰이다. 진동 때문에 바닥에 떨어지고 고릴라의 강한 손끝이 눌러대도 스마트폰은 끄떡 없다. 내레이션은 세상에서 가장 멋진 당신의 스마트폰, 매일매일 사용하는 스마트폰을 누가 보호해주는지 묻는다. 그리고 카피는 'Tough, yet smart.'

이 광고에서는 고릴라의 스마트한 면모를 보여주기 위해 다른 두 편의 광고와 달리 사무실을 배경으로 하고 있고 고릴라는 프리젠테이션을 멋지게 끝낸 보스로 등장한다. 보스를 꼼짝 못하게 하는 와이프의 문자도 받는다. 집에 오는 길에 세탁소에 들러 옷을 찾아오라는(결혼한 수컷 고릴라였군).

고릴라글래스의 광고에는 유머가 배어있다. 튼튼한하지만 무식한 고릴라를 브랜드로 하였으니 어떤 이야기를 해도 상반된 느낌에 웃을 수밖에 없을 테지만 그 유머는 인브랜드가 갖기 힘든 친숙함, 늘 가까이 있는 듯한 느낌을 얻기 위한 가장 좋은 방법이기도 하다.

그러나 무엇보다 고릴라글래스의 어법에 주목해 보자. 고릴라는 'Tough yet …'이라는 형태의 슬로건을 변형해가며 고객에게 다양한 이야기를 풀어낸다. 이렇게 슬로건이 변주되면서 갖는 이점은 두 가지다. 하나는 'Tough'가 고릴라의 핵심이라는 것을 반복해서 각인시킨다는 것이고, 다른 하나는 'Tough' 외에 고릴라가 가진 강점들을 이야기할 수 있는 자기만의 어법을 갖는다는 것이다. 열린 형태의 슬로건으로 브랜드 네임에서 못다한 이야기를 풀어낼 수 있다. 강인하지만 아름답고, 강인하지만 정교하고, 강인하지만 고상하고, 강인하지만 스마트한 고릴라를 말이다.

● ● ● ● ● ● ●
쉽고 구체적으로 보여줘!

미국 IT 전문 블로그인 엔가젯Engadget에서 고릴라글래스의 내구성을 직접 실험한 동영상이 인터넷에서 주목을 끌었다. 고릴라글래스를 탑재한 디지털 기기의 액정을 볼펜으로 수십 번 내려찍어도 깨지지 않을 뿐더러 흠집 하나 생기지 않는 동영상이 유튜브를 통해 퍼졌고, 고릴라글래스의 높은 내구성이 입소문을 타기 시작하였다. 그리고 그 영상을 본 네티즌들이 이를 따라 하는 동영상을 올리기 시작하였다.

네티즌들은 뾰족한 못을 비롯하여 커터칼, 자동 드라이버, 톱을 이용하여 휴대폰 정면을 긁거나 세게 내려치고 심지어는 권총으로 고릴라글

고릴라글래스의 내구성을 드라이버를 이용하여 실험하는 유튜브 동영상*

래스가 장착된 태블릿 PC의 화면을 쏘기도 하였다. 칼, 톱, 총 등을 이용한 무자비한 실험 속에서도 고릴라글래스는 깨지거나 흠집 하나 나지 않았다. 이렇게 네티즌들에 의해 끊임 없이 재현되는 내구성 실험을 통해 고릴라글래스는 톱으로 긁어도, 권총으로 쏴도 쉽게 깨지지 않는 강화유리라는 스토리텔링을 갖게 된다.

　코닝이 아닌 IT 전문 블로거에 의해 시작된 실험이지만 시사점은 있다. 기업이 개선하고자 하는 내구성과 고객이 느끼는 내구성은 그 체감 방법이 다르다는 것이다. 기업들은 흔히 자사 제품의 훌륭함을 잘 차려진 실험실에서 고가의 장비들로 실험한다. 그리고 고객에게 그 장면을 보여주거나 그 실험을 통해 얻은 수치를 제시한다.

　그러나 고객이 느끼는, 느낄 수 있는 제품의 베네핏은 전혀 다르다. 더 쉽고 구체적이어야 한다. 강화유리를 기계로 휘거나 내려쳐서 나온 수치는 잘 와 닿지 않는다. 우리가 만나는 완제품 모양 그대로 생활에서 일어날 수 있는 일로 실험되어야 비로소 이해되고 믿게 되고 공감하게

---

* http://youtu.be/oiGB3vPiCtA

된다 고릴라글래스는 네티즌들의 실험이 유행처럼 번져 갈수록 더 극한의 조건들로 실험되었지만, 원래 전설은 구체적인 현실에서 생겨나는 것 아닌가? 실험실에서 시작된 제품신화는 들어본 적이 없다.

그렇게 고객 눈높이에서 제품의 성능을 '보여준다면', 공감한 고객과 여전히 미심쩍어 하는 고객 모두 말로, 행동으로 그 제품을 전파하기 시작할 것이다. 스토리텔링과 바이럴마케팅 모두 고객에서 고객으로 자발적으로 전달되어야 가장 강력한데, 스마트한 기업이라면 그 단초를 스스로 열 수 있을 것이다.

과감해지고 또 과감해져라

코닝의 독주를 막고자 세계 2위 특수유리 업체인 아사히 글래스는 2011년 화학강화유리 드래곤트레일Dragon Trail을 출시한다. 드래곤트레일은 일반 소다라임유리보다 강도가 6배 높으며, 강한 굽힘이나 망치질에도 전혀 손상되지 않는 유리로 알려져 있다.

내구성을 강점으로 내세운 고릴라글래스와 유연성을 강조한 드래곤트레일의 싸움. 늦게 날아오른 용은 달리고 있는 고릴라를 넘어뜨릴 수 있을까? 현존하는 동물이든 상상의 동물이든, 두 브랜드 모두 동물을 차용해 기능을 상징화하고 있고, 내구성 대 유연함이라는 단 하나의 컨셉을 전달하고 있다. 코닝과 아사히가 띠운 승부수는 그래서 더 흥미롭다.

앞으로 드래곤트레일의 성장을 지켜봐야 할 테지만 드래곤트레일이 갖지 못한 고릴라글래스의 강점이 있으니, 그것은 바로 앞서 이야기한 그만의 어법이다. 고릴라글래스는 강인함 하나만을 말하면서도 스마트함, 정교함, 세련됨을 풀어낼 수 있는 자기만의 어법을 가지고 있다. 반면 드래곤트레일은 고릴라글래스처럼 유연함 하나만을 던졌지만 아직 자신만의 언어를 갖지 못하고 있는데, 이 부분이 앞으로 펼쳐질 경쟁의 관전 포인트가 될 것이다.

또한 소비자들의 지식수준이 높아지면서 인브랜드에 대한 소비자 참여도 높아지고 있다. 우유팩이나 점퍼의 충전재가 어떤 브랜드인지 알아보고 꼼꼼히 따져가며 구매하는 소비자가 늘어나면서 인브랜드들도 1차 구매고객인 기업만큼이나 최종 소비자에 대한 커뮤니케이션을 다양하게 시도하고 있다. 고릴라글래스는 이에 대한 적절한 사례라 볼 수 있다. 코닝은 고릴라글래스라는 신선한 브랜드와 재미있는 요소가 담긴 광고들로 휴대폰 제조업체가 아닌 휴대폰 소비자들과 커뮤니케이션하였고, 그 결과 휴대폰 구매시 고릴라글래스가 있느냐 없느냐를 따지는 소비자들이 점점 늘어나게 되었다.

2010년대를 살고 있는 우리에게 차이를 인식할 수 있는 제품은 그리 많지 않다. 고도의 기술력은 누구나 가지고 필요조건이요 충분조건은 되지 못하는 시대다. 이제는 고도의 기술력이 아니라 고도의 브랜드 전략이 승패를 가를 것이다. 고릴라글래스처럼 하나만 던지는 과감함과 그 과감함 때문에 놓친 강점을 자신만의 어법으로 풀어내는 유연함이 더욱더 필요해지고 있다.

EPILOGUE

발견하라, 이슈화하라, 가장 실감나는 존재가 되라

2009년 여름 즈음이었을 것이다. 외환위기로 브랜딩 업계가 유난히 조용했던 그 무렵, 소리없이 그리고 끊임없이 문의가 있었던 분야를 분석해보니 이는 하나의 산업도 아니었고 특정 분야라고 보기도 어려웠다. 우리는 여느 해처럼 똑 떨어지는 대상의 브랜딩이 아닌 뭐라 정의할 수 없는 부분에 대한 브랜딩을 연속적으로 해나가면서 어렴풋하게 프로젝트들의 공통점을 찾아보게 되었다.

이를테면 이런 프로젝트들 말이다. 제품 전 라인의 UI를 통합적인 디자인과 일관된 스타일로 전개하기 위해 그 통합 UI를 의뢰한 전자회사가 있었고, '에코' 기술력을 브랜딩 해달라는 건설사도 있었고, TV 기술의 세부적인 USP 10종의 체계와 브랜딩을 맡긴 또 다른 전자회사도 있었다. 냉장고의 디자인 시리즈의 브랜딩, 기저귀 등에 사용되는 부직포류 원재료 스펀본드에 대한 브랜딩, 검은콩이 주원료인 화장품의 원료를 살린 브랜딩, LED의 제품 브랜드 등, 이 모든 것들의 공통점은 바로 인브랜드 In-brand 였다.

이것은 과연 불황의 현상일까 싶다가도 단지 그 요인만은 아닐 것이다 싶었다. 이 현상은 책을 써내려 가는 3년이라는 기간 동안에도 지속되었고 지금 이 시점에도 꾸준히 브랜딩의 과제로 주어져 앞으로 브랜딩의 미래를 예측할 수 있는 중요한 현상이라고 확신하게 되었다. 아무튼 브랜딩 비즈니스로서 가장 어려운 시기의 구간을 통과하면서 만난 수많은 인브랜드의 개발 경험은 일종의 계시처럼 마음에 와 닿아 브랜드메이저 멤버들로 하여금 함께 머리를 모으게 만들었고 결국 3년의 시간을 숙성시켜 이렇게 한 권의 책으로 구성되었다.

이 책을 집필하면서 느낀 즐거움은 다름아닌 '발견의 묘미'였다. B2B 입장이 대부분이라 인브랜드들이 다소 기술적이고 기능적인 사례들 위주였는데 진행이 되면서 속속 발견된 의외의 사례들은 굳이 이들을 인브랜드로 국한시켜 보지 않아도 되겠다 싶을 정도였다. 코닝 Corning 의 고릴라글래스 gorilla glass 에서 받는 묵직한 위트는 우리가 자칫 고급이라는 이미지 목표 하에 간과하는 선택이기도 하였다. 그런가 하면 스와로브스키 엘리먼츠 Swarovski elements 가 보여준 정교하면서도 타기팅된 다양한 활동들은 전 산업에 걸쳐 본보기가 될 사례였다. 안드로이드 Android 의 재치있는 사례를 검토하면서는 이제 정말 우리의 실생활 곳곳에서 어려운 기술을 친근하고 마음에 와 닿게 만들어주는 인브랜드들이 더욱 많아지겠다라는 반가운 전망도 하게 되었다.

이 책은 브랜드메이저가 역대 기획한 책 중에서 가장 오랜 기간 뜸을 들인 책이 될 것이다. 뜸을 오래 들였다는 것은 그 기간을 함께 거친 많은 사람들이 있었다는 것이고 고민과 그 고민의 업데이트가 오랜 기간 이루어졌다는 얘기일 것이다. 가장 오래한 고민이 가장 정제된 결과물을 낳아야 하겠지만 여전히 고민하고 있고 발견 중인 내용의 흔적들로 책을 내고 있는 것 같아 송구한 마음도 가득하다. 그리고 조금은 다른 방향의 고민이지만 기획 초기부터 출판 직전까지 끊임없이 고민하게 만든 현실적인 부분은 '공감의 폭'에 관한 부분이었다. 집필하는 내내 우리는 새로운 인브랜드의 발견에 즐거워하고 반갑게 전망도 하게 되었지만 자

첫 B2B 이슈로 치부되어 많은 이들의 공감을 얻지 못할 수도 있다는 그런 고민 말이다. 출판을 눈에 앞두고 있는 지금 이 시간, 이제는 그 고민의 끈을 살며시 내려놓는다. 만약 우리 스스로 가졌던 인브랜드에 대한 폭이 확실하게 이 글을 준비하고 집필하면서 많은 부분 넓어지고 달라졌다면 이는 어떤 식으로든 전달될 수 있을 것이라 생각하고 또 그러하길 기대해 본다.

브랜드메이저의 책이 모두 그러하지만 이 책이 나오기까지 한 명 한 명, 애쓰지 않은 직원이 하나도 없다. 기획에서부터 원고 수정, 이미지 보정에 이르기까지 많은 직원들이 업무와 병행하며 기꺼운 마음으로 모두 함께하였다. 먼저 계획 초기부터 마지막 제목 선정하는 작업까지 큰 관심으로 지원해주신 황은석 고문님께 감사를 드린다. 그리고 궁시렁거리면서도 꼼꼼하게 출판기획과 전체원고 마무리를 담당했던 유지은 실장, 묻지도 따지지도 않고 무조건 동참하겠다더니 결국 다시 한 조직으로 돌아와 원고의 방향을 잘 끌어갔던 원충렬 팀장에게 특별히 고마운 마음을 남기고 싶다. 책을 함께 쓰면서 얻는 큰 수확 중의 하나가 이런 글쓰기의 재능이 있는 멤버들을 발견할 수 있다는 점이다. 다른 기회에 직접 그 이름들을 다시 빛낼 수 있는 기회가 반드시 함께하기를! 그리고 출판계가 모두 어려운데 지난번 『히트상품을 만드는 브랜딩 트렌드 30』에 이어 흔쾌히 출판을 맡아준 김앤김북스에도 감사의 뜻을 전한다.

마지막으로 인브랜드 전략의 팁을 정리하면서 하부 원고의 타이틀로 잡았었던 문구를 인용해본다. 인브랜드는 그러해야 한다. 그리고 이 책도 그러하기를 바라면서 말이다.

"발견하라, 이슈화하라, 가장 실감나는 존재가 되라."

브랜드메이저 정지원